高职高专汽车类教学改革规划教材

汽车销售实务

（第二版）

刘亚杰　编著

清华大学出版社
北　京

内 容 简 介

本教材针对高等职业教育的特点，在“工学结合”人才培养模式下，按照基于工作过程的课程开发要求，结合实际汽车销售业务编写而成。全书包括三个单元，各个单元又分解为若干个学习任务，分别介绍了汽车销售人员素质和能力要求、汽车销售流程、汽车保险代理、汽车消费信贷、汽车税费缴纳和牌照代理、二手车交易、汽车售后服务、汽车备件管理等业务知识和技能。

本教材体例新颖、实用性强，既可以作为汽车类专业的教材，也可以作为经济与管理类专业的教材，还可以作为汽车销售人员的业务培训教材和参考读物。

图书在版编目(CIP)数据

汽车销售实务 / 刘亚杰 编著. —2版. —北京：清华大学出版社，2017
(高职高专汽车类教学改革规划教材)
ISBN 978-7-302-47298-8

Ⅰ. ①汽… Ⅱ. ①刘… Ⅲ. ①汽车—销售—高等职业教育—教材 Ⅳ. ①F766

中国版本图书馆 CIP 数据核字(2017)第 108496 号

责任编辑： 施 猛 马遥遥
封面设计： 常雪影
版式设计： 方加青
责任校对： 曹 阳
责任印制： 李红英

出版发行： 清华大学出版社
网 址：http://www.tup.com.cn，http://www.wqbook.com
地 址：北京清华大学学研大厦 A 座 邮 编：100084
社 总 机：010-62770175 邮 购：010-62786544
投稿与读者服务：010-62776969，c-service@tup.tsinghua.edu.cn
质 量 反 馈：010-62772015，zhiliang@tup.tsinghua.edu.cn
课 件 下 载：http://www.tup.com.cn，010-62781730
印 装 者： 清华大学印刷厂
经 销： 全国新华书店
开 本： 185mm×260mm 印 张：15.5 字 数：358 千字
版 次： 2012 年 5 月第 1 版 2017 年 6 月第 2 版 印 次：2017 年 6 月第 1 次印刷
印 数： 1 ～ 3000
定 价： 29.80 元

产品编号：069497-01

前言（第一版）

在国家宏观政策的支持下，中国的汽车工业和汽车贸易已经进入一个蓬勃发展的阶段，汽车的消费品特性日趋显现，汽车逐渐成为消费热门商品并走进千家万户。在汽车需求非常旺盛的今天，汽车生产企业和流通企业既面临发展机遇，也面临竞争日益激烈的挑战。企业的竞争也是人才的竞争，拥有既懂汽车技术知识，又懂市场营销和企业管理知识，同时具有良好的综合素质的职业人才，是汽车企业生存和发展的关键。汽车销售实务是汽车类高职专业的一门专业技能课程，对于培养学生汽车销售的业务能力，使其在汽车企业胜任相应岗位的业务工作具有重要作用。

本教材的编者结合高等职业教育改革的实际情况，根据汽车销售企业对汽车销售业务人员的岗位能力要求，按照任务式教学方法编著了本教材。在编著教材的过程中，编者曾亲自到汽车销售企业参加实践并进行了广泛的调研，积累了大量的第一手资料。本教材遵循知识“必需、够用”的原则，强调对汽车职业人才实际业务的处理和实践动手能力的训练与培养，兼顾汽车职业人才综合素质的培养。教材内容通俗易懂，对于开展教学和培训，具有很强的操作性，不仅可以作为在校学生学习专业课程的教材，也可以作为汽车销售岗位从业人员的业务培训教材，还可以作为汽车营销师、汽车销售顾问等职业资格培训和考试的参考教材。

本教材具有如下特色：

1. 教材内容以汽车销售实际工作业务的处理方法为主，兼顾汽车销售业务人员应该具备的市场营销、企业管理、个人综合素质等基本知识，内容符合高等职业教育的要求。

2. 按任务式教学方法的要求编排教材结构，每节提出一个学习任务，使学习任务同实际岗位要求相一致，培养学生正确、熟练处理业务的能力，符合高等职业教育教学改革的要求。

3. 本教材突出对实际工作业务的实训指导，通过设计实际工作业务的情境，指导学生在模拟的工作场景中自主学习和研究工作业务的处理方法，对培养学生的实际动手能力具有针对性的帮助。

4. 本教材注重对学生知识和技能的指导，为学生提供一个拓展知识和技能的空间。

5. 本教材内容来自实际汽车销售业务，又对实际业务起指导作用，在学习过程中需要考虑国家经济形势和产业政策等宏观因素的变化对实际工作业务的影响，做到理论联系实际。

本教材在清华大学出版社的鼎力支持下得以出版，在此谨向清华大学出版社和各位编辑表示诚挚的敬意和衷心的感谢！

编者在编写本教材的过程中，借鉴了中外有关书籍的内容和观点，在此谨向有关作者表示诚挚的敬意和衷心的感谢！

受编者水平所限，本教材不足之处在所难免，恳请读者批评指正。反馈邮箱：lyly1989@126.com。

编 者

2012年4月

前言（第二版）

本教材自2012年出版以来，得到了相关专业的高等职业教育院校师生和汽车销售行业从业人员的喜爱。编者根据我国汽车行业发展的实际情况，结合在教学实际中对教材使用的体会，在保持原版特色和内容体系的基础上，对教材的部分内容进行了修改、更新和完善，以保证教材的实效性。主要的修改之处有以下几方面。

1. 教材中与时间有关的数据和内容全部更新。

2. 对“汽车销售业务人员应该具备的专业能力和职业素质”的内容进行了修改，明确了专业能力培养和职业素质养成的途径。

3. 对“汽车销售术语”的内容进行了修改，更加适合读者对汽车的技术特性的理解和掌握。

4. 增加了进口汽车的进口环节有关税金的计算方法，紧密结合消费者对进口汽车的需求实际。

5. 对汽车保险理赔额计算的实例进行了更新，更加符合实际汽车保险理赔业务。

本教材在清华大学出版社的鼎力支持下得以出版，在此谨向清华大学出版社和各位编辑表示诚挚的敬意和衷心的感谢！

编者在编写本教材的过程中，借鉴了中外有关书籍的内容和观点，在此谨向有关作者表示诚挚的敬意和衷心的感谢！

受编者水平所限，本教材不足之处在所难免，恳请读者批评指正。反馈邮箱：lyly1989@126.com。

编 者

2017年3月

目录

第1单元

汽车销售基础知识

销
售

学习任务1.1 汽车销售活动概述

学习目标

1. 熟悉汽车产品的特点；
2. 理解汽车销售的含义；
3. 掌握汽车销售活动的业务内容。

学习内容

1. 汽车产品的特点；
2. 汽车销售的含义；
3. 汽车销售活动的业务内容。

学习方法

1. 比较和分析不同产品之间的特点；
2. 认识和理解汽车销售企业的业务活动内容；
3. 回顾汽车技术知识、市场营销知识等专业知识；
4. 探讨个人的职业生涯规划。

任务导入

汽车是一种商品，是汽车销售工作的对象，但你对汽车产品的特点了解多少？你知道汽车销售活动的业务内容有哪些吗?

1.1.1 汽车产品的特点

汽车一般是指本身具有动力装置，由动力驱动，具有4个或4个以上车轮的非轨道承载的车辆，它主要用于：载运人员和(或)货物；牵引载运人员和(或)货物的车辆。汽车也包括与电力线相连的车辆，如无轨电车，以及整车整备质量超过400kg的三轮车辆。本教材中所提到的汽车销售，主要是以家庭用轿车的销售为主。所以，分析汽车产品的特点，主要是分析家庭用轿车的特点。

汽车作为人类发明创造的产品，除了具有和其他产品一样为人类生产和生活服务的共性，还有其本身的特点。

1. 价格昂贵

汽车由几万个零件组成，制造材料多样，制造技术复杂，导致汽车生产成本比较高，再加上生产、流通环节中的税金和有关费用，使汽车的销售价格比较高，并且不同种类、不同品牌的汽车价格还存在天壤之别。在我国目前的经济水平下，汽车的最低价格为3万元人民币(如奇瑞QQ等微型汽车)；而一些高级轿车的价格可以达到上百万元人民币(如奔驰、宝马等名车)；一些运动型汽车和时尚型汽车，价格高达上千万元人民币(如法拉利赛车、悍马越野车等)。

2. 生产资料和消费资料的双重属性

汽车从诞生之日起，就具有生产资料和消费资料的双重属性，即汽车既是生产手段(如载货汽车、旅客运输车、出租车等)，又是生活用具；既可以通过使用汽车获得运输收入，又可以将汽车作为交通代步工具，获得生活的便利。

3. 使用管理的强制性

我国对汽车的使用管理实行两项根本制度：驾驶证(执照)制度和车辆牌照制度。驾驶证(执照)制度，是车辆管理部门通过对驾驶证的考取、核发和日常严格管理，控制驾驶员素质从而保证安全行车的一项制度，这也是掌握驾驶员队伍状况的有效手段之一。车辆牌照制度，是车辆管理部门通过对车辆牌照的核发和日常严格管理，控制车辆数量和单车安全技术状态，创造安全、畅通的交通条件的一项制度。公安机关的车辆管理部门依法履行汽车使用管理职能。

此外，国家工商管理部门、国家税收部门、环保部门等，也是参与汽车使用管理的行政部门，在汽车交易、税费征收、排放要求等方面，均具有法定强制力。

4. 交易复杂

汽车交易不同于一般消费品的柜台交易，价格、品牌、服务等多种因素都会对购买者的购买决定产生影响。新车的个人消费者往往要经过反复咨询和比较才能决定购买某款汽车。购买者选择的多样性和决策的复杂性决定了销售业务不是简单的工作，而是个复杂的服务过程。一旦交易达成，还需要签订汽车购销合同、验车交车、装配饰品、代理缴纳税费、代理上牌、代理保险、代理信贷、提供售后服务等。汽车销售业务不是一次性的买卖行为，而是销售方同客户建立长久关系的行为。而对于二手车交易来说，还增加了技术鉴定与评估、价格磋商、转让手续办理等程序，交易的实现同样是复杂的。

5. 使用成本高

汽车在使用过程中，会发生燃润料消耗、机件磨损、撞击损坏等有形损耗，也会发生由科学技术的进步与发展导致的无形损耗(即汽车贬值)，消费者还要支出维护保养费用、修理费用、交通事故责任强制保险费用、各种税费、过路和停车费用等。一辆家庭用汽车，平均每年至少需要1万元费用。

6. 安全和排放要求高

汽车使用的安全性和污染物排放状况受自然因素、道路条件、行政部门的交通管理情况、驾驶员的操作水平等因素的影响，但主要取决于车辆本身的技术条件。对汽车使用的一些强制性要求，主要是为了保障使用者的安全和公众利益。

1.1.2 汽车销售的含义

汽车销售是指汽车(销售)企业将商品车与顾客进行价值交换的一种社会活动及其商务过程，也可以理解为：汽车销售是在了解顾客需求的基础上，通过有针对性地对汽车及服务进行介绍，以满足顾客特定需求的过程。满足顾客特定的需求是指顾客特定的欲望被满足，或者顾客特定的问题被解决。能够满足顾客这种特定需求的，只有商品提供的特殊利益。例如，顾客购车有的是为了开拓业务，彰显自己尊贵的身份；有的是为了突出个性，体现自身独特的品位；有的是为了代步，考虑经济实用。由于每个人的需求不同，在介绍汽车的过程中，必须要有针对性。例如，一辆红色的跑车，是不能同时满足彰显身份和经济实用这两类顾客的利益和特殊需要的。因此，销售汽车就要找出汽车所能提供的特殊利益，满足顾客的特殊需求。

汽车销售不是单纯解说商品的功能，而是要深入地了解顾客的需求，进行有针对性的介绍，注重结果。在与顾客沟通的过程中，不要试图说服顾客，要让顾客感觉到受尊重，要由顾客自己来做决定，要让顾客发自内心地认同。销售不是炫耀自己的专业，而是要注意倾听，让顾客说出他的想法，销售员要谦虚，要让顾客感觉到轻松和愉悦。销售不只是销售商品，最关键的是要赢得顾客的理解和信任，真诚是销售员最有力的武器。

在20世纪90年代初期，我国汽车销售人员的主要工作就是等待顾客上门，然后向顾客介绍产品特性，缺乏对顾客群的主动研究、细分和定位；同时，在车辆销售之后就不再与顾客保持长期联系，可能会失去老顾客增购和老顾客介绍新顾客购买的机会。目前，各家汽车4S店普遍采用顾问式销售，通过一对一的顾问式销售，可以把售前咨询、售中服务、售后维系有机结合起来，形成面向顾客群的全程销售模式，减少来自不同环节的潜在顾客流失。因此，顾问式销售要求变被动销售为主动销售，它能有效地提高顾客的满意度，能最大限度地满足顾客的精神需求，同时也能最大限度地创造销售机会。顾问式销售必将对汽车销售行业从业人员的整体素质提出更高的要求。

近几年来，我国汽车工业飞速发展，产销量双双居于世界第一位，可以说我国已经是“汽车大国”，但是距离“汽车强国”的目标还很远。随着汽车普及程度的提高，交通拥堵、环境污染、能源消耗大等由汽车发展带来的社会问题也越来越引起人们的思考。由于竞争日益激烈，汽车销售企业的销售活动必须兼顾经济效益和社会责任，汽车销售活动面临巨大的机会和挑战。目前，汽车销售人员的素质、专业化程度等虽然有了长足的进步，但同汽车发达国家相比，我国汽车销售人员的专业能力还很薄弱，对企业的忠诚度还有待提高，高素质、懂专业、工作扎实的汽车销售人才供不应求。

1.1.3　汽车销售活动的业务内容

根据我国目前多数汽车销售企业的销售和管理模式，完整的汽车销售活动包括售前活动、销售活动和售后活动3个阶段。

1. 售前活动

售前活动包括：汽车销售企业(4S店)获得某品牌汽车的经营权，组织订购、运输和仓储，上市前的宣传，对展厅进行合理布置，确定样车的摆放位置，确定新车的价格，组织销售人员进行业务培训等。

2. 销售活动

完成一项汽车交易活动，即从顾客上门开始，到最后成交以及协助顾客办理完相关手续，车辆可以上路行驶为止，一般要经历8个业务环节，如图1-1所示。

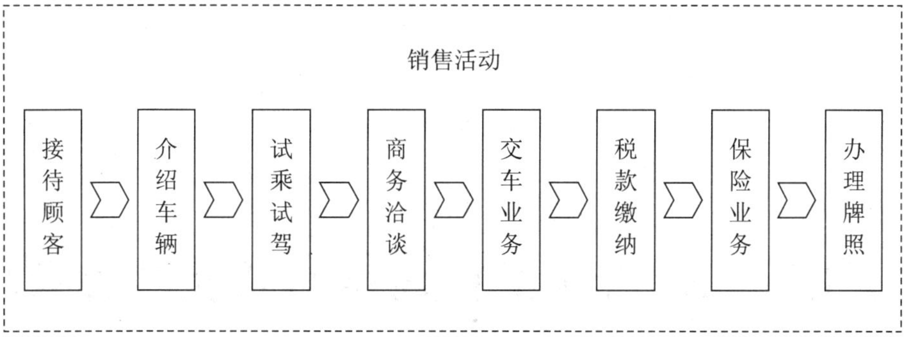

图1-1　销售活动的8个环节

(1) 接待顾客。按照统一的礼仪规范接待到店看车的顾客。

(2) 介绍车辆。销售人员向顾客介绍汽车的技术性能、卖点和价格等。

(3) 试乘试驾。这是一项销售跟进工作，通过试乘试驾，让顾客亲身体验汽车性能的优越性、操作的方便性、乘坐的舒适性、驾驶的安全性等特征，强化顾客的购买欲望。试乘试驾包括路线设计、车辆准备、人员安排、程序安排等工作。

(4) 商务洽谈。协助顾客选择车型，进行价格洽谈和服务项目说明，介绍汽车消费贷款办理业务，签订购车(或订车)合同、确定提车时间等。

(5) 交车业务。进行新车交车前的检查工作，完成车辆交付及购车发票、合格证、保养手册等随车文件的交付，指导顾客选择装饰品或附加设备并完成安装。

(6) 税款缴纳。指导顾客缴纳相关税款，如车辆购置税、车船使用税等。

(7) 保险业务。指导顾客完成机动车保险的投保。由于道路交通事故责任强制保险是强制性的，保险投保的指导业务主要是帮助顾客合理选择商业保险的有关险种。

(8) 办理牌照。指导顾客完成办理牌照的相关手续，如车辆检验、行驶证和机动车登记证书的申请、牌照号码的选择、照相等。

3. 售后活动

售后活动是维系客户关系、培养顾客对汽车品牌和企业忠诚度、发展潜在客户的重要手段。售后活动主要包括：售后问候，跟踪式服务，使用咨询，救援，汽车的保养与维修，备件供应，二手车置换等。

知识问答与技能训练

1. 结合一款轿车的有关资料，说出其不同于其他产品(如房产、家用电器等)的特点。

2. 结合自己对汽车4S店的了解，说出自己喜欢或适合从事汽车销售企业的哪个岗位的业务工作，并说出理由，从而制订一个实现这个目标的学习计划。

学习任务1.2 汽车销售人员素质和能力要求

学习目标

1. 明确成为合格的汽车销售人员应具备的专业能力；

2. 明确成为合格的汽车销售人员应具备的职业素质。

学习内容

1. 汽车销售人员应具备的专业能力；
2. 汽车销售人员应具备的职业素质。

学习方法

1. 总结和评价自己的专业能力和素质水平；
2. 通过演讲的方式，展示自己的语言表达能力。

任务导入

我们已经了解汽车销售业务内容，但你知道要想成为一名优秀的汽车销售业务人员，应该具备哪些专业能力和职业素质吗?

1.2.1　汽车销售业务人员应该具备的专业能力

专业能力是通过学习和实践获得的从事某种工作的能力。根据我国目前汽车销售企业对从业人员的岗位能力要求，汽车销售业务人员应该具备对汽车特性的把握能力、良好的沟通能力、分析问题的能力、处理事务的能力和学习的能力等专业能力。

1. 对汽车特性的把握能力

汽车除了具有上节内容介绍的商品特性，还具有技术特性和需求特性。

由于汽车这一特殊商品的结构非常复杂，技术含量非常高，要求汽车销售业务人员必须全面掌握汽车的技术特性，即学习和掌握汽车的构造、各部件的作用和机械原理等知识，掌握汽车维修保养知识和安全驾驶知识，掌握所销售的车型和竞争车型的主要技术特点等。只有这样，才能让顾客了解更多的车辆技术信息，取得顾客的信任，才能打动顾客。

消费者对于汽车的需求和购买心理也存在一定的规律性，汽车销售业务人员应主动了解消费者在选购汽车方面的偏好和进行购买决策方面的心理活动规律，即掌握汽车的需求特性。

培养对汽车特性的把握能力，需要学习和掌握汽车构造等技术知识、市场营销学等知识。

2. 良好的沟通能力

汽车销售过程实际上就是销售人员与顾客沟通的过程，汽车销售业务人员要想获得顾客的信任，必须学会与顾客沟通的技巧，即具有良好的沟通能力。

汽车销售沟通是销售业务人员与顾客进行的双向的、互动的活动，通过沟通，销售业务人员可以向顾客传递汽车技术信息、企业促销信息和售后服务信息等，增强顾客对某种车型的偏爱程度和对企业的认可，联络同顾客的情感，最终实现交易的成功，并建立企业同顾客之间的良好关系。

除了同顾客沟通以外，作为汽车销售企业中的一名员工，销售业务人员同企业的其他同事以及企业外部的相关部门的有关人员都要建立良好的合作关系，同样需要通过良好的沟通来维系，才能在处理各种业务时有效率。

培养良好的沟通能力，需要学习语言知识、礼仪知识、演讲与口才和消费心理学等方面的知识，还需要理论联系实际，经常进行沟通方面的训练和实践。

3. 分析问题的能力

汽车销售业务人员接触的每一位顾客在偏好、购买习惯和经济能力等方面都是不同的，即顾客对销售服务的需求存在差异性，也就意味着销售人员需要处理的问题具有差异性，这就要求销售人员应具备一定的处理问题的能力和灵活的应变能力，而分析问题的能力是处理和解决问题的前提条件。

任何问题的产生都会有一定的原因和规律性，这就要求汽车销售业务人员具有敏锐的观察能力和分析能力，及时弄清顾客在需求方面提出的问题或在业务处理方面出现的问题的原因所在，为及时、有效地解决问题奠定基础。

培养分析问题的能力，需要学习逻辑学知识、调查与研究的知识和方法以及辩证法知识等。

4. 处理事务的能力

汽车销售人员需要处理的事务主要是指在同顾客接触后，了解顾客的需求，进而有针对性地提供服务以满足顾客的需求这个过程中的所有行为，即汽车销售业务。所以说，处理事务的能力即从事汽车销售业务的职业能力，这种能力是汽车销售人员应具备的核心能力，是前文所述的三种能力在工作实践中的综合体现。

培养处理事务的能力，要求销售人员学习汽车销售与服务企业的经营管理知识、有关的政策与法律法规知识、公共关系等基础知识。具体的汽车销售业务知识包括汽车市场细分方法、汽车市场调研方法、汽车促销方法、汽车销售技巧、汽车顾客需求分析方法、机动车保险的投保及保险理赔知识和代理方法、汽车消费贷款知识和代理方法、汽车牌照办理程序和代理方法、各种汽车税费知识和代理缴纳方法、备件管理知识和业务处理方法、售后服务知识和业务处理方法、二手车的评估知识和业务处理方法等。

业务流程是确保销售业务工作正常开展的基本保证，也是整个销售工作的关键。

销售人员只有熟练掌握销售业务流程，才能确保与业务相关部门的衔接和配合，才能为顾客提供最佳服务，才能更有效率地开展工作。一个企业的业务流程，体现了企业的经营理念和服务意识，对业务流程的理解也就是对企业经营理念和服务意识的理解。因此，熟练掌握销售业务流程是对一名专业销售顾问的基本要求。由于汽车销售一般都采取品牌销售的模式，每一个品牌都有其特有的销售业务流程，销售人员重在理解而不是简单地执行。只有真正理解业务流程设计的思想和它所包含的经营理念，在实际工作中才会有创新，才能够为顾客提供高效率的服务。

企业是汽车销售人员工作的环境和场所，汽车销售人员应熟悉企业的经营理念，了解企业的组织结构、经营规模、信誉度、业绩、市场占有率等现状，了解企业的管理政策，使自己融入企业之中，培养自己对企业和对职业的忠诚度。

要胜任汽车销售业务，汽车销售业务人员除了需要熟练掌握所在岗位的工作内容和业务流程外，还要清楚所在岗位与企业内部其他工作岗位的关系以及与企业外部相关部门(如税务部门、汽车牌照管理部门、银行和保险公司等金融机构、媒体等)的关系。

汽车销售人员应了解企业经营资金的来源和渠道，熟悉销售量、成本和利润之间的关系，了解经营产品的价格确定方法，熟悉与汽车销售和企业经营有关的各种税务知识等。

社会主义市场经济是一种法制经济，因此，汽车销售人员必须了解和掌握有关法律知识，以便增强法制意识，做到懂法、守法，并学会运用法律手段解决实践中遇到的有关问题，更好地履行岗位职责。根据汽车销售人员的职业特点和工作性质，尤其应该了解和掌握的是协调和调整市场运行中所发生的经济关系的经济法，主要包括《中华人民共和国反不正当竞争法》《中华人民共和国产品质量法》《中华人民共和国消费者权益保护法》《中华人民共和国经济合同法》等。

5. 学习的能力

社会是不断进步的，经济与科技的发展日新月异，汽车生产与消费的理念也在不断更新，客观上要求汽车销售业务人员的业务能力和水平也要与时俱进，即要求汽车销售业务人员树立终身学习的理念，具备不断学习、自我学习和终身学习的能力，不断更新业务知识，不断提高业务能力。具备学习能力就像是给自己实现职业梦想插上了一双翅膀，可帮助汽车职业人在职业生涯中飞得更高、飞得更远。

1.2.2 汽车销售业务人员应该具备的职业素质

职业素质是一个人从事某种职业，在长期的学习、生活和工作中自觉养成的内在的思维方式、心理状态和习惯。

1. 浓厚的职业兴趣

兴趣是胜任一个职业的基础，有了兴趣就有了学习和工作的动力。汽车诞生100多年的历史和灿烂多彩的汽车文化，已经渗透到现代社会的方方面面，围绕汽车的话题层出不穷，从汽车技术到汽车经济、从汽车性能到汽车安全、从汽车价格到汽车燃料、从汽车环保到汽车危害等，现代生产和生活已经离不开汽车。汽车销售人员只有培养自己的职业兴趣，才会热爱汽车销售职业，才会在从事汽车销售活动中找到工作乐趣，工作能力和工作业绩才会提高。

2. 良好的职业素养

职业素养是指职业内在的规范和要求，是在从事职业过程中表现的综合品质，包含职业道德、个人修养等方面。

所谓职业道德，是指在从事一定的职业活动中所应遵循的、具有自身职业特征的道德准则和规范。汽车销售人员在从事经营活动时，也必须遵循一定的准则与规范，具体地说就是要遵守公平竞争、公平买卖的市场规则，讲求商业信誉，维护企业与客户的正当利益，不损人利己，不损公肥私，严于律己，工作认真负责，不懈怠，不懒散，具有诚实守信和热情服务的意识。

所谓个人修养，是指个人认识、情感、意志、信念、言行和习惯的修炼和涵养。一个人只有自觉地遵循社会道德体系的要求，更好地履行个人的社会义务，并不断提升个人的人生境界，才能修养成良好的内在素质。汽车销售业务过程实际是以汽车产品和服务为纽带的人与人相处的过程，销售人员具有很好的个人修养，更容易为消费者所认可和接纳，对于销售业务的完成具有重要的影响作用。销售人员树立正确的世界观、人生观和价值观，特别是树立社会主义核心价值观，对于个人被社会接纳同样是至关重要的。

3. 坚定的信念和持续的热情

卡耐基曾经说过，任何一位获得成功的人，内心都存在一个坚定不移的信念。克服横在路上的障碍、困难的勇气以及战胜其他对手的动力，都来自信念。一个成功的销售人员，应该时时刻刻鼓励自己、鞭策自己，以激发内心的动力，这就需要一个更好的心态和坚定的信念。销售人员每天都会遇到各种困难和挫折，最优秀的销售人员的成交率也只能达到20%，也就是说，经历80次的失败才能换来20次的成功。如果没有坚定的信念，销售人员会因难以承受失败的打击而选择放弃。每个人都知道决心和信心对成功的重要意义，对于销售人员来说，信心尤为重要，世界上没有什么不可能，关键在于你是否坚信成功的存在。

所谓热情，是指一种精神状态，一种对工作、对事业、对顾客的炽热情感。爱默生曾说："缺乏热情，就无法成就任何一件大事。"热情是每一个销售人员取得成功的基本条件。在实际工作中，我们发现一个有趣的现象，在销售人员刚从事销售工作时，由于业务知识不足，往往在销售中表现出强烈的热情。而随着销售人员业务能力的提高、专业知识的丰富，销售的那股热情却逐渐消退了，原来具有优秀潜质的销售人员最终归于平庸。没有热情就没有长久的销售。热情是一种振奋剂，它可以使销售人员更加乐观、勤奋、向上，对工作充满希望和自豪；热情是一种精神状态，可以鼓励销售人员更好、更愉快地完成工作，保持旺盛的精力；热情能够感染顾客，使销售人员赢得更多的朋友，获得顾客的信任，创造更好的业绩。

作为一名专业的汽车销售顾问，应该把热情变成一种习惯，而不只是一时的热情。一时的热情容易做到，养成习惯则需要训练和时间。拥有热情的人，无论处于什么样的环境之中都会有所作为。

4. 强健的体魄和健康的心理

身体是工作的本钱。汽车销售人员的工作是开放式的工作，不仅要与已有顾客交流与沟通，还要去寻找潜在的顾客、参加社会需求调研、与社会有关部门联系。也就是说，一个汽车销售人员的工作场所可能在4S店，也可能在维修网点、车管所、保险公司等，还可能要出差或到汽车制造厂家参加业务培训等，汽车销售人员只有体魄强健，才能适应工作的要求。

汽车销售与其他服务行业一样，良好的服务意识能改变销售人员的销售行为。服务的根本目的，就是让顾客满意。顾客是上帝，是销售人员及企业的衣食父母，销售人员只有最大限度地使顾客满意，才能获得成功。但是，销售过程是一个不断经历挫折的过程，被顾客拒绝不仅在所难免，而且是经常遇到的事情。面对这些，许多人会轻易放弃，而成功的销售人员则有着良好的心态，他们做好被拒绝的心理准备，又拥有征服顾客的自信。因此，专业的汽车销售顾问必须要有良好的心态来应对挑战，要做到不论遇到什么挫折都能以一种积极的心态来应对。

5. 合作的意识

在汽车销售与服务企业中，各个岗位或工种之间既有明确的职能分工，又有密切合作的关系，这就要求各个岗位的从业人员都必须具有很强的合作意识，共同完成满足顾客需求的工作任务，达到企业经营目标。作为汽车销售岗位本身，也需要全体销售人员团结合作、相互包容、互相支持、彼此配合，才能使工作环境更和谐、工作更有效率。

知识问答与技能训练

结合自己的实际情况，对照汽车销售人员的素质和能力要求，说出自己适合从事汽车销售业务的特长，并找出目前的不足，制订一个改进和提高素质及能力的学习计划。

学习任务1.3 汽车发展史

学习目标

1. 了解汽车的发展历史；
2. 熟悉我国汽车工业的发展历程。

学习内容

1. 汽车的发展历史；
2. 我国汽车工业的发展历程。

学习方法

1. 搜集汽车历史资料；
2. 讨论汽车发展的相关问题；
3. 分析汽车销售前景。

任务导入

你知道汽车是哪天诞生的吗？你了解我国汽车工业发展的历史和现状吗？

1.3.1 汽车的发展进程

1. 汽车发明前期

车轮是中华民族首先发明的，人类历史上的第一辆车是我们的祖先发明出来的。在神话中，有黄帝造车之说，故黄帝又称轩辕氏。轩，指有围棚的车；辕，指车前面驾驭牲畜的杆。当年蚩尤和黄帝在涿鹿之战中，蚩尤施放迷雾，黄帝依靠带有指南功能的车指引方向，在战争中取胜。

车原来是人力车，后来发展为畜力车。公元13世纪前后，马车制造技术通过丝绸之路传到欧洲。16世纪的欧洲进入文艺复兴的“前夜”，科学技术突飞猛进，马车的制造技术也得到进一步提高。早期的马车只有两个车轮，结构上只有轮、轴、货箱和车辕。后来出现了双轴四轮马车，安有转向盘，车身出现了活动车门和封闭式结构，车身和轴之间用弹簧连接。此后，各国相继成立了马车运输公司，马车路建设迅速，驿站先后建立，世界各地从事马车运输的人数相当可观，马车的迅速发展是欧洲成为汽车诞生地的主要原因之一。

13世纪中期，英国哲学家、自然学家罗吉尔·培根在著作中写道：“我们大概也能制造出不借用任何畜力就能以惊人速度奔跑的车辆。”大约400年后，车辆动力问题提上议事日程。1420年，有人制造出滑轮车，在车上拉动绳子，滑轮带动车子前进，但使用起来相当劳累，举步维艰，比步行还慢。意大利美术家、科学家、技师达·芬奇于1482—1499年，设想在车上安装能水平旋转的圆盘，通过齿轮带动车轮转动。用什么力量带动其旋转呢？发条机构可以积蓄力量，但他只进行了理论探讨，无实际研究，该设想也未得到人们的重视。1649年，德国纽伦堡有一位钟表匠汉斯·郝丘，制造了一台发条式的车辆，速度不到1.6公里/小时，行进230米就必须将钢制发条卷紧一次，上劲不容易，强度大，未能得到发展。当时的瑞典王子卡尔·古斯塔夫对其一见倾心，出于猎奇心理把它买了过去。

1712年，苏格兰铁匠纽可门制成了用水蒸气的热力推动活塞而产生动力的蒸汽机，这是人类有效利用热能转化为机械能的第一次伟大尝试。但这种蒸汽机效率太低，耗煤量太大，因此没有得到推广。

后来，英国格拉斯哥大学维修教学仪器的工人瓦特在修理纽可门蒸汽机的过程中，发现大蒸汽机比小蒸汽机的效率高得多的规律。他在研究力学的大学教授布莱克的指导下，弄懂了小蒸汽机的汽缸表面积比大汽缸的表面积大，所以在对冷凝气体加热时要消耗更多的热能。瓦特决定把冷凝工序放到汽缸外专门制造的冷凝器中进行，同时对活塞和汽缸进行精密加工，以减少热能的损耗。通过布莱克的介绍，瓦特认识了发明镗床的威尔金森，威尔金森把镗炮筒的技术应用在汽缸镗制中。1765年，瓦特蒸汽机诞生，效率比纽可门蒸汽机的效率高5倍，煤耗减少了四分之三。1874年，瓦特蒸汽机进入大规模生产阶段并在世界推广，人类进入蒸汽机时代。

1763年，法国38岁的居尼奥开始研究蒸汽汽车，并得到了法国陆军大臣肖瓦兹尔公爵的支持，得到2万英镑作为资金，制造出世界上第一辆具有实用价值的蒸汽汽车。这辆汽车车身用硬木制成框架，由三个一人多高的铁轮支撑，前面放一个50升的锅炉，后边是两个容积为11加仑(约40升)的汽缸，锅炉产生的蒸汽进入汽缸，推动活塞上下运动，由简单的曲拐把活塞的运动传给前轮，前轮成为主动轮，并且承担转向的功能。由于前轮压着沉重的锅炉，操纵转向杆很费劲，试车时不断发生事故，一次转弯时撞在兵工厂的墙上，车被撞得七零八落。1771年，他制成更大型的汽车，可以牵引4～5吨的重物。这辆汽车是汽车发展史的第一个见证，目前保存在巴黎国立工艺学院，法国也被公认为蒸汽汽车的诞生地。

1860年，法国人涅奴尔制成煤气二冲程内燃机，它的做功方式与蒸汽机的做功方式相似。在活塞的第一行程中，把煤气和空气吸入汽缸中，在行程中途用火花塞将混合气点燃，气体爆发膨胀做功，推动活塞对外做功，活塞在回程中排除废气。由于混合气没有压缩，发动机的热效率很低，只有4.5%。这台发动机于1862年成功地安置在马车的底盘上进行试验，这是内燃机走向实用的第一步。与此同时，法国铁道技师罗夏发表了四冲程发动机理论，这种发动机有吸气、压缩、做功、排气4个工作过程，理论上效率提高很多。1876年，德国人奥拓根据罗夏的理论制成第一台煤气四冲程发动机，被称为奥拓内燃机，并于1877年取得专利权。从此，人类进入新的内燃机时代。

2. 汽车诞生与手工生产阶段

1885年10月，德国人卡尔·本茨(奔驰)制造出装有单缸二冲程内燃机的三轮汽车(见图1-2)；与此同时，戴姆勒研制了装有四冲程汽油机的四轮汽车(见图1-3)。1886年1月29日，奔驰取得专利，人们把这一天作为汽车诞生日，把这一年定为汽车元年。这两人被公认为汽车工业的鼻祖。

图1-2 卡尔·本茨和他制造的第一辆汽车

图1-3 戴姆勒和他制造的第一辆汽车

自汽车问世以后直到20世纪前20年，汽车工业的重心在欧洲，采用手工方式进行生产。汽车产品具备基本使用功能，但成本很高，价格昂贵，仅限于社会上层人士使用，汽车对人们来说还是一种奢侈品。在此期间，汽车工业很薄弱。

3. 汽车大量生产阶段

1908年，美国福特公司开始生产和销售T型车(见图1-4)，至1927年被淘汰的短短19年间，共生产和销售1 500万辆，在历史上创造了汽车工业之最。1913年，流水装配线大批量生产方式的发明，使汽车制造成为一种新兴工业。特别是1925年10月30日，福特公司一天能制造出9 109辆T型车，平均10秒生产一辆。福特公司成为当时世界上最大的汽车公司。

图1-4　福特汽车公司生产的T型车

成立于1908年的通用汽车公司，在20世纪20年代斯隆出任总裁后，敏锐地发现了市场需求的变化，不断更新车型来刺激消费者的欲望，使其产量在1926年首次超过福特公司，之后一直居世界汽车工业的首位。

4. 汽车精益生产阶段

这一阶段始于1960年，以日本丰田生产方式的创立为标志。至20世纪80年代，日本汽车工业的成功掀起了世界汽车工业的第三次高潮。

20世纪50年代中期，日本以装配外国车为主，产量急剧增长，通过引进技术和创新，逐渐形成自主开发能力。在欧美主要生产和销售大型豪华汽车时，日本看准小型车、经济型车的市场潜力，以此为突破口，成功冲击了欧美汽车市场，并于1980年以1 104万辆的产量跃居世界第一位，并保持10年之久。日本汽车工业的成功除了经营战略和策略得当外，更重要的原因是其独特的管理模式，即精益生产方式的管理模式，旨在“以最少的投入，产出尽可能多的和最好的产品”。

1.3.2 我国汽车工业发展历程

汽车是在20世纪初进入我国的，但直到新中国成立前，我国仅有少数汽车修配厂。到1949年，我国共进口汽车7万余辆，保有量5.1万辆。这些汽车品种繁杂，人称“万国汽车”，汽车配件、轮胎、汽油也需进口。当时中国的汽车技术状况很差，有一首打油诗“一去二三里，抛锚四五回，修理六七次，八九十人推”，就是对我国当时汽车使用状况的真实写照。

新中国成立后，我国的汽车工业才开始起步，总体上可以分为3个阶段。

1. 我国汽车工业建设阶段

(1) 1953—1967年的初创时期。1953年7月，第一汽车制造厂(以下简称“一汽”)开始在长春兴建，毛主席亲自为该厂题写了“第一汽车制造厂奠基纪念”。该厂仅用3年时间建成，于1956年10月开始大批量生产载质量4T的CA10系列货车(见图1-5)，结束了中国不能生产汽车的历史。1958年，该厂又研制出我国第一辆轿车——东风牌轿车(见图1-6)，毛主席乘坐后表示赞赏。之后，一汽又开始试制并小批量生产红旗CA770型高级轿车。

图1-5 我国生产的第一辆汽车

图1-6 我国生产的第一辆轿车

在一汽扩大生产的同时，我国各地汽车修配企业相继改建成汽车制造厂，汽车品种和产量都有所提高。各地也纷纷试制轿车，但由于受技术和条件限制、产品质量差等原因都被迫停产，我国第一次“大办汽车热”告一段落。

(2) 1968—1978年的自主建设时期。这一时期由于一汽已投产10年，其他汽车厂也相继投产，而汽车产品的品种和数量都不能满足社会发展和国防建设的需要，于是国家决定再建一批汽车骨干企业。1968年，我国在湖北十堰开始兴建规模最大的第二汽车制造厂(以下简称“二汽”)，之后又建成生产重型汽车的四川汽车制造厂和陕西汽车制造厂。二汽于1975年生产第一个车型(EQ240，2.5T)，并于1978年开始投产其主导产品EQ140货车(5T)。这批企业的建成标志着我国汽车工业进入自己进行产品和工厂设计的新阶段，并带动地方企业的发展，形成我国第二次“大办汽车热”。到

1978年，我国汽车生产能力达到15万辆的规模。这一时期我国汽车产量的增长速度仍然很慢，品种方面“缺重少轻”，轿车生产近乎空白，我国的汽车工业有待进一步发展。

2. 我国汽车工业成长阶段

1979—1993年，是我国汽车工业的成长阶段，这一阶段有如下几个特征。

(1) 逐渐突破单一计划模式，市场配置资源的作用逐渐显现，汽车工业开始出现竞争。市场需求对汽车工业产生拉动作用，一批生产微型、轻型、重型汽车的地方和部委企业应运而生。1979年，汽车产量首次突破百万大关，达106.7万辆；1993年达128万辆。我国成为世界重要汽车生产国之一。

(2) 形成一些骨干企业集团，走联合发展道路，打破大而全、小而全的发展模式，促进专业化和协作化的生产。20世纪80年代中期，组建解放、东风、重型三大企业集团，其他有关部委和地方也相继组建了一批联合企业，如上海、北京、沈阳等地方企业集团和航天、军工等部门的汽车企业集团。这些企业集团的形成，为建立我国的汽车生产基地打下基础。

(3) 从自我封闭发展模式走上与国际汽车工业加强合作的发展道路。10多年间，我国有重点、有选择地引进国外先进技术100多项，涉及整车、特种车、专用车、零部件和相关配套工业的各个方面。主要引进的商用车技术有：重型集团引进奥地利斯太尔系列重型车技术，北方工业集团引进德国奔驰重型和自卸车技术，东风引进美国康明斯发动机和日本日产驾驶室技术，南京汽车制造厂引进意大利依维柯轻型车技术，一汽引进美国克莱斯勒发动机技术，江铃引进五十铃轻型车技术，金杯引进福特轻型客车技术。另外，上海、一汽、东风和天津微型制造厂等分别从德国、法国、日本等国引进轿车技术。这一时期，我国汽车工业明显进步，产品水平不断提高，缩小了与世界汽车生产强国的差距。

(4) 建设现代化轿车基地。在此期间，我国经济迅速发展，人均GNP和消费水平不断提高，轿车需求量猛增，但实际生产能力不足。1987年，我国政府决定加快发展轿车工业，先后在全国形成8个轿车生产点。轿车产量从1986年的1.25万辆发展到1993年的23万辆，轿车产量的比例迅速上升。

当时的轿车企业及主要品牌有：一汽轿车厂与德国合资生产的奥迪牌轿车，一汽大众有限公司与德国合资生产的捷达牌、高尔夫牌轿车，神龙汽车有限公司生产的富康牌轿车，北京吉普汽车有限公司生产的切诺基牌汽车，上海大众有限公司生产的桑塔纳牌轿车，长安机器厂(四川)生产的奥拓牌微型轿车等。

3. 我国汽车工业快速发展阶段

1994年，我国进入社会主义市场经济建设阶段，从十五规划开始，国家将汽车工业作为国民经济支柱产业，对整个国民经济的增长、促进就业、增加税收有着重要的作用。同时，汽车对社会形态的影响，使中国开始进入“汽车社会”。

进入21世纪，我国的汽车工业飞速发展，全面参与国际竞争，在国家产业政策的支持下，汽车产销量的增长率高于国民经济增长率3倍多。

2008年，我国汽车产销量分别为934.51万辆和938.05万辆，同比增长5.21%和6.70%。其中，乘用车产销量分别为673.77万辆和675.56万辆，同比增长5.59%和7.27%；商用车产销量分别为260.74万辆和262.49万辆，同比增长4.24%和5.25%。

2009年，我国政府针对全球金融危机，出台了向汽车产业倾斜的优惠政策，如车辆购置税减半、汽车下乡、以旧换新等，大大推动了我国汽车工业和汽车贸易的飞跃发展，汽车产销量一举跃居世界第一位。汽车产销量分别为1 379.10万辆和1 364.48万辆，同比增长48.30%和46.15%。其中，乘用车产销量分别为1 038.38万辆和1 033.13万辆，同比增长54.11%和52.93%；商用车产销量分别为340.72万辆和331.35万辆，同比增长33.02%和28.39%。

2015年，我国汽车产销量总体平稳增长，全年汽车产销量分别为2 450.33万辆和2 459.76万辆，创历史新高，比2014年分别增长3.3%和4.7%。其中，乘用车产销量分别为2 107.94万辆和2 114.63万辆，比2014年分别增长5.8%和7.3%，增速高于汽车产业总体增速，分别达2.5和2.6个百分点，首次超过2 000万辆。目前，乘用车已经成为我国汽车产品的主体，比例已达到汽车总量的86%。

此外，新能源汽车的高速增长成为2015年汽车产销的一大亮点。根据统计数据，2015年新能源汽车生产34.047 1万辆，销售33.109 2万辆，同比分别增长3.3倍和3.4倍。其中，纯电动汽车产销分别完成25.463 3万辆和24.748 2万辆，同比分别增长4.2倍和4.5倍；插电式混合动力汽车产销分别完成8.583 8万辆和8.361万辆，同比增长1.9倍和1.8倍。在新能源乘用车中，纯电动乘用车产销同比分别增长2.8倍和3倍；插电式混合动力乘用车产销同比均增长2.5倍。在新能源商用车中，纯电动商用车产销同比分别增长10.4倍和10.6倍；插电式混合动力商用车产销同比分别增长91.1%和88.8%。

2011—2015年我国的汽车和乘用车产销量情况见表1-1。

表1-1　2011—2015年我国的汽车和乘用车产销量统计表

项目	2011年	2012年	2013年	2014年	2015年
汽车总产量/万辆	1 841.89	1 927.18	2 211.68	2 372.29	2 450.33
较上年增长率/%	0.84%	4.6%	14.76%	7.26%	3.3%
汽车销售量/万辆	1 850.51	1 930.64	2 198.41	2 349.19	2 459.76
较上年增长率/%	2.45%	4.3%	13.87%	6.86%	4.7%
乘用车产量/万辆	1 448.53	1 552.37	1 808.52	1 991.98	2 107.94

(续表)

项目	2011年	2012年	2013年	2014年	2015年
较上年增长率/%	4.23%	7.2%	16.50%	10.15%	5.8%
乘用车销售量/万辆	1 447.24	1 549.52	1 792.89	1 970.06	2 114.63
较上年增长率/%	5.19%	7.1%	15.71%	9.89%	7.3%

虽然我国汽车产销量已经连续7年居世界第一位，但是，我国汽车工业发展的问题还很多，如合资品牌仍然占绝对优势，自主品牌的竞争力提高缓慢，汽车新技术和创新水平还很低，新能源汽车的发展还很缓慢，出口能力比较薄弱，汽车服务水平与汽车发达国家相比还有很大差距等。解决上述问题，有利于我国汽车工业获得更好的发展。

知识问答与技能训练

1. 人类的运输工具有哪些？各种运输工具的使用顺序是怎样的？

2. 车是谁发明的？汽车的创始人是谁？哪一天是汽车诞生日？

3. 世界汽车工业的现状是怎样的？有哪些知名的汽车企业和品牌？搜集一个国外汽车品牌的有关资料，说明其历史、代表性人物和发展现状。

4. 我国汽车工业起步于哪年？如何评价目前我国汽车工业的发展水平？

5. 你知道我国有哪些知名汽车企业、品牌？搜集一个国内自主汽车品牌的有关资料，分析其发展现状。

6. 简述汽车的发展趋势。

学习任务1.4 汽车新概念与汽车标志

学习目标

1. 了解汽车的新概念；

2. 了解国内外知名汽车品牌的汽车标志。

学习内容

1. 汽车的新概念；

2. 知名汽车品牌的汽车标志的含义。

学习方法

1. 搜集资料法；

2. 讨论汽车新技术与新概念的意义。

任务导入

你对一些汽车概念了解多少？你喜欢哪些车标？你能说出这些车标的内涵吗？

汽车文化是人类创造出来的与汽车有关的物质财富和非物质财富的总称。汽车文化的范畴很宽泛，包括汽车的历史、汽车在国民经济中的地位和作用、汽车企业的历史及经营理念和文化、汽车标志、汽车经济、汽车技术与生产、汽车营销、汽车消费、汽车与环境、汽车与能源、汽车安全等。

随着全球性的汽车行业的快速发展，衍生了许多汽车新概念，了解这些概念，可以帮助我们理解汽车文化的含义，培养汽车销售的职业兴趣。

1.4.1 汽车新概念

1. 家庭轿车

这是一个概念模糊的汽车新名词，含义为大众家庭购买的价廉质优、安全节油、小排量、少污染的轿车。典型车型有历史上的德国“甲壳虫”轿车，美国福特“T型车”。

2. 绿色汽车

绿色汽车的含义为少污染、低噪音、无公害汽车。如电动汽车、太阳能汽车，使用天然气、石油液化气、甲醇、氢气的汽车均属绿色汽车。绿色汽车还派生了“生态汽车”“环保汽车”“零污染汽车”“清洁汽车”等新名词。

3. 智能汽车

智能汽车是指利用最新科技成果，使汽车具有自动识别行驶道路、自动驾驶、自动调速等先进功能的模拟人脑汽车。它还派生了“无人驾驶汽车”“智能轮胎”“智能玻璃”等新名词。

4. 迷你汽车

迷你汽车是指车身短、外壳小、百公里耗油3.5升以下、不产生污染的微型轿车。如宝马公司生产的MINI、奔驰公司生产的SMART、比亚迪公司生产的F0均属此类。

5. 概念汽车

概念汽车是指厂商在车展上推出的体现超前的设计思想和设计水平的样车。厂商一般通过概念汽车展示自己在汽车界的实力。

6. 安全汽车

安全汽车是指综合运用当代最新汽车安全技术成果，以汽车专用电脑控制、指令、协调汽车各安全机构，保证最佳安全性能的汽车。安全汽车通常装有防抱死系统(ABS)、防滑系统(ARS)、乘员保护系统(SRS)等安全装置。

7. 新能源汽车

新能源汽车是指采用非常规的车用燃料作为动力来源(或使用常规的车用燃料，采用新型车载动力装置)，综合车辆的动力控制和驱动方面的先进技术，形成的技术原理先进、具有新技术及新结构的汽车。

8. 汽车分级

现在的轿车大多使用德国汽车分级标准。A级(包括A0、A00)车是指小型轿车，B级车是指中档轿车，C级车是指高档轿车，而D级车则是指豪华轿车。汽车等级划分主要依据轴距、排量、重量等参数，字母顺序越靠后，该级别车的轴距越长，排量和重量越大，轿车的豪华程度越高。

A00级轿车的轴距应在2米至2.2米之间，发动机排量小于1升；A0级轿车的轴距为2.2米至2.3米，排量为1升至1.3升；一般所说的A级车的轴距范围应在2.3米至2.45米之间，排量在1.3升至1.6升之间。B级中档轿车轴距在2.45米至2.6米之间，排量为1.6升至2.4升。C级高档轿车的轴距为2.6米至3.0米。D级豪华轿车大多外形气派，车内空间极为宽敞，发动机动力也非常强劲，其轴距一般均大于2.8米，排量基本都在3.0升以上。

9. NCAP

NCAP是英文New Car Assessment Programme的缩写，意为新车评价规范。NCAP最早出现在美国，由美国国家公路交通安全管理局牵头组织实施，随后欧洲和日本等国都制定了相关的NCAP。目前，全球最具权威性和最严格的欧洲NCAP由国际汽车联合会牵头，其性质是不依附于任何汽车生产企业的独立的第三方机构，所需经费由欧盟提供，不定期对已上市的新车进行碰撞试验。

鉴于NCAP对消费者购车选择产生的巨大影响，欧洲主流汽车品牌对NCAP成绩非常重视，部分企业在新车样车碰撞结果不佳时甚至主动对产品进行改进，并进行二次测试，以求达到一个满意的碰撞结果。目前，欧洲的NCAP对新车的安全性评价用“星”来表示，星级越高，安全性越好。

10. 排放标准

汽车排放物是指汽车在行驶过程中排出的CO(一氧化碳)、HC+NO*x*(碳氢化合物和氮氧化合物)、PM(微粒，碳烟)等有害气体。

目前，我国汽车排放标准基本采用欧洲标准体系。在欧II标准中，一氧化碳和碳氢化合物、氮氧化合物和颗粒物排放限值为2.2g/km和0.5g/km。我国制定的《轻型汽车污染物排放限值及测量方法(Ⅰ)》等效于欧I标准；《轻型汽车污染物排放限值及测量方法(Ⅱ)》等效于欧II标准。执行欧II标准后，机动车污染物排放量将比欧I标准减少30%～50%。

从2000年开始，我国开始实施严格的汽车排放标准，要求汽油车必须装备电喷发动机和三原催化转化器；柴油机必须装备增压器和改进喷油泵。其实这只相当于欧洲20世纪90年代初期的排放控制水平，即欧Ⅰ排放标准。

如今，欧洲、美国正在实施真正意义上的低污染排放标准，即欧III排放标准或美国Ticr标准。这些地区和国家在前一阶段的基础上，削减了一半的污染排放量。由欧Ⅱ到欧Ⅲ是一个质的飞跃，主要差别体现在三个方面：一是欧Ⅲ的汽车必须加OBDⅡ(第二代车载诊断系统)，这一技术的核心是电脑在检测出尾气排放超标后，会自动发出警报；二是排放检测要在零下7摄氏度的环境中实施，以前在室温中检测；三是欧Ⅲ的排放检测是与汽车点火发动同时进行的，而欧Ⅱ是在发动40秒之后才开始检测。目前，我国实施国Ⅳ标准，相当于欧Ⅲ标准。

11. 零公里

“零公里”是国外传入我国的汽车销售名词，意为汽车自生产线上组装直到用户手中，行驶里程极少，几乎为零。国际工业协会规定，新车下线后，行驶记录不超过50英里的车才算新车。目前，各制造商均对新车采用集装箱形式的运输，以求满足用户对汽车零公里的要求。

12. 汽车召回

汽车召回是指汽车制造厂如果发现投放市场的汽车由于设计或制造方面的原因存在缺陷，不符合有关法规、标准，有可能导致安全及环保问题，厂家必须及时向有关国家部门报告该产品存在的问题、造成问题的原因、改善措施等，提出召回申请，经批准后对在用车辆进行改造，以消除事故隐患。厂家还有义务让用户及时了解有关情况。

1.4.2　汽车标志及含义

1. 国际知名品牌汽车标志

世界名车，成果卓越，创意非凡，它是高科技的化身，又蕴含高尚典雅的文化，令人赞誉，令人神往，令人崇拜。它的标志牌(简称车标)是汽车身份的重要组成部分，甚至可以为汽车带来尊贵和荣耀，它是汽车光荣的象征。一看到汽车醒目的车标，人们马上就会想到这种汽车的性能是如何优良、价格如何昂贵。

但很少有人意识到，汽车的标志牌除了可以确认它的制造商，还有另外的功能，即使是最简单的车标背后也蕴藏着非常有趣的故事。

(1) 福特。现代汽车之父亨利·福特在生产他的第一辆汽车时，对汽车标志牌还不够重视，只把它当成小事来处理。但到了1903年，他的公司开始正式运营时，设计工程师劝福特在他们的福特A型车上打上一个标志，并在福特先生的漂亮签名中以字母“F”为基础设计了一个标志。最初该标志直接烙印在闪亮的汽车外壳上，后来为了更突出，又增加了椭圆的蓝色背景。1911年，商标设计者为了迎合亨利·福特的喜好，就将英文“Ford”设计成为形似奔跑的白兔形象，因为福特非常喜爱动物。“Ford”标志的形状犹如在温馨的大自然中，有一只可爱、温顺的小白兔正在向前飞奔，象征福特汽车奔驰在世界各地，令人爱不释手，具体标志见图1-7。

图1-7　福特标志

(2) 宝马。宝马公司的著名标牌首次出现在1928年，其表达的意思是在蓝天背景下的一个银色推进器，让人想起该公司的前身是1916年创建的一家飞机发动机制造厂。宝马轿车的标志选用内外双圆圈，在双圆圈环的上方标有“BMW”字样，这是公司全称的首位字母缩写，见图1-8。内圆的圆形蓝白间隔图案，表示蓝天、白云和运转不停的螺旋桨，创意新颖，既体现了该公司悠久的历史，显示公司过去在航空发动机技术方面的领先地位，又象征着公司在广阔的时空旅程中，以最创新的科技、最先进的观念，最大限度满足消费者的愿望，反映了宝马公司蓬勃向上的气势与日新月异的面貌。

图1-8　宝马标志

(3) 雪铁龙。雪铁龙公司的双人形标牌形状取自1913年安德烈·雪铁龙首次在其巴黎的工厂里制造的齿轮，见图1-9。

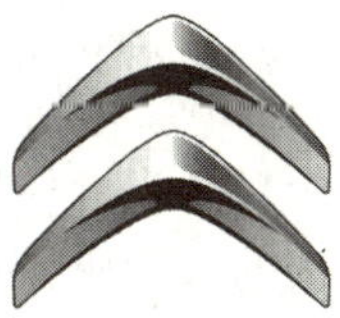

图1-9　雪铁龙标志

(4) 奔驰。奔驰汽车的标志是简化的形似汽车方向盘的一个环形圈围着一颗三叉星(见图1-10)。奔驰公司的三叉星分别代表陆地、海洋和天空，表示它无论是在海上、天空还是在陆地都神通广大。三叉星表示在陆海空领域全方位的机动性，环形图显示其营销全球的发展势头。

图1-10　奔驰标志

(5) 凯迪拉克。凯迪拉克公司是以法国的皇家贵族、探险家、美国底特律城的创始人安东尼·门斯·凯迪拉克的名字命名的，其标牌使用的也是他的家族饰章。这枚精美的饰章包括一个皇冠，代表法国古代的皇室；一些珍珠，代表他的家族是图卢兹伯爵的后裔；一块盾牌，代表莫特家武士的护身之物，记录着家族在13世纪十字军东征中的赫赫战功，见图1-11。

图1-11　凯迪拉克标志

(6) 法拉利。法拉利车标的来历更为有趣，恩佐·法拉利在1920年是一位见习驾驶员，由于他完成车队的全部赛程，意大利英雄驾驶员马拉卡的母亲在1923年向法拉利捐赠了马拉卡在飞机上使用过的飞马标牌，法拉利把它喷涂在自己的赛车上，并于1947年在他的第一辆公路汽车上使用。法拉利还为标志增加了意大利国旗和黄色背景，黄色是法拉利汽车厂所在地莫德纳的传统颜色，见图1-12。

图1-12　法拉利标志

(7) 劳斯莱斯。劳斯莱斯汽车车标由该公司创始人Rolls和Royce名字中所包含的两个“R”叠加而成，汽车散热罩上方的飞翔女神雕像成为该车的传统标志，见图1-13。

图1-13　劳斯莱斯标志

查理·罗尔斯(Rolls)先生是一位出身贵族的赛车手，爱交际，广结友，他一直想生产一部真正属于英国的汽车。亨利·罗伊斯(Royce)先生则是一位杰出的工程师，多才多艺，因对罗尔斯的计划颇感兴趣而与他结缘，于是他们共同生产英国名车。第一辆劳斯莱斯车诞生在曼彻斯特。1906年，查理·罗尔斯和亨利·罗伊斯共同创建了劳斯莱斯公司。最初，劳斯莱斯公司从事飞机发动机的制造业务，汽车是后继产品，该公司现在仍继续生产飞机发动机。

劳斯莱斯的雕塑商标是一尊银光闪烁的“飞翔女神”雕像，“飞翔女神”雕像的由来，也有一段故事：1911年，公司董事会对车主们把许多低级趣味的吉祥物粘贴到车上的行为感到震惊，决定先行在车上粘上一个更加健康吉祥的标志物。经朋友蒙塔古爵士介绍，罗尔斯认识了《汽车画报》的画家兼雕刻家查理士·赛克斯，他恳请查理士·赛克斯为劳斯莱斯设计一尊雕塑商标。于是，赛克斯便以本报社的莎恩顿小姐为模特，设计出“飞翔女神”，意为速度之魂。1911年2月6日，“飞翔女神”降临到劳斯莱斯车身上，整个世界都沉浸在清新的空气和羽翼振动的美妙旋律之中。“飞翔女神”启用的典礼，其隆重、热烈程度不亚于第一辆劳斯莱斯轿车下线。劳斯莱斯汽车的标志图案采用两个“R”重叠在一起，象征着你中有我、我中有你，体现了两位创始人融洽及和谐的关系。

(8) 三菱。三菱汽车的三个钻石标志有100多年的历史，来自创建者岩崎家族的橡叶徽章，见图1-14。“每个钻石都代表三菱的一项原则：对社会的共同责任、诚实公平、通过贸易增进国际理解。”

图1-14　三菱标志

(9) 奥迪。德国大众汽车公司生产的奥迪轿车标志是4个连环圆圈，它是其前身——汽车联合公司于1932年成立时使用的统一车标，见图1-15。4个圆环表示大众公司当初是由霍赫、奥迪、DKW和旺德诺4家公司合并而成的，每一环都象征其中一家公司。半径相等的4个紧扣圆环，象征公司成员平等、互利、协作的亲密关系和奋发向上的敬业精神。

图1-15　奥迪标志

(10) 大众。德国大众汽车公司生产的大众牌轿车是由世界上最早的甲虫型汽车演变而来的，其标志中采用了叠加的“VW”字样，见图1-16。VW是德文Volkswagen(意为大众车)的缩写。1981年试制的新型轿车以“桑塔纳”(Santana)命名，寓意该轿车如美国加利福尼亚盛产名贵葡萄酒的桑塔纳山谷中经常刮起的强劲、凛冽的旋风一样风靡全球。

图1-16　大众标志

(11) 雪佛兰。雪佛兰的“金领结”标志是怎样形成的，对此一直有众多猜测，其背后的故事也许永远都是个谜。而最浪漫的故事版本，也可能是流传最广的说法，与威廉·杜兰特有关。

图1-17　雪佛兰标志

1908年，杜兰特在一次环球旅行途中，在一家法国旅馆的墙纸上意外地发现了一个有趣的图案，他认为这个图案可以作为汽车的标志，于是就撕下了墙纸的一角并展示给朋友们看。后来这个有趣的“金领结”图案就演变成畅销全球的雪佛兰汽车的标志，见图1-17。当然，威廉·杜兰特对雪佛兰品牌的贡献远不止如此，正是威廉·杜兰特改变了雪佛兰产品最初的设计理念，赋予雪佛兰新的定义，才使雪佛兰获得了巨大的成功。

无论雪佛兰标志的真实起源是否如此，大多数的历史学家都表示认同，该标志出现在1913年至1914年。重要的是，今天，它已经成为全世界知名的品牌标志之一。

(12) 丰田。1933年，丰田汽车仅是丰田自动织布机公司的一个分部；1937年，令人激动的丰田汽车公司正式成立；1947年，丰田汽车产量超过100 000辆；1957年，丰田汽车进入美国，现在几乎一半的丰田汽车在美国生产和销售，其生产的花冠轿车享誉全球，创单一品牌最高销售纪录。20世纪90年代，丰田开始使用新商标，新商标是将三个外形近似的椭圆环巧妙地组合在一起，每个椭圆都是由以两点为圆心绘制的曲线组成，它象征用户的心与汽车厂家的心是连在一起的，具有相互信赖感。为了使图案具有空间感，将TOYOTA字母寓于图形商标之中。大椭圆中的两个椭圆垂直交叉恰好组合成一个“T”字，这是丰田汽车公司的英文名称TOYOTA的第一个字母。椭圆代表地球，反映厂家要把自己的产品推向全世界的愿望。背景中的空白代表丰田公司日益提升的技术水平以及蕴含无穷的创新机会，见图1-18。

图1-18　丰田标志

(13) 日产。NISSAN是日语“日产”两个字的拼音形式，是日本产业的简称，其含义是“以人和汽车的明天为目标”。其图形商标是将NISSAN放在一个火红的太阳上，简明扼要地表明了公司名称，突出了所在国家的形象，这在汽车商标文化中独树一帜，见图1-19。

图1-19　日产标志

(14) 马自达。马自达标志中的椭圆两侧代表无限与崇高的创造力，里面的火焰状图形表示内心充满了诚挚、强烈的激情，见图1-20。

图1-20　马自达标志

(15) 雷克萨斯。雷克萨斯的英文“LEXUS”的发音能使人联想到豪华之意，其标志是在椭圆形中有一个字母L，见图1-21。

图1-21　雷克萨斯标志

(16) 沃尔沃。沃尔沃公司商标中的VOLVO在拉丁语中有“滚动向前”的意思，沃尔沃标志见图1-22。

图1-22　沃尔沃标志

(17) 标致。标致汽车公司的徽标是一头威武的雄狮，见图1-23。

图1-23　标致标志

(18) 现代。现代汽车公司的标志是一个银光闪闪的在椭圆形中斜立着的H，见图1-24。H是现代公司英文名HYUNDAI的首字母，椭圆既代表汽车方向盘，又可看作地球，两者结合寓意了现代汽车遍布世界。

图1-24　现代标志

(19) 美洲虎。美洲虎(JAGUAR)跑车是英国美洲虎(原译为“杰戈娃”)轿车公司生产的名牌产品，以前的美洲虎商标为一只正在跳跃前扑的“美洲虎”雕塑，矫健勇猛，形神兼备，具有时代感与视觉冲击力，它既点破了公司的名称，又表现出向前奔驰的力量，象征该车如美洲虎一样驰骋于世界各地。现在，为了美化汽车造型和减少行驶中的风阻，一般只使用“美洲虎”头像商标，见图1-25。

图1-25　美洲虎标志

(20) 本田。本田宗一郎于1946年创建本田技研工业公司(即本田汽车公司)，并用自己的姓氏作为公司的名称和商标，见图1-26。H是本田汽车和本田摩托车的图形商标，是本田的日文拼音HONDA的第一个大写字母。

图1-26　本田标志

本田汽车商标中的字母HM是HONDA MOTOR的缩写，在这两个字母上有鹰的翅膀，象征“飞跃的本田技术和本田公司前途无量”。

2. 我国自主品牌汽车标志

(1) 红旗。红旗标志是中国革命胜利的象征，也是老百姓心中权力和地位的象征，见图1-27。

图1-27　红旗标志

(2) 奇瑞。奇瑞汽车是我国的自主汽车品牌。汽车标志的整体是英文字母CAC的一种艺术化变形，见图1-28。CAC即英文CHERY AUTOMOBILE CORPORATION LIMITED 的缩写，中文意思是奇瑞汽车有限公司。标志中间的A为一个变形的“人”字，预示着公司以人为本的经营理念；徽标两边的C字向上环绕，如同人的两个臂膀，象征团结和力量，环绕成地球型的椭圆状；中间的A在椭圆上方的断开处向上延伸，寓意奇瑞公司发展无穷，潜力无限，追求无限；整个标志又是W和H两个字母的交叉变形设计，W和H为芜湖的汉语拼音的声母，表示公司的生产制造地在安徽省芜湖市。

图1-28　奇瑞标志

(3) 夏利。夏利汽车标志的图案寓意：横为立交桥连东西，纵为两高速公路贯南北，象征夏利轿车驰骋在祖国大地，见图1-29。

图1-29 夏利标志

(4) 吉利。吉利汽车是我国第一家民营汽车企业自主汽车品牌。吉利标志见图1-30，椭圆象征地球，表示面向世界、走向国际化；椭圆在动态中是最稳定的，寓意吉利的事业稳如磐石，在风雨中屹立不倒。“六个六”为六六大顺的意思，象征太阳的光芒，只有走近太阳，才能汲取无穷的热量；只有经过竞争的洗礼，才能百炼成钢。吉利一步一个台阶，不断超越，发展无止境。中华优秀传统文化的底蕴才是吉利不断发展超越的精神源泉。发展民族工业，走向世界，是吉利不舍不弃的追求。“内圈蔚蓝”象征广阔的天空，超越无止境，发展无止境；“外圈深蓝”象征无垠的宇宙，超越无限，空间无限。由地球走向太阳，由广阔的天空走向无垠的宇宙，只有拥有如此开阔的胸怀，具备如此坚毅的超越精神，才能不断成功，发展无止境。由浙江到中国，由中国到世界；由地域到民族，由民族到国际，吉利不舍不弃，只为“造老百姓买得起的好车”。

图1-30 吉利标志

(5) 长城。长城是中华民族的象征，以长城作为公司、产品的名称，表达了长城人振兴中国民族汽车工业的执着信仰和奋斗精神。

图1-31 长城标志

长城新标由两个对放字母G组成W造型，GW是长城汽车的英文缩写。椭圆外形代表地球的形状，象征长城汽车不仅要立足于中国，铸造牢不可破的汽车长城的企业目标，更蕴含着长城汽车走向世界，屹立于全球的产业梦想，见图1-31。长城汽车是中国的长城，更是融入世界的长城！

长城新标中间凸起的造型是仰视古老烽火台90度夹角的象形，被正中边棱平均分割，挺立的姿态酷似“强有力的剑锋和箭头”，象征长城汽车蒸蒸日上的活力，寓意长城汽车敢于亮剑、无坚不摧；凸起部分也象征立体的“1”，表明企业勇于抢占制高点、永远争第一的精神。椭圆底部长出盾形长城烽火台，整体外观形似汉字“中”。与长城汽车旧标志相比，采用立体构图的长城新车标，看起来更简洁和大方。

(6) 海马。海马汽车从1991年推出首款HX6380两厢车到2006年的福美来2代，15年间共推出17个系列共30个品种。其中，普力马、福美来两个系列的推出，一举扭转了企业的艰难局面。尤其是福美来2代，于2006年8月31日上市，成为国

图1-32 海马标志

内首款上市当月销量超过万台的自主品牌车型。

2000年，企业果断决策导入普力马项目。从产品试制、试验、模夹具制作、设备安装、调试，到产品小批量生产和批量生产，仅用了短短的9个月时间。2001年5月18日，国内首款SMPV普力马推向市场。到2005年，普力马系列产品占国内小MPV市场份额达到80%以上，占据国产SMPV细分市场的重要地位。随后，企业又将发展目标转向国内竞争最为激烈的中档轿车，以同样的方式和速度推出具有国际领先水平的福美来轿车。2002年7月18日，福美来正式投放市场，得到市场和消费者的广泛认同，被誉为当今中国车市的“新三样”之一。海马标志的含义：旭日东升，鲲鹏展翅。标志见图1-32。

(7) 中华。华晨汽车(Brilliance Auto)是一家年轻的中国国有汽车制造企业。目前，生产骏捷、中华和尊驰轿车以及其他商用和民用车型，是近几年国内发展较快的自主品牌汽车企业之一。

图1-33　中华标志

中华系列轿车采用的标志由椭圆和“中”字组成，见图1-33。椭圆代表地球，象征华晨汽车走向世界的志向；“中”字代表中国，有“中华民族汽车工业的自主品牌”的意思；同时，具有立体感的“中”字外形像一个金杯，表明公司是由原来的金杯汽车公司演变而来的历史，并象征中华汽车在性能、质量、服务、市场占有率等方面力争“金杯”的决心。

(8) 比亚迪。比亚迪的汽车标志由三个字母和一个椭圆组成，见图1-34。BYD的意思是Build Your Dreams，即成就你的梦想。

图1-34　比亚迪标志

目前，比亚迪是全球唯一一家同时掌握新能源汽车电池、电机、电控及充电配套、整车制造等核心技术以及拥有成熟市场推广经验的企业。从2008年开始，比亚迪成功推出F3DM、e6、K9、秦、唐、宋、元以及豪华电动车腾势(与戴姆勒合资)等新能源汽车。

知识问答与技能训练

1. 如何理解汽车文化？汽车文化包括哪些范畴？
2. 汽车与社会经济发展的关系是怎样的？
3. 汽车对人类有哪些害处？
4. 汽车工业的发展受哪些因素的影响？
5. 汽车标志有什么作用？

6. 你熟悉哪些国内外的汽车标志？各有什么含义？

7. 汽车方面的新概念有哪些？

8. 临摹几个自己喜欢的汽车标志，自己尝试设计一个汽车标志。

9. 搜集几个汽车品牌在发展过程中的故事。

学习任务1.5 汽车市场营销

学习目标

1. 掌握汽车市场的含义，了解汽车市场的特点；
2. 掌握汽车市场营销的含义；
3. 熟悉市场营销经营观念，了解营销组合策略。

学习内容

1. 市场的含义；
2. 市场营销的含义；
3. 经营观念的种类。

学习方法

1. 回顾市场营销的有关知识；
2. 探讨汽车市场的特点；
3. 分析汽车销售企业应采取的经营观念。

任务导入

你能说出汽车销售和汽车营销的不同吗？

1.5.1 市场的含义

市场是商品经济的产物，哪里有商品生产和商品交换，哪里就有市场。随着商品经济的发展，市场的概念也在不断发展，在不同的场合，市场的概念不尽一致。人们对市场的理解有如下几种。

1. 市场是商品交换的场所

在经济不发达的时候，市场与时间和空间概念相联系，因而被定义为商品交换的场所。这种市场形式至今仍很普遍，如商场、副食品市场、汽车交易市场等。

2. 市场是各种商品交换关系的总和

现代社会里，商品交换渗透到社会生活的各个方面，交换的商品品种日益增多、范围日益扩大，交易方式也日益复杂，特别是交通、通信、计算机、金融信用的发展，促使商品交换突破传统市场概念的时间和空间的限制，人们可以在任何时间、任何地方实现商品交换。所以，现代的市场已经不再是具体的交易场所，而代表各种商品交换关系的总和。这个概念不仅包含供给和需求两个相互依存的方面，而且包含供给和需求的数量方面的含义，即供给和需求是否相等。

3. 市场是人口数量、购买能力和购买欲望的总和

市场=人口+购买力+需求欲望。这一概念显然认为市场是指需求，只有那些具备购买能力而且具有购买欲望的消费者才构成某种商品的市场。这样的消费者越多，表明市场越大。但这个概念存在两个缺陷：一是人口属于自然人消费者，所以这个概念只适合消费品市场；二是没有强调潜在的购买力和购买欲望。而正确把握购买力的变化，激发购买欲望，开拓潜在的市场，正是符合市场营销概念的，所以市场营销对市场还应有更贴切的理解。

4. 市场是现实的和潜在的具有购买能力的总需求

市场营销是在这个意义上理解和运用市场概念的。因为市场营销主要研究卖方的经济活动，卖方代表供给，所以市场的含义中只包括需求，因而市场是某种商品的现实购买者和潜在购买者需求的总和。市场专指买方，而不包括卖方。至于竞争对手与卖方组成某个产业，两者之间属于竞争者，并不构成市场，只有买方才组成市场。所以市场往往等于需求，平时所说的市场疲软就是指需求不足。

5. 市场是买方、卖方和中间交易机构(中间商)组成的有机整体

在这里，市场是指商品多边、多向流通的网络体系，是流通渠道的总称。它的起点是生产者，终点是消费者，中间商是取得商品所有权或协助其转移的机构或个人。这个概念在销售渠道的意义上被理解和运用。

根据市场定义，可得到如下汽车市场概念：汽车市场是关于汽车产品现实和潜在的具有购买能力的总需求。在这里，汽车是指汽车产品，包括汽车整车和汽车部件、零配件。

1.5.2 市场营销

在一段时间内，我国把市场营销称为市场学，源于英文Marketing，包含市场(名词)和销售(动词)两层意义。按照现代经营观念，企业并不只是考虑如何把产品卖出去，更主要的是考虑如何生产和销售那些适销对路的产品。Marketing不仅包含市场需求研究，还包括丰富多彩的营销活动。翻译成中文有：市场学、市场营销、市场管理学、市务学、市场营运学、市场经营学、销售学等。

关于市场营销，有如下解释。

(1) 任何以盈利或不盈利为中心的企业或组织适应不断变化的环境，以及对变化的环境，做出反应的动态过程。

(2) 市场营销是引导货物和劳务从生产者流向消费者或用户的企业商务活动过程。

(3) 在变化的市场环境中，旨在满足消费需要、实现企业目标的商务活动过程，包括市场调研、选择目标市场、产品开发、定价、渠道选择、促销、储存和运输、销售、提供服务等一系列与市场有关的企业经营活动。市场营销全过程的质的规定性，则是商品交换过程。

(4) 市场营销涉及构思、货物或劳务设计、定价、促销和分销的规划与实施过程，旨在促成符合买卖双方目标的交换。

市场营销的目的在于了解消费者的需要，按照需要来设计和生产适销对路的产品，同时选择销售渠道，做好定价、促销等工作，从而使产品轻而易举地销售出去。

市场营销的一切基点是市场经济，是一种由市场需要出发的管理过程，它的核心是交换。市场营销是一门经济方面的具有综合性和边缘性特点的应用科学，是一门经营管理的软科学，更是一门艺术。它的研究对象是企业的营销活动和营销管理，即如何在最适当的时间和地点，以最合理的价格和最灵活的方式，把适销对路的产品送到用户手中。

汽车市场营销是指汽车产品的设计、定价、促销和分销的规划和实施过程，旨在促成符合买卖双方目标的交换。

汽车市场营销是一种汽车产品的生产或销售企业与消费者之间互利的交换，生产或销售企业按消费者的需要提供汽车产品和服务，使消费者得到满足，而消费者则付出相应的货币，使卖方得到满足，双方各得其所。

1.5.3 现代市场经营观念

市场经营观念是贯彻企业市场营销活动的指导思想，概括了企业的经营态度和思维方式。它的核心问题是：以什么为中心来开展企业的生产经营活动。

市场经营观念的发展，经历了4个阶段。

1. 生产中心观念

生产中心观念也称生产导向，认为企业的一切经营活动应以生产为中心，能生产什么就生产什么，生产什么就卖什么，以产定销，企业研究的课题是如何扩大生产和降低成本。

生产中心观念的适用条件：供不应求(卖方市场)，成本和售价太高。

还有一种生产观念表现为以质量取胜，认为只要质量过硬、经久耐用，自然会顾客盈门，企业必将立于不败之地。古语中“酒香不怕巷子深”体现的就是这个观念。其实，如果产品不能满足市场的更高要求，质量再好的产品也不会畅销。例如，外形丑陋的汽车，即使质量过硬、经久耐用，也不敌市场上性能优越、造型精美、质量上乘的汽车。

美国一代汽车大王亨利·福特于1899年、1901年与别人合伙经营汽车公司，但均由于产品(高价赛车)不适合市场需要而宣告失败。1903年，他创办福特公司，生产的第一批汽车因实用、优质和价格合理而生意兴隆。但是，福特于1906年又重蹈覆辙，面向富有阶层推出豪华汽车，结果大众都买不起，导致销售量直线下降。1907年，他总结经验教训，及时调整经营指导思想，实行薄利多销策略，生意又魔术般回升。1908年，福特公司推出生产规格统一、品种单一、价格低廉、大众买得起的T型车，并且大规模生产，在此后的10余年，福特车适销对路，销量迅速增加，产品供不应求，在商业上取得巨大成功。

20世纪20年代中期，经济增长，大众收入提高，形势发生变化，公路四通八达，消费者开始追求时髦，T型车尽管便宜，但已无法吸引顾客，导致销售量下降。面对现实，福特一意孤行，坚持生产中心观念，他说：“无论你需要什么颜色的汽车，我福特只有黑颜色的车卖给你！”生产中心观念体现得多么淋漓尽致！而此时，通用汽车公司紧密关注市场的变化，为适应市场需要，推出新的颜色和式样的汽车，于是雪佛莱开始排挤T型车，并占领福特车市场的大量份额，而福特永远让出了世界汽车霸主的地位。

2. 推销观念

推销观念的思想是大力施展推销和促销技术，激发顾客的购买兴趣，达到扩大销路的目的。这种观念比生产观念前进一大步，但仍没有脱离以生产为中心，因为它只注重对既定产品的推销，不重视顾客需要什么、购买后是否满意等问题。

3. 市场营销观念

市场营销观念以顾客需求和欲望为导向，把企业的生产经营活动看做一个努力理解顾客和不断满足其需求的过程。

4. 社会营销观念

社会营销观念是对市场营销观念的补充，即企业的经营活动应符合公众和消费者的长远利益，如将自觉限制资源消耗、保护生态环境等作为企业的根本责任。社会营销观念克服了单纯市场营销观念可能导致的虚假广告、不择手段的推销、社会资源的不合理使用、环境污染等问题，是一种更完善的市场营销观念。

20世纪60年代，美国洛杉矶发生一起光化学烟雾事件，导致许多市民在同一时期发生流泪、呼吸困难、发烧等病症。后经调查，是由汽车排放的大量有害气体造成的。为此，加州议会通过法案，对汽车排放做出严格规定，至今该地区仍然是全美各州对汽车排放控制最严格的一个州，凡排放达不到要求的汽车禁止销售、使用。这一事件对在美国销售汽车的公司造成较大的压力，各公司开始攻关研究以改善汽车产品的排放性能。

我国于2001年10月停止化油器轿车的生产和销售。目前，我国多数大城市都规定了汽车排放应达到的标准(执行欧洲第四阶段标准，即欧Ⅳ标准)，就是社会营销观念的体现。

1.5.4 营销组合策略

传统的营销组合策略包括4个部分，即4P，包括产品(Product)、价格(Price)、渠道(Place)、促销(Promotion)。后又发展为6P，增加了公共关系(Public Relationship)、政府力量(Power of Government)。

现代市场营销管理强调4C，即顾客(Customer)、成本(Cost)、方便(Convenience)、沟通(Communication)。

汽车市场营销根据汽车产品的特点，采用4S营销组合策略，即销售(Sale)、备件供应 (Spare Part)、售后服务(Service)和信息反馈(Survey)。

知识问答与技能训练

1. 如何理解市场？与一般商品市场相比，汽车市场有什么特点？
2. 如何理解市场营销？汽车营销和汽车销售有何区别和联系？
3. 经营观念有哪些？各适用于何种环境？
4. 如何理解4P(6P)、4C？汽车4S店的含义是什么？

5. 在社会主义市场经济条件下，我国的汽车销售企业应该采用哪种经营观念？为什么？

学习任务1.6 汽车分类

学习目标

1. 了解汽车市场细分的标准；
2. 掌握汽车市场细分方法；
3. 掌握汽车型号的含义；
4. 掌握车辆识别代号编码的含义。

学习内容

1. 汽车市场细分的标准；
2. 汽车市场细分方法；
3. 汽车型号的含义；
4. 车辆识别代号编码的含义。

学习方法

1. 讨论与分析汽车市场的细分方法；
2. 记忆汽车型号的含义；
3. 记忆车辆识别代号编码的含义。

任务导入

你知道汽车种类有哪些吗？你知道汽车型号或车辆识别代号编码代表的含义吗？

1.6.1　汽车市场细分化

现代市场营销认为，企业不应试图在整个市场上争取优势地位，而应该在市场细分的基础上，选择对本企业最有吸引力并可以有效占领的那部分市场作为目标，实行目标市场营销，并取得竞争优势地位。即使是一汽、东风两大汽车企业集团，目前也没有能力在整个中国汽车市场上取得优势地位。这并不能说明企业不求发展、安于既定市场份额，企业这样决策恰恰是为了扩大市场份额。企业在竞争中，既要避免以卵击石，又要抓住市场空隙，谋求发展。

市场细分是指根据市场需求的多样性和购买者行为的差异性，把整个市场划分为若干具有某种相似特征的用户群。

1. 汽车市场细分的标准

(1) 按地理位置细分。

(2) 按人口特点细分。包括按消费者的年龄、家庭类型、性别、收入水平、受教育程度等标准细分市场。

(3) 按购买者心理细分。包括按消费者的生活态度、个性、购买动机以及消费习惯等细分市场。

(4) 按最终用户的类型细分。如我国汽车配件市场按用户类型，可分为生产型企业、非生产型组织、个体运输户等细分市场，还可分为民用、军用两个市场。

(5) 按用户规模细分。将汽车配件市场分为大、中、小三类客户。

(6) 按用户的购买特点细分。购买特点主要指购买者的购买能力、购买目的、购买方式、购买批量、付款方式、采购制度和手续等。

2. 常见的汽车市场细分方法

(1) 根据汽车产品大类的分类方法，汽车市场分为：

① 乘用车市场；

② 商用车市场。

采用的分类依据主要是《汽车和挂车类型的术语和定义》(GB/T 3730.1—2001)。这种分类将私人作为代步工具的车辆和公务及商业经营的运输车辆分成两大类，即9座以下(包括9座)的车型为乘用车，9座以上的车型为商用车。乘用车又分为基本乘用车(轿车)、越野乘用车(轻型越野车)、专用乘用车(邮政车、警用车等)、其他乘用车(子弹头、东南富力卡)；商用车分为客车和货车。尽管客车也是用于运送人员的车辆，但由于客车一般不作为私人代步车辆，应归入商用车的类别中。

(2) 根据我国传统对汽车产品类型的划分方法，汽车市场分为：

① 载货汽车市场；

② 越野车市场；

③ 自卸车市场；

④ 牵引车市场；

⑤ 专用汽车市场；

⑥ 客车市场；

⑦ 轿车市场；

⑧ 半挂车市场。

采用的分类依据是《中国汽车分类标准》(GB 9417—89)。该标准将汽车分为8类(下文中，GA表示厂定最大总质量(单位：t——吨)；*L*表示车长(单位：m——米)；*V*表示发动机排量(单位：L——升))，具体如下所述。

第1类，载货汽车。载货汽车又分为：微型货车(GA≤1.8t)；轻型货车(1.8t＜GA≤6t)；中型货车(6t＜GA≤14t)；重型货车(GA＞14t)。

第2类，越野汽车。越野汽车又分为：轻型越野汽车(GA≤5t)；中型越野汽车(5t＜GA≤13t)；重型越野汽车(13t＜GA≤24t)；超重型越野汽车(GA＞24t)。

第3类，自卸汽车。自卸汽车又分为：轻型自卸汽车(GA≤6t)；中型自卸汽车(6t＜GA≤14t)；重型自卸汽车(GA＞14t)；矿用自卸汽车。

第4类，牵引汽车。牵引汽车又分为：半挂牵引汽车；全挂牵引汽车。

第5类，专用汽车。专用汽车又分为：厢式汽车；罐式汽车；起重举升汽车；仓栅式汽车；特种结构汽车；专用自卸汽车。

第6类，客车。客车又分为：微型客车(*L*≤3.5m)；轻型客车(3.5m＜*L*≤7m)；中型客车(7m＜*L*≤10m)；大型客车(*L*＞10m)；特大型客车。

第7类，轿车。轿车又分为：微型轿车(*V*≤1L)；普通级轿车(1L＜*V*≤1.6L)；中级轿车(1.6L＜*V*≤2.5L)；中高级轿车(2.5L＜*V*≤4L)；高级轿车(*V*＞4L)。

第8类，半挂车。半挂车又分为：轻型半挂车(GA≤7.1t)；中型半挂车(7.1t＜GA≤19.5t)；重型半挂车(19.5t＜GA≤34t)；超重型半挂车(GA＞34t)。

根据以上汽车分类方法，还可以进一步划分汽车市场，如轿车汽车市场可以进一步细分为微型轿车市场、普通轿车市场、中级轿车市场、中高级轿车市场、高级轿车市场。

(3) 根据购买者的不同，汽车市场分为：

① 家用汽车市场；

② 法人单位汽车市场。

(4) 根据汽车产品完整性的不同，汽车市场分为：

① 汽车整车市场；

② 汽车部件市场；

③ 汽车配件市场。

(5) 根据汽车使用燃料的不同，汽车市场分为：

① 汽油车市场；

② 柴油车市场；

③ 其他燃料或动力车市场。

(6) 根据汽车的新旧程度，汽车市场分为：

① 新车市场；

② 二手车市场。

此外，可以根据地理位置、自然气候条件、产业、所有制形式等的不同进行细分。总之，市场细分应该有利于目标市场研究、定位及营销。

1.6.2 汽车型号

用户购买汽车时，首先需要选车型，他们会向汽车营销人员咨询车型目录和车型样本资料，营销人员必须具备这方面的知识。

我国的汽车型号编制原则：汽车产品型号由企业名称代号、车辆类别代号、主参数代号、产品序列号等组成，必要时附加企业自定代号，对于专用汽车及专用半挂车还应增加专用汽车分类代号，如图1-35所示。

□□	○	○○	○	□ □ □	◎ ◎
企业名称	类别	主参数	产品序列	专用汽车分类	企业自定

图1-35　汽车型号编制原则

1. 企业名称代号

企业名称代号位于产品型号的第一部分，用代表企业名称的汉语拼音字母表示。

例如：CA表示一汽，EQ表示二汽，TJ表示天津，BJ表示北京，SH表示上海。

2. 车辆类别代号

车辆类别代号位于产品型号的第二部分，用一位数字表示。具体规定为：1表示载货汽车，2表示越野车，3表示自卸汽车，4表示牵引汽车，5表示专用汽车，6表示客车，7表示轿车，8表示全挂车，9表示半挂车。

3. 主参数代号

主参数代号位于产品型号的第三部分，用两位数字表示。载货汽车、越野汽车、自卸汽车、牵引汽车、专用汽车的主参数代号为车辆的总质量(吨)。当总质量大于100吨时，允许用三位数字表示。

客车及半挂车的主参数代号为车辆的长度(米)。当车辆长度小于10米时，应精确到小数点后一位，并以长度的10倍数值表示。

轿车的主参数代号为发动机的排量(升)，应精确到小数点后一位，并以排量的10倍数值表示。

专用汽车及专用半挂车的主参数代号，若其值与定型底盘原车的主参数之差不大于原车的10%，仍沿用原车的主参数代号。

主参数的数值为个位数时，在参数前以“0”占位。

4. 产品序列号

产品序列号位于产品型号的第四部分，用一位数字表示，按照1、2、…依次使用，当出现空缺或数字“0”时为第一代产品。

5. 专用汽车分类代号

专用汽车分类代号位于产品型号的第五部分，用反映车辆结构特征的三个汉语拼音表示。

例如：X表示厢式汽车，G表示罐式汽车，Z表示专用自卸汽车，T表示特种结构汽车，J表示起重举升汽车，C表示仓栅式汽车。

6. 企业自定代号

企业自定代号位于产品型号的最后部分，当同一种汽车的结构略有变化而需要区别时，用数字或拼音字母表示，位数由企业自定。

例如：

CA1091，表示一汽生产的第二代载货汽车，总质量为9吨(9 310千克)。

EQ2080，表示东风生产的第一代越野车，总质量为8吨(7 720千克)。

JG5090X，表示济南汽车改装厂生产的第一代厢式汽车，采用EQ1090汽车底盘改装而成。

TJ6481，表示天津客车厂生产的第二代车长为4.8米(4 750毫米)的客车。

TJ7100，表示天津汽车厂生产的第一代轿车(夏利)，发动机排量为1.0升(0.993升)。

CA7460，表示一汽生产的轿车，发动机排量为4.6升，为第一代产品。

1.6.3　车辆识别代号编码

车辆识别代号编码简称VIN(Vehicle Identification Number)，它由一组字母和数字组成，共17位，经过排列组合，VIN可以使30年内生产的汽车不重号。由于世界上各大公司的车型生产年限一般不超过20年，17位的数字和字母足够使用。

VIN是识别汽车身份不可缺少的工具，所以它被称为“汽车身份证”。我国颁布的《车辆识别代号管理规则》于1997年1月1日生效(过渡期为24个月)，1999年后生产的车辆必须拥有车辆识别代号。

通过VIN可以识别汽车的生产国家、制造厂家、汽车类型、品牌名称、车型系列、车身型式、发动机型号、车型年款、安全防护装置、检验数字、装配工厂名称、出厂顺序号码等。

VIN对用户同样具有十分重要的作用。车辆管理部门在办理牌照时将其输入计算机，以备需要时调用，如受理报案、处理交通事故、保险索赔、查获被盗车辆等。在汽车修理行业，由于计算机普遍用于管理和故障诊断，许多测试仪表和维修设备中都储存17位的VIN数据，可以作为修理的依据。在汽车配件经营方面，VIN也起重要作用，如在用户购买零件时先通过17位VIN确认车型年款，就会避免错误出售、错装现象的发生。

需要说明的是，各国VIN编排规则并不相同，甚至同一国家各大公司采用的字母含义也不尽相同。

此号码的位置一般在仪表板与前风挡玻璃左下角的交界处，但也有在散热器框架上方的(如韩国现代)，日本车则多在发动机舱防火墙板上，还有部分欧洲车型将此编码压制在一块细长条状的金属板薄片上，或印制在胶纸上粘贴在发动机与车身前隔板交界处的下方。

车辆识别代号由17位组成，可分为三个部分：第一部分是世界制造厂识别代码(WMI)，第二部分是车辆特征说明(VDS)，第三部分是车辆指示(VIS)，见图1-36。

□ □ □	□□□□□□	□ □ □□ ○○○○
1 2 3	1～6	1 2 3 4 5 6 7 8
WMI	VDS	VIS

图1-36 车辆识别代号

1. WMI(世界制造厂识别代码)

第1位：标明地理区域的一个字母或数字。例如：北美，1～5；大洋洲，6和7；南美，8、9、0；欧洲，S～Z；非洲，A～H；亚洲，J～R。

部分国家的代码：1和4表示美国，2表示加拿大，3表示墨西哥，6表示澳大利亚，W表示德国，J表示日本，K表示韩国，L表示中国，V表示法国，Y表示瑞典。

第2位：标明特定地区内一个国家的一个字母或数字。根据预期需要，可以给一个国家指定几个字码。例如，美国，10～19，1A～1Z；加拿大，2A～2W；墨西哥，3A～3W；德国，W0～W9。

第3位：由国家机构指定一个字码来标明某个特定制造厂。

我国实行的VIN中的WMI，第1位为“L”，表示中国，第2、3位表示制造厂。另外，对年产量少于500辆的汽车制造厂，规定第3位用数字9表示，VIS的第3、4、5位字码由国家机构指定，以便区别。

2. VDS(车辆特征说明)

VDS表示车辆主要技术参数和性能特征，由汽车制造厂自定。乘用车一般可标明的内容有车辆品牌、种类、系列、车身类型、发动机类型等，载货汽车和多用途车可表示品牌、种类、系列、车身类型(如自卸、牵引、厢式、搅拌等)、底盘类型等。

3. VIS(车辆指示)

第1位，标明车型年份。1971—1979年，用1～9；1980—2000年，用A～Y(I、O、Q、U、Z除外)；2001—2009年，用1～9；2010用A表示，依此类推，如表1-2所示。

第2位，指示装配厂。若无装配厂，制造厂可规定其他内容。

第3位及其他位，如某类型车年产量超过500辆，则3～8位表示生产顺序号；如小于500辆，则VIS的第3、4、5位与WMI中的第3位一起表示一个制造厂。

例如：JT8VK13T1PO164393中，J表示日本，T表示丰田，8表示乘用车，V表示发动机形式为3VZ—FE3.0LV6，K表示汽车系列为ES300，1表示具体车型为UCF10ES300，3表示汽车的分级为ES300型，T表示车身类型为4门溜背式，1表示检验位，P表示车型年份为1993年，O表示装配厂为日本，164393表示生产顺序号。

表1-2　车型年份表示方法

年份	代码	年份	代码	年份	代码
2001	1	2011	B	2021	M
2002	2	2012	C	2022	N
2003	3	2013	D	2023	P
2004	4	2014	E	2024	R
2005	5	2015	F	2025	S
2006	6	2016	G	2026	T
2007	7	2017	H	2027	V
2008	8	2018	J	2028	W
2009	9	2019	K	2029	X
2010	A	2020	L	2030	Y

知识问答与技能训练

1. 如何细分汽车市场？

2. 国际上一般对汽车如何分类？

3. 我国的汽车如何分类？

4. 我国的汽车型号如何表示？

5. VIN编码有什么含义？

6. 请搜集并列出10款汽车型号并说明含义。

7. 请搜集并列出5个VIN编码，并指出品牌、产地、年款。

8. 一辆汽车的VIN中的第10位是B，请指出它为哪一年款。

学习任务1.7 乘用车的技术参数和技术特性

学习目标

掌握乘用车的技术特征。

学习内容

1. 乘用车的外观特征；

2. 乘用车的技术特性。

学习方法

1. 认识和记忆家用汽车的特征及汽车术语；

2. 讨论汽车的技术特征对销售的影响。

任务导入

你了解哪款汽车？你知道该款汽车具有哪些技术特征吗？

1.7.1 乘用车的外观特征及技术参数

乘用车的外观特征是指某种型号的乘用车从外观上区别于其他汽车而独有的显著性特点，具体表现为该型号汽车的标志、颜色、车身形式、车身尺寸和有关的技术参数等。

人与人相处的第一印象是非常重要的，对于消费者来说，汽车的外观特征决定其能否给消费者留下好的第一印象，也是决定汽车交易能否向正确的方向进行的基础。

1. 汽车标志

辨识一辆汽车一般都是从辨识汽车标志开始的，汽车标志代表汽车的品牌和声誉，也反映了消费者的喜好。

乘用车的汽车标志在汽车的前部和后部都有体现。前部的汽车标志一般有三种形式：第一种是以标牌形式镶嵌在发动机舱盖板的前端或散热格栅上，如宝马、保时捷、法拉利、凯迪拉克、福特、吉利等，这类汽车标志的图案或背景多数都有颜色。第二种是通透的车标，一般与散热格栅浑然一体，如大众、奥迪、别克、丰田、中华、奇瑞等，这类汽车标志一般都是通过电镀工艺而使汽车标志呈现出金属的亮色。第三种是立体车标，安装在发动机舱盖板的前端，如劳斯莱斯、捷豹、高端奔驰等。后部的汽车标志都是以标牌或浮雕的形式镶嵌在后备厢或后车门的纵立面上。大多数乘用车前后的车标是相同的，但也有少数高端汽车的汽车标志是前后不一的，如保时捷的卡宴，前面用的是保时捷的汽车标志，后面用的是保时捷和卡宴的英文。

2. 车身颜色

传统的汽车颜色多为黑色、红色或白色等，如今，汽车越来越多地进入普通家庭，人们对汽车颜色的需求也越来越呈现多样化、个性化、时尚化等特点，伴随乘用车型号的多种多样，汽车颜色繁多，为消费者提供了更多的选择机会。越来越多的家用乘用车的颜色不再是单纯的色彩，而涌现更加色彩斑斓、美观时尚的复合性色彩，厂家还为各种色彩赋予一定的形象化概念，如香槟金、宝石蓝、石榴红、珍珠白、水晶银、碳晶黑等。

3. 车身尺寸

汽车的车长是指长度方向两个极端点间的距离，即从车前保险杠最凸出的位置量起，到车后保险杠最凸出的位置之间的距离。

汽车的车身宽度是指汽车宽度方向两个极端点间的距离，即车身左、右最凸出位置之间的距离。根据汽车行业通用的规则，车身宽度不包含左、右后视镜伸出或折叠后的宽度。

车身高度是指从地面算起，到汽车最高点的距离。所谓最高点，也就是车身顶部最高的位置，但不包括车顶天线的长度。

车身尺寸以“长×宽×高”表示，计量单位是毫米(mm)。例如，中华HS330的车身尺寸表示为：4 510mm×1 755mm×1 460mm。

轴距是指汽车前轴中心到后轴中心的距离。在车长被确定后，轴距是影响乘坐空间最重要的因素，因为绝大多数的两厢和三厢乘用车的乘员座位都布置在前后轴之间，所以，轴距是影响车辆乘坐舒适性与脚部空间大小的重要因素。

轮距是指车轮在车辆支承平面(一般是指地面)上留下的轨迹的中心线之间的距离。如果车轴的两端是双车轮，轮距是指双车轮两个中心平面之间的距离。汽车的轮距有前轮距和后轮距之分，两者可以相同，也可以有所差别。

前悬是指汽车在直线行驶位置时，汽车前端刚性固定件的最前点到通过两前轮轴线垂面间的距离。后悬是指汽车后端刚性固定件的最后点到通过最后车轮轴线的垂面间的距离。

4. 通过性能

汽车的通过性能是指汽车在额定载重量下能以足够快的车速克服各种障碍顺利通过各种道路的能力。影响该能力的因素有汽车的尺寸、最小转弯半径、最小离地间隙、接近角、离去角等参数，见图1-37。

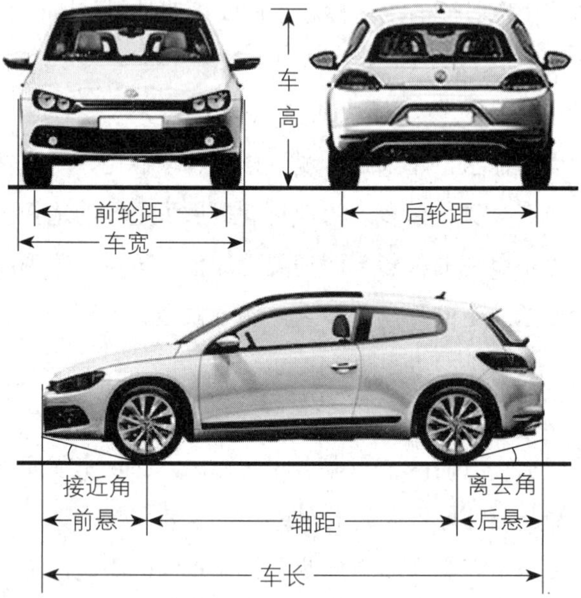

图1-37　车身尺寸和通过性能指标示意图

最小转弯半径是指方向盘转到极限位置，使汽车作最大幅度回转时，汽车前外轮在地面上所划出的轨迹半径。转弯半径越小，汽车的机动性能越好。

最小离地间隙是指汽车支撑平面(路面)与汽车中间区域最低点之间的距离，反映汽车无碰撞通过凹凸不平地面的能力。

接近角是指汽车静载时水平面与切于前轮轮胎外缘的平面之间的最大夹角。接近角越大，汽车越不容易发生触头失效。

离去角是指汽车静载时水平面与切于最后车轮轮胎外缘的平面之间的最大夹角。离去角越大，汽车越不容易发生拖尾失效。

5. 车身形式

乘用车的车身形式按车门的多少，分为两门、三门、四门、五门(以2D、3D、4D、5D代表)等；按结构分为掀背式轿车(HB)、活动顶蓬式(CONV)、敞蓬跑车(COUPE)等；按厢的多少和结构，分为三厢式轿车、两厢式轿车、平头厢式客车等；按人们的习惯叫法，分为轿车、微型面包车、SUV、MPV等。

汽车内部空间按照功能的不同被分隔成相互独立的、密闭的空间，这些空间称为汽车的厢。

三厢式轿车即人们习惯所指的轿车，它的车身由三个相互封闭、用途各异的厢所组成，即前部的发动机厢(也称为发动机舱，用于安置发动机、变速器、转向系统、制动系统等，当汽车正面碰撞时皱折变形，以吸收碰撞能量，减少对车内的冲击)、车身中部的乘员厢(也称为驾驶室，用于乘坐乘员、保护乘员)和后部的后备厢(也称为行李舱，用于放置行李、降低追尾撞车时对乘员的伤害)。三厢式轿车一般有4个车门，前后的发动机舱盖板和后备厢盖板均可开启。常见的三厢车有桑塔纳、捷达、奥迪A6、中华H330、吉利帝豪等。

两厢式轿车与三厢式轿车相似，但没有独立的行李舱，而是将乘客舱近似等高度向后延伸，与行李舱合为一体。两厢式轿车的后排座椅一般可以折叠和向前移动，从而增大后部空间。两厢式轿车一般有5个车门，后车门分为上开式(也称为掀背式)和侧开式。常见的两厢式轿车有一汽大众的高尔夫、广汽本田的飞度、奇瑞QQ、比亚迪F0等。

平头厢式客车没有传统的发动机舱，整个汽车只有一个乘客舱，发动机布置在车厢内驾驶员的座位下方，整个车身浑然一体，呈长方形，很像面包。常见的平头厢式客车有上海通用五菱、一汽佳宝、哈飞的松花江等。

SUV的全称是Sport Utility Vehicle，即运动型多用途车。SUV源于美国，在20世纪80年代，SUV是为迎合年轻白领阶层的爱好而在皮卡底盘上发展起来的一种厢体车。现在的SUV一般是指那些以轿车平台为基础生产的、在一定程度上既具有轿车的舒适性又具有越野车的通过性能的车型，也被称为“城市越野车”。目前，在我国的家用汽车市场中，深受消费者欢迎的SUV有中华V5、长城哈弗等国产自主品牌和宝马X5、奥迪Q5、本田CR-V、起亚智跑等国外品牌。

MPV的全称是Multi-Purpose Vehicle，即多用途车。它集轿车、旅行车和厢式货车的功能于一身，车内每个座椅都可调整，并有多种组合方式。目前，比较畅销的MPV基本为合资品牌，如上海别克GL8、广汽本田奥德赛等。

6. 汽车天窗

汽车天窗不是普通家用汽车的标准配置，但近年来比较受人们喜爱，对于一款汽车来说，汽车天窗成为豪华型与标准型的区别之一。汽车天窗安装于车顶，能够有效地保持车内空气流通，增加新鲜空气的进入，为车主带来健康、舒适的享受。同时，汽车天窗可以开阔视野，能满足移动摄影摄像的拍摄需求。汽车天窗大致可分为内藏式、外掀式、全景式等。

内藏式天窗是指滑动总成置于内饰与车顶之间的天窗。它的优点是天窗开口大，外形简洁美观。目前，大部分轿车采用内藏式天窗。但如果是加装，这种内藏式天窗的价格就相对较高，而且要将车顶内饰重新做一遍，所以要求的施工技术也很高。

外掀式天窗具有体积小、结构简单的优点，还有手动和电动两种分类。外掀式天窗倾斜升高，可打开一定角度，但是开口大小很有限。

全景式天窗实际上是相对普通天窗而言的。一般而言，全景式天窗面积较大，甚至采用整块玻璃车顶，坐在车中可以将上方的景象一览无余。全景天窗的优点是视野开阔，通风良好。全景天窗也有一些缺点，如落尘需要清理，否则影响视线；车身整体刚度下降，安全系数降低；成本较高。但无论怎样，全景天窗超大视野的享受，还是受到众多消费者的青睐。

7. 车轮特征

车轮由轮毂、轮盘、轮辋和轮胎组成。轮毂是车轮中心安装车轴的部分，轮辋是车轮周围边缘用来安装轮胎的部分，轮盘是连接轮毂和轮辋的中间部分。目前，家用汽车广泛采用圆盘式车轮，即轮毂与轮辋用金属轮盘相连，轮毂、轮盘与轮辋形成一个整体。

根据轮盘结构的不同，车轮分为圆盘式和辐式两种。辐式车轮的特征也可以由轮辐的多少来说明，如五辐式、六辐式等。根据材料的不同，车轮还分为铁质车轮、铝合金车轮和不锈钢车轮。有的车轮在外侧加有装饰罩，目的是改善车轮的外观。

传统的轮胎由内胎、衬带和外胎构成，像自行车轮胎一样，气体是充在内胎里面的。而现在的汽车轮胎只有外胎而没有内胎，习惯上称为真空轮胎，即气体是充在轮胎与轮辋密闭而成的空间内的。

根据轮胎内部帘线排列方向的不同，轮胎分为子午线轮胎和斜交线轮胎。目前的乘用车轮胎多为子午线轮胎。子午线轮胎的内部帘布编织排列方向与胎面中心线呈90度角，形似地球仪上的子午线，因此而得名。这种轮胎胎顶加钢丝层，能承受较大的内压应力，胎面不易变形，具有良好的地面抓力和稳定性，适合高速行驶。

子午线轮胎的特点是帘布层帘线排列的方向与轮胎的子午断面一致(即胎冠角为零度)，帘线这样排列，可使帘线的强度得到充分利用。子午线轮胎的帘布层数一般比斜交线轮胎减少40%～50%。

子午线轮胎与斜交线轮胎相比，优点是弹性大，耐磨性好，可使轮胎使用寿命提高30%～50%；滚动阻力小，可降低汽车油耗8%左右；附着性能好，缓冲性能好，承载能力强，不易穿刺等。缺点是胎侧易裂口，由于侧面变形大，导致汽车侧向稳定性差，制造技术要求及成本高。

轮胎侧面通常标有由数字和字母组成的轮胎型号，表明轮胎的规格。国际标准的轮胎规格由6部分组成：轮胎宽度+轮胎断面的扁平比+轮胎类型代号+轮辋直径+负荷指数+许用车速代号。

轮胎宽度是指轮胎断面的宽度，单位是mm；轮胎断面的扁平比是指断面的高度与宽度的百分比；轮胎类型代号一般为R，表示子午线轮胎；轮辋直径的单位是英寸；负荷指数是指一条轮胎所能承受的最大负荷，以数字的形式表示，表明轮胎承受负荷的能力(负荷指数及对应承载质量见表1-3)；许用车速表示对车辆速度的极限限制(许用车速等级见表1-4)。

表1-3 负荷指数及对应承载质量列表(部分)

负荷指数	75	80	85	90	91	92	95	100
承载质量/kg	387	450	515	600	615	630	690	800

表1-4 许用车速标识及对应许用车速

许用车速标识	N	P	Q	R	S	T	U	H	V	W	Y
许用车速/km/h	140	150	160	170	180	190	200	210	240	270	300

例如，某轮胎的型号为205\55 R16 91 V，具体的含义为：205表示轮胎胎面宽度为205mm；55表示轮胎胎壁的高度与胎面的宽度的百分比(即扁平比)为55%；R表示轮胎类型为子午线轮胎；16表示轮辋的直径为16英寸；91表示每条轮胎能够承载的最大负荷为615kg；V表示许用车速的极限值为240km/h。

轮胎尺寸示意图如图1-38所示。

图1-38 轮胎尺寸示意图

8. 汽车尾部标识

汽车尾部标识是指在乘用车的后备厢盖板的纵立面或后车门上，镶嵌的汽车标志、中文、英文、英文字母和数字等，表明汽车的品牌、厂家、车型名称和技术特征等。

国产自主品牌和合资品牌的汽车一般在汽车尾部标识中用中文表示生产厂家，如吉利汽车、奇瑞汽车、比亚迪、华晨宝马、一汽大众、东风本田等。厂家名称有的标注在左侧，有的标注在右侧。进口汽车一般在尾部标识中没有厂家名称。

大多数进口汽车和中外合资生产的国外品牌的车型名称一般都以英文表示并标注在汽车尾部，例如A6(奥迪)、X5(宝马)、JETTA(一汽大众捷达)、CRUZE(上海通用科鲁兹)等。也有个别进口汽车的车型名称以品牌原属国的文字标注。国产自主品牌汽车的车型名称以中文、英文、字母加数字等方式表示，如骏捷(中华)、Tiggo(奇瑞瑞虎)、EC820(帝豪)、F3(比亚迪)等。

汽车尾部标注的字母，主要表明发动机的结构或技术特点。例如：T表示发动机带涡轮增压；FSI表示采用燃油分层喷射技术的汽缸直喷自然吸气发动机；TSI表示双增压(涡轮和机械增压)分层喷射技术(进口汽车)，带涡轮增压的汽缸直喷发动机(国产汽车)；VVT表示连续可变气门正时技术。

汽车尾部标识中的数字，有的表示排气量，有的表示车型系列，有的表示扭矩等级，还有的表示加速G值。例如：1.6、1.8、2.0、2.4等，表示排气量；奥迪Q3和Q5、中华H320和H330等，表示车型系列；凌渡汽车尾部的330表示发动机最大扭矩区间为300～350(N·m)，对应的扭矩等级为330；奥迪汽车尾部的30，表示加速G值是30(汽车由静止起步，加速到100千米/小时，换算成27.8米/秒，除以加速G值，即汽车百千米/小时加速时间)，即加速时间为9.26秒。

关于汽车尾部标识，目前尚无统一的标准。汽车品牌和生产厂家不同，汽车尾部标识的含义也不尽相同。所以，对于具体的车型，应以有关品牌或厂家的官方解释为准。

9. 进气格栅

汽车的进气格栅也称为散热格栅，其作用不仅仅是进气、通风和散热，还有装饰和美观的作用。进气格栅布置在车头部分且通常与汽车标志组合在一起，所以进气格栅的造型也成为汽车的外观特征之一，特别是一些驰名品牌的汽车，把进气格栅的外形设计作为车头外观设计的重要组成部分，进气格栅已经成为其品牌的特有风格。例如宝马汽车的“双肾形”进气格栅的造型，已经成为宝马汽车家族的显著特征。

10. 外部车灯造型

汽车的外部车灯有照明(如前照灯)、警示(如日间行车灯、转向灯、雾灯、制动灯、倒车灯等)和便于管理(如牌照灯)等作用。随着车灯制造材料和技术的不断进步，加上各个品牌汽车的生产厂家越来越追求突出自身品牌的特色及品质，外部车灯也是品种多样、造型各异。此外，外部车灯还有美观和体现品牌特色的作用。例如，传统的汽车前后车灯组合的灯罩设计，基本是长方形，并且布置在前后端的立面上；而现在大多数汽车的前后车灯组合的灯罩外形都是不规则的形状，前后呼应，并且汽车灯罩布置在前后端立面和侧面形成的角上，使车灯的外形设计也成为体现自身品牌风格的重要元素。

传统车灯发出不同颜色的光是通过安装相应颜色的灯罩来实现的，目前乘用车的车灯多是LED车灯。LED车灯是指采用LED(发光二极管)为光源的车灯。LED具有寿命长、能耗低、光线质量高、无辐射、结构简单、抗震性能好、点亮无延迟、响应速度快、占用体积小、颜色种类丰富和造型多样化等特点，目前被广泛应用于乘用车领域。

1.7.2 乘用车的技术特性

乘用车的技术特性是指乘用车特有的反映其技术能力的性质或特征，通常以一定的技术指标和专用配置或功能来表现。一辆乘用车的技术特性，一般用动力性、操控性、安全性、经济性和舒适性5个指标来评价。

1. 动力性

汽车动力性是指汽车在良好路面上直线行驶时由汽车受到的纵向外力决定的所能达到的平均行驶速度。汽车是一种高效率的运输工具，其运输效率的高低在很大程度上取决于汽车的动力性。所以，动力性是汽车各种性能中最基本、最重要的性能。汽车动力性主要由汽车的最高车速、加速时间和最大爬坡度这三个指标来反映。此外，排气量、最大功率和最大扭矩也是反映汽车动力性的常用参数。

(1) 最高车速。最高车速是指汽车在水平良好的路面上所能达到的最高行驶速度，单位是千米/小时。最高车速与排气量一般成正比关系，即排气量越大，最高车速也越高。此外，最高车速与汽车的自身重量、发动机技术水平等因素有关。

例如：长安奥拓(都市贝贝)的最高车速为120千米/小时；奥迪A6的最高车速为231千米/小时；大红旗(CA7460)的最高车速为185千米/小时。

(2) 加速时间。加速时间是指汽车由静止开始起步加速到某一行驶速度的时间，一般用100千米/小时的加速时间来表示，即汽车由静止开始起步加速到速度为100千米/小时所需要的时间，单位为秒。该时间越短，说明汽车的加速能力越强，也表明汽车的动力性越强。

此外，还有一种加速时间用汽车由静止开始起步加速行驶400米的距离所需要的时间来表示。

(3) 最大爬坡度。汽车的最大爬坡度是指汽车满载时在良好路面上可以克服的最大坡度，用以表明汽车的爬坡能力。

汽车的爬坡度并不是指路面与水平面的角度，而是坡路的高度差与水平距离的百分比，即实际坡路角度的正切值。如图1-39所示，坡路的角度为θ，最大坡度$=(H\div L)\times100\%=\text{tg}\theta\times100\%$。

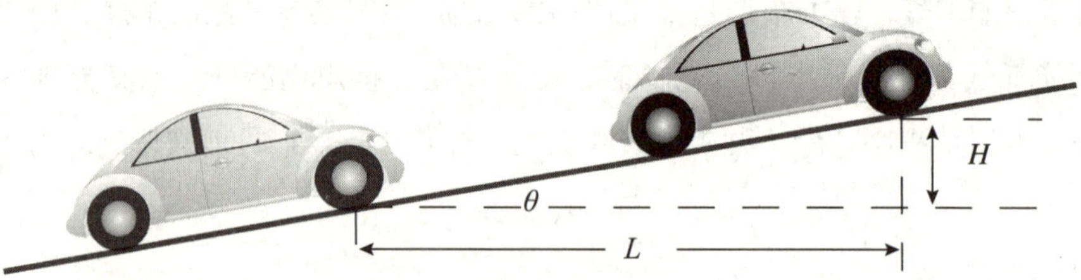

图1-39 爬坡度示意图

例如，某型号汽车的最大爬坡度是30%，根据上述公式得：$\tan\theta\times100\%=30\%=0.3$，查三角函数表得$\theta\approx16°42''$，即此车可爬越的最陡坡度是16°42"。所以，汽车的最大爬坡度是100%，就意味着该车可以爬上角度为45°的坡路。

实际上，也可以省略百分比符号，如果仅标注数字，表明的就是百分比坡度。如果某辆汽车的说明书上的汽车爬坡度直接标注了角度，就是指此车可爬越的最陡的路面的角度。但根据汽车行业的有关规定，只有百分比坡度的标注方式才是符合标准的。经常在城市和良好公路上行驶的家用汽车的最大爬坡度在18%左右(坡度的角度为10°左右)，而真正意义上的越野汽车的最大爬坡度为60%左右(坡度的角度为30°左右)。

(4) 排气量。发动机内的活塞在汽缸中由下死点向上移动到上死点时所让出(扫过)的容积称为汽缸工作容积或汽缸排气量。对于多缸发动机来说，各汽缸工作容积的总和称为发动机工作容积或发动机排气量，简称为排量，用符号V表示，单位是升(L)。轿车类型就是以排量的大小来划分的。发动机排量越大，动力就越强，相对的耗油量也越大。

例如：长安奥拓(都市贝贝)，V=0.796L；奥迪A6 ，V=2.771L；大红旗(CA7460)，V=4.6L。

(5) 最大输出功率。发动机通过飞轮对外输出的功率称为发动机的有效功率。发动机在某种转速条件下所能输出的最大功率称为发动机最大输出功率。最大输出功率直接影响汽车的载重量和车速。由于发动机在不同的转速下所输出的功率不等，标记其输出功率时必须同时注明对应的转速。

例如：长安奥拓(都市贝贝)，P=26千瓦(5 500转/分)；奥迪A6，P=150千瓦(6 000转/分)；大红旗(CA7460)，P=158千瓦(4 700转/分)。

(6) 最大扭矩。发动机通过飞轮对外输出的扭矩称为有效扭矩，发动机在某种转速条件下所能产生的最大扭矩称为最大扭矩。最大扭矩与最大输出功率相似，也对应特定的转速。最大扭矩会影响汽车的爬坡能力、加速性能、油耗量及牵引力等，用M表示，单位是牛顿·米。

(7) 涡轮增压。涡轮增压的英文名字为Turbo，一般来说，如果我们在轿车尾部看到Turbo或者T，即表明该车采用的发动机是涡轮增压发动机。

例如：奥迪A61.8T，帕萨特1.8T，中华尊驰1.8T等。

涡轮增压的主要作用就是增加发动机进气量，从而提高发动机的功率和扭矩，让汽车“更有劲”。一台发动机装上涡轮增压器后，其最大功率与未装增压器的时候相比可以增加40%甚至更高。这也就意味着同样一台发动机在经过增压之后能够产生更高的功率。就拿我们最常见的1.8T涡轮增压发动机来说，经过增压之后，动力可以达到2.4L发动机的水平，但是耗油量与1.8L发动机相比并没有高多少。从另外一个层面来说，就是能够提高燃油经济性和降低尾气排放量。

2. 操控性

操控性是指对一辆汽车的控制难度(当然越容易越好)和乐趣的结合，也可以这样理解：操控性是汽车被操纵和控制以及带给驾驶者驾驶乐趣的能力。操纵和控制汽车的难易程度和乐趣，实际上是驾驶者在驾驶过程中的一种主观性的心理感受，虽然因人而异，但与汽车技术的客观性密切相关。乘用车的消费者在衡量汽车的操控性时，一般都会比较汽车的转向系统、变速系统和制动系统的技术特点。

(1) 转向系统。具体包括以下几部分。

① 方向盘。方向盘是汽车转向系统的重要部分，主要作用是让驾驶者通过方向盘来控制汽车的前进路线。评价一辆汽车的操控性好不好，首先要看汽车的转向和行驶的稳定性，而转向平稳离不开驾驶者对方向盘的整体感觉。

一般来说，方向盘由骨架、包裹材料和其他部件构成。方向盘骨架的制造材料多为金属合金(如锌合金、铝合金、镁合金等)。包裹材料多采用聚氨酯材料，通过发泡机制成，其特点是手感舒适、耐磨不易开裂、有助于吸收胸部和头部碰撞；有些木质材料的方向盘是由专用机器将木片一层层叠积最后上漆制成，也有些方向盘的木料用假木代替(假木一般是用PP、ABS等塑料注塑制成)；还有一些豪车采用昂贵的材料(如碳纤维等)。其他部件是指不同材质的方向盘套和多功能方向盘等。普通的乘用车采用一般的方向盘，而一些高端的乘用车的方向盘大多是真皮方向盘、木质方向盘或多功能方向盘。

② 电子助力转向系统。现在的家庭用乘用车基本都配备电子助力转向系统。电子助力转向的英文全称是Electronic Power Steering，简称EPS，它利用电动机产生的动力协助驾驶者进行动力转向，所以也称为电动助力转向系统。EPS的工作原理：汽车在转向时，转向传感器会“感觉”到转向盘的力矩和拟转动的方向，这些信号会通过数据总线发给电子控制单元，电控单元会根据传动力矩、拟转的方向等数据信号，向电动机控制器发出动作指令，电动机就会根据具体的需要输出相应大小的转动力矩，从而产生助力转向。如果不转向，系统就不工作，处于休眠状态等待调用。电动助力转向的工作特性会使驾驶者的方向感更好，转向时更轻松，特别是在高速行驶时更加平稳。

(2) 变速系统。目前，汽车变速系统有手动挡、自动挡以及无级变速和手自一体等类型。MT表示手动挡，AT表示自动式。例如：M5表示五速手动挡，A4表示四速自动挡。

手动挡汽车具有比同款自动挡汽车价格低、燃料消耗低、维修保养费用低、具有辅助制动功能和具有驾驶乐趣等优点，但也存在操作烦琐和驾驶人员易劳累、换挡时容易产生顿挫感、起步时易熄火和坡路起步时对操作的要求高等缺点。

自动挡汽车具有操作简单和轻松、行驶平稳而不会出现顿挫感、起步不会熄火和坡路起步操作方便等优点，但也存在比同款手动挡汽车价格高、燃料消耗高、维修保养费用高、踩错踏板易发生交通事故和缺少驾驶乐趣等缺点。

(3) 制动系统。制动系统分驻车制动器和行车制动器两种。前者用手控制，在停车时使用；后者用脚控制，用于行车时控制车速。行车制动器按结构的不同，可分为盘式制动器、鼓式制动器等形式。

① 盘式制动器。盘式制动器有一个和轮胎固定并同速转动的圆盘，制动时利用油压推动制动卡钳中的活塞产生制动力，并和圆盘接触产生摩擦最终使车辆停下。它的工作原理很像自行车，通过闸皮摩擦轮圈最终使车停下。

盘式制动器的优点：制动卡钳、制动盘全部暴露在空气中，所以热衰退现象并不明显，长时间制动后依然可以获得很好的制动效果；由于制动系统没有密封，制动磨损的碎屑不会沉积在制动器上，碟式制动的离心力可以将水、灰尘等污染物向外抛出，以维持一定的清洁度；制动盘在受热之后尺寸有所改变，但并不会使踩制动踏板的行程增加；与鼓式制动器相比，盘式制动器的构造简单，且容易维修。

盘式制动器的缺点：与鼓式制动器相比，盘式制动器的来令片与制动盘之间的摩擦面积较小，所以制动的力量也比较小。如果想加大制动力，只能增大制动盘的直径或提高制动系统的油压。此外，盘式制动器的制造和维修成本较高。

② 鼓式制动器。鼓式制动器拥有一个形状类似铃鼓的铸铁件，它与轮胎固定并同速转动。制动时，不同于盘式制动器“夹住”制动盘，鼓式制动器通过油压将位于制动鼓内的制动来令片往外推，使制动来令片与随着车轮转动的制动鼓的内面发生摩擦，从而产生制动效果。

鼓式制动器的优点：制造成本低，维修保养也非常便宜，小型汽车多采用这样的设计；排水性较好，因为整个制动系统都在一个相对密闭的空间中，所以不易受到水和泥沙的影响；以相同力量踩下制动时，因为鼓式制动器的接触面积更大，所以获得的制动力也会更大，而在没有助力制动的情况下，这种效果更加明显。

鼓式制动器的缺点：热衰退性很差，因为存在于一个相对封闭的环境，制动时产生的热量不能及时散去，所以长时间制动后，制动效果明显变差；由于鼓式制动器的制动来令片密封于制动鼓内，导致制动来令片磨损后的碎屑无法散去，影响制动鼓与来令片的接触面，从而影响制动性能。

3. 安全性

汽车的安全性是指汽车在行驶中避免事故、保障行人和乘员安全的性能，一般分为主动安全性和被动安全性。

(1) 主动安全性。汽车的主动安全性又称积极安全性，是指为了防止或减少发生交通事故而在汽车制造过程中运用新技术的程度，包括防止失控、防止追尾、防止驾驶员疲劳、改善视野和人体工程等安全装置。目前，市场上的家用汽车几乎都装有ABS(制动防抱死系统)。此外，EBD(制动力电子分配系统)、EBA(电子控制制动辅助系统)和ESP(电子稳定装置)等新的电子技术也被广泛应用。这些安全装置可以有效保证汽车制动时的效果或汽车在特殊路段的行驶稳定性，大大提高了汽车的安全性。

① ABS。ABS(Antilock Brake System)中文译为制动防抱死系统。ABS的功能是在车轮将要抱死时，降低制动力；而当车轮不会抱死时，又增加制动力。如此反复动作，使制动效果达到最佳。没有安装ABS系统的车，在遇到紧急情况时，来不及分步缓刹，只能一脚踩死，这时车轮容易抱死，加之车辆冲刺惯性，便可能发生侧滑、跑偏、方向不受控制等危险状况。而装有ABS的车，当车轮即将到达下一个锁死点时，制动在一秒内可作用60～120次，相当于不停地制动、放松，即类似机械的“点刹”。因此，可以避免在紧急制动时方向失控及车轮侧滑，使车轮在制动时不被锁

死，轮胎不在一个点上与地面摩擦，加大了摩擦力，使制动效率达到90%以上。

一般说来，在缓缓施加制动力的情况下，ABS基本不起作用，只有在制动力猛然增加使车轮转速骤消的时候ABS才发生效力。ABS的另一个主要功效是在制动的同时转动方向，以躲避障碍。

② EBD。EBD(Electronic Brake force Distribution)中文译为电子制动力分配。在汽车制动时，如果4个轮胎附着地面的条件不同，则4个轮胎与地面的摩擦力不同，在制动时就容易产生打滑、倾斜和侧翻等现象。EBD的功能就是在汽车制动的瞬间，高速计算出4个轮胎因附着不同而各异的摩擦力数值，然后调整制动装置，使其按照设定的程序在运动中高速调整，达到制动力与摩擦力(牵引力)的匹配，以保证车辆的平稳和安全。EBD在本质上可以说是ABS的辅助功能，它可以提高ABS的功效。

EBD能够根据汽车制动时产生的轴荷转移的不同，而自动调节前、后轴的制动力分配比例，提高制动效能，并配合ABS提高制动稳定性。汽车在制动时，4个轮胎附着的地面条件往往不一样。比如，有时左前轮和右后轮附着在干燥的水泥地面上，而右前轮和左后轮却附着在水中或泥水中，这种情况会导致汽车制动时4个轮胎与地面的摩擦力不一样，制动时容易造成打滑、倾斜和车辆侧翻事故。EBD用高速计算机在汽车制动的瞬间，分别对4个轮胎附着的不同地面进行感应、计算，得出不同的摩擦力数值，使4个轮胎的制动装置根据不同的情况用不同的方式和力量制动，并在运动中不断高速调整，从而保证车辆的平稳、安全。

③ EBA。EBA(Electronic Brake Assist)中文译为电子控制制动辅助系统。这个系统可以感应驾驶人对制动踏板的动作需求程度，通过电脑从踏板处侦测到的制动动作，来判断驾驶人此次的制动意图。如果是属于非常紧急的制动，EBA将会指示制动系统产生更高的油压使制动力更快速地产生，缩短制动距离。电子控制制动辅助系统在规避紧急危险的制动时很有帮助。

④ ESP。ESP(Electronic Stablity Program)中文译为电子稳定装置。奔驰汽车公司首先将其应用在它的A级车上。ESP实际上是一种牵引力控制系统，与其他牵引力控制系统相比，ESP不但能控制驱动轮，而且能控制从动轮。例如，后轮驱动汽车常出现转向过多的情况，此时后轮失控而甩尾，ESP便会刹慢外侧的前轮来稳定车子；在转向过少时，为了校正循迹方向，ESP则会刹慢内后轮，从而校正行驶方向。

⑤ 倒车雷达(影像)装置。对于低端乘用车，倒车雷达(影像)装置一般还不是标准配置，但对于一些高端乘用车来说是必备装置，因为该装置可以保障倒车时的安全性和便利性。

倒车雷达的工作原理：当汽车处于倒挡状态时，倒车雷达开始工作，由传感器发射超声波信号，一旦车后方出现障碍物，超声波被障碍物反射，传感器便会接收到反射波信号，通过控制器对反射波信号进行处理来判断障碍物所处的位置以及和车身的距离，最后由反馈器通过声音(蜂鸣器)、数据(距离显示)、图像(显示屏模拟)等方式将信息反馈给驾驶员。倒车雷达的缺点是只能测试后边是否有大的物体，不能直观地看到汽车后面的物体，尤其是车后的盲点和比较低的物体。

倒车影像系统是将远红外线广角高清摄像头安装在车后，当挂倒车挡时，该系统会自动接通摄像头，将车后状况清晰地显示于液晶显示屏上，帮助驾驶者直观、准确地把握后方路况，以保证倒车的安全。倒车影像的缺点是不能测试车后障碍物与车尾的距离。

⑥ 雾灯。受气象条件和工业、建筑业、汽车尾气等环境污染的影响，雾霾天气日渐普遍。为了在能见度低的条件下减少连续追尾等恶性事故，我国公安部门发布了《关于加强低能见度气象条件下高速公路交通管理的通告》，要求机动车进入高速公路必须安装后雾灯，未按规定安装后雾灯的机动车不准进入高速公路。所以，雾灯已经成为汽车的必备装置。雾灯主要起警示作用，即在雾天或者能见度受天气影响较大的情况下让其他车辆能够看见本车，并且由于前雾灯的安装位置比较低，雾灯并没有照明作用。

(2) 被动安全性。被动安全性又称消极安全性，是指一旦发生交通事故尽可能减少乘员伤亡的能力，包括结构吸能性、内饰软化、安全防护装置及安全玻璃等。

① 结构吸能性。结构吸能性是指汽车在发生碰撞时，汽车结构吸收大部分冲击能量，从而保证座舱变形最小和不挤伤乘员的能力。通常汽车头部和尾部的刚度要小于座舱的刚度，使汽车头部和尾部尽量吸收碰撞时产生的冲击能量。现在的乘用车前后均配有塑料材质的吸能保险杠，而汽车的A柱、B柱、C柱和车门横梁都要保证一定的刚性，就是为了满足结构吸能的要求。

② 内饰软化。内饰软化是指汽车座舱内部的各种器件的材质柔软有弹性，尽可能减少尖角、突棱和突出的零件，在发生碰撞时可以降低乘员的受伤害程度。内饰软化的范围包括方向盘、仪表板、侧围、顶篷、座椅、地板以及遮阳板等突出的附件。有的汽车的方向盘在碰撞时可以收缩，有的座椅加有头枕，以防后部被撞时乘员头部受伤。

③ 安全防护装置。安全防护装置包括安全带、安全气囊、安全气帘等。

安全带由强度极大的合成纤维制成，带有自锁功能的卷收器，一般采用对驾乘人员的肩部和腰部同时实现约束的三点式设计。乘员系上安全带后，卷收器自动将其拉紧，一旦车辆出现紧急制动、正面碰撞或发生翻滚时，乘员会使安全带受到快速而猛烈的拉伸，此刻卷收器的自锁功能可在瞬间卡住安全带，使乘员紧贴座椅，避免摔出车外或碰撞受伤。先进的安全带还带有预收紧装置和拉力限制器，即在需要时既能瞬间绷紧而发挥作用，又能在受力峰值过后马上降低张紧力度，以减少对乘员的伤害。乘用车的所有座位都配有安全带。

安全气囊是现代乘用车上引人注目的高技术装置。安装安全气囊装置的轿车方向盘，在平常与普通方向盘没有什么区别，但一旦车前端发生了强烈的碰撞，安全气囊就会瞬间从方向盘内“蹦”出来，垫在方向盘与驾驶者之间，防止驾驶者的头部和胸部撞击到方向盘或仪表板等硬物上。自安全气囊面世以来，挽救了许多人的性命。研究表明，有气囊装置的轿车发生正面撞车时，在驾驶者的死亡率方面，大型轿车降低了30%，中型轿车降低了11%，小型轿车降低了14%。

安全气囊主要由传感器、微处理器、气体发生器和气囊等部件组成。传感器和微处理器用以判断撞车程度，传递及发送信号；气体发生器根据信号指示产生点火动作，点燃固态燃料并产生气体向气囊充气，使气囊迅速膨胀，气囊容量为50～90L。同时气囊设有安全阀，当充气过量或囊内压力超过一定值时会自动泄放部分气体，避免将乘客挤压受伤。安全气囊所用的气体多是氮气或一氧化碳。

除了驾驶员侧有安全气囊外，大部分的乘用车前排副驾驶位置也安装了乘客用的安全气囊(即双安全气囊规格)。乘客用的安全气囊与驾车者用的相似，只是气囊的体积要大些，所需的气体也多一些而已。

较为高端的乘用车在座位侧面靠门一侧还安装有安全气帘。安全气帘也称为帘式气囊，当汽车侧面受到撞击时，安全气帘就会把乘员同B柱侧、车窗玻璃和安全带侧面的支撑扣等器件隔开，以保护乘车人的头部。安全气帘安装在车顶弧形钢梁内，通常贯穿前后，受车身内横向加速度传感器控制。当横向加速度大于正常值且达到危险值时就会控制起爆，对于侧撞、翻车等严重事故有着很好的人员保护功能。

④ 安全玻璃。乘用车前后的风挡玻璃在受到碰撞后只裂不碎或碎块不呈尖角，可以降低乘员和车外人员的受伤害程度。同时，在发生碰撞后前风挡玻璃仍能保持一定的能见度，以避免妨碍驾驶员的视线而造成第二次事故。

4. 经济性

汽车的经济性是指从买一辆新车到其正常报废之前所有相关的经济投入，即使用成本。汽车的使用成本可以用下面的公式来表示

汽车使用成本=购置成本+使用费用(燃油费、轮胎费、保养费、修理费、保险费和缴纳的车船使用税等)+报废成本

(1) 购置成本。汽车的购置成本是顾客在购买汽车和注册时发生的总支出，具体

包括汽车购置价格、选装设备和装饰品费用、缴纳的购置税等。

汽车购置价格的高低，受汽车品牌、畅销程度等市场因素的影响，也受汽车变速箱类型、汽车等级等质量因素的影响。

选装的设备和驾驶室内的装饰品一般都不是汽车销售时的标准配置，消费者可以根据自己的喜好在交车时选择安装，主要包括汽车座垫和脚垫、汽车玻璃贴膜、底盘装甲、倒车雷达或影像系统、电子导航系统、车载电话、车载冰箱等。

汽车的购置税，是根据国家税法的规定由消费者在购买汽车时缴纳的税，购置税额是汽车售价(扣除增值税后的价格)的10%。购置税与汽车售价成正比关系，即汽车售价越高，需要缴纳的购置税额也越高。为了鼓励节能型和环保型汽车的生产和消费，我国适时出台了对符合条件的汽车给予购置税减免的优惠政策，对于在购置税优惠期间购买汽车的消费者来说，这一举措无疑降低了汽车的购置成本，减少了购车的经济支出。

(2) 百公里燃油消耗量。在汽车的使用寿命中，燃油费用占使用成本的绝大部分，因此，燃油消耗水平是衡量汽车经济性的最重要指标。

百公里油耗量是指汽车在道路上行驶时每百公里平均燃料消耗量。某辆汽车的百公里实际油耗是通过消耗一定的燃油量(升)除以所行驶的里程(公里)数后得到的，数值的大小不仅与汽车的技术水平和质量有关，也与行驶的区域、路况、天气等客观环境有关，还与驾驶者的操作熟练程度和驾驶经验有关。常见的百公里油耗分为理论油耗、多工况道路循环油耗、工信部综合油耗等。

理论油耗是指厂方在规定的温度、风向、风速等客观环境中，车辆在平坦路面或在底盘测功机上保持某一速度(一般为60公里/小时、90公里/小时、120公里/小时)，然后通过排气分析仪和碳平衡法(通过分析尾气中碳元素的含量来判断汽油油耗的多少)，最终测算出某车型的实验室百公里油耗数据。由于多数车辆在90公里/小时时接近经济车速，对外公布的理论油耗大多为90公里/小时的百公里等速油耗。

多工况道路循环油耗是指汽车在道路上按照规定的车速和时间规范地反复循环行驶时所测定的燃油经济性指标，也称为道路循环油耗。在车速和时间规范中，规定每个循环包含各种行驶工况，并规定了每个循环中的换挡时刻、制动与停车时间，以及行驶速度、加速度及制动减速度的数值。因此，用这种方法测定的燃油消耗量比较接近汽车实际的燃料消耗水平。

我国工业和信息化部从2010年1月1日起，建立了轻型汽车燃料消耗量公示制度，要求汽车生产企业除了在工业和信息化部的网站上公示汽车燃料消耗量外，还必须在车辆出厂前在车身上粘贴实际油耗标识(在购车后，消费者可自行撕下该标识)，使消费者对所购买车辆的油耗情况一目了然。国产汽车在通告上发布或在标识上标明的燃料消耗数据是经工信部指定的检测机构并按照统一的检测方法检测得到的，进口汽车则经质检总局指定的检测机构检测。因此，行业内将按照工信部要求而进行公示和标示的燃油消耗量称为“工信部综合油耗”。工信部综合油耗包括受检汽车在市区、市郊、综合三种工况下的油耗数据，即在公示时分别标明汽车在城市工况、郊区工况和综合工况下的燃油消耗量。

(3) 轮胎费用。汽车在正常行驶时，轮胎必然会发生磨损，磨损到一定程度必须予以更换。汽车轮胎是根据汽车行驶一定的里程或年限而进行更换的，而轮胎的价格并不低，所以在汽车使用寿命周期内，轮胎费用也是使用成本的一个组成部分。轮胎的价格取决于轮胎的规格和品牌等因素。

(4) 零整比。零整比是指某品牌汽车的零配件价格与整车价格的比值。不同的汽车品牌、车型之间的维修价格差异较大，尤其是在相同价格区间内，各车型间相同部位、相同功能配件的价格差异巨大，而配件价格的高低直接决定了维修成本的高低。即使新车的价位相同，如果消费者购买了零整比系数较高的车型，就意味着在后续使用过程中可能需要支付相对较高的维修成本。

(5) 车船使用税。根据国家税法的要求，汽车在使用中每年都必须缴纳车船使用税，税额与汽车的排气量成正比，低者几百元，高者几千元，它是构成汽车使用成本的一个组成部分。所以，仅从缴纳车船使用税的税额多少的角度进行评价，某款型汽车的经济性与其发动机的排气量成反方向变动关系，即汽车的排气量越大，经济性越差；排气量越小，经济性越好。

5. 舒适性

汽车的舒适性是指汽车具有的给驾驶员与乘员带来舒服安逸及精神愉悦感觉的能力。评价汽车舒适性的指标包括汽车行驶的平顺性、车内环境、座椅感受、操作的方便性等。

(1) 平顺性。汽车的行驶平顺性是指汽车在一定的行驶环境中以一定的速度行驶时，能够保证驾驶者与乘车人不会因车身振动而引起不舒适和疲劳的感觉。汽车在行驶中，由于路面不平，会使汽车产生振动和颠簸，当这种振动和颠簸达到一定程度时，将引起驾驶者和乘车人疲劳、头晕等不舒服的生理反应。悬挂装置和技术的不断更新，就是为了降低汽车的振动和颠簸，提高汽车的行驶平顺性。悬挂装置可分为非独立悬挂和独立悬挂，见图1-40。

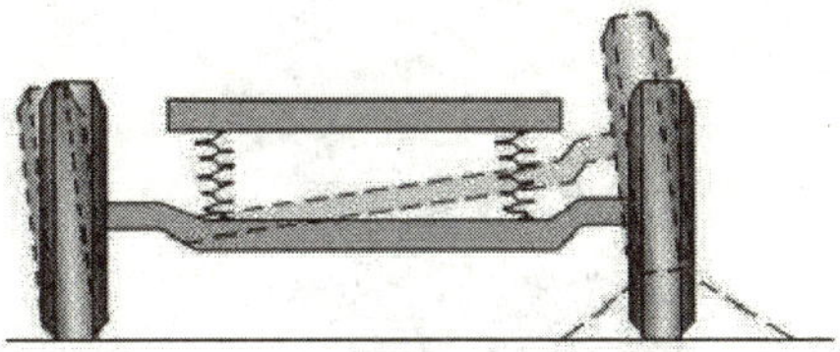

(a) 非独立悬挂

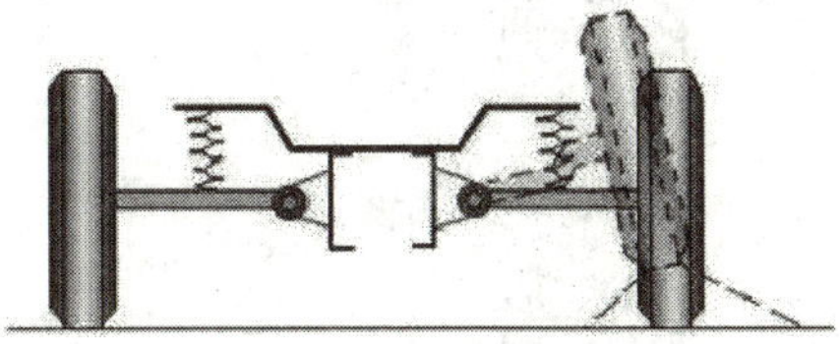

(b) 独立悬挂

图1-40　悬挂装置

① 非独立悬挂。非独立悬挂系统是以一根车轴(或结构件)连接左右两轮的悬挂方式。非独立悬挂的优点：左右轮在弹跳时会相互牵连，轮胎角度的变化量小，轮胎的磨耗小；在车身高度降低时，不容易改变车轮的角度，使操控的感觉保持一致；构造简单，制造成本低，容易维修；占用的空间较小，可降低车底板的高度。非独立悬挂的缺点：左右轮在弹跳时，会相互牵连，从而降低乘坐的舒适性；因构造简单，设计的自由度小，操控的稳定性较差。

② 独立悬挂。采用独立悬挂系统时，每一侧的车轮都单独通过弹性悬挂系统悬挂在车架或车身下面。独立悬挂系统的优点：质量轻，能够减少车身受到的冲击，并提高车轮的地面附着力；可用刚度小的较软弹簧，改善汽车的舒适性；可以降低发动机位置，从而降低汽车重心，进而提高汽车的行驶稳定性；左右车轮单独跳动，互不相干，能减小车身的倾斜和震动。不过，独立悬挂系统存在结构复杂、成本高、维修不便的缺点，同时因为结构复杂，会侵占一些车内乘坐空间。现代轿车大多采用独立悬挂系统，按其结构形式的不同，独立悬挂系统又可分为横臂式、纵臂式、多连杆式、烛式以及麦弗逊式悬挂系统等。

麦弗逊式悬挂是当今世界应用较广泛的轿车前悬挂之一，见图1-41。麦弗逊式悬挂由螺旋弹簧、减震器、三角形下摆臂组成，绝大部分车型还会加上横向稳定杆。简单来说，其主要结构就是由螺旋弹簧套在减震器上组成，减震器可以避免螺旋弹簧受力时向前、后、左、右偏移的现象，限制弹簧只能作上下方向的振动，并可以用减震器的行程长短及松紧来设定悬挂的软硬及性能。主要优点有结构简单、占用空间小、响应较快、制造成本低等；主要缺点是横向刚度小、稳定性不佳、转弯侧倾较大。麦弗逊式悬挂适用于中小型轿车、中低端SUV等车型的前轮。

图1-41 麦弗逊式独立悬挂

(2) 车内环境。车内环境是指汽车驾驶室内的空气质量、噪声污染和车内温度等状况。

汽车内部相对封闭，车内一些装置和装饰都是甲醛释放性产品，所以车内的空气质量与汽车内部的装置和装饰的材料品质有关。汽车内部装置和装饰采用环保材料制成，可以减少甲醛和其他有害气体的释放。此外，增强空调滤清器的质量和效果以及乘员厢的密闭性，也会尽量减少车外污染空气的影响。

天窗给驾驶者带来了不少便利。首先，汽车天窗改变了传统的换气形式，风吹进来形成一股气流，将车厢内的污浊空气抽出去。汽车高速行驶时，空气分别从车的四周快速流过，当天窗打开时，车的外面就形成一片负压区，由于车内外气压不同，就能将车内污浊的空气抽出，达到换气的目的，让车厢内始终保持空气清新。另外，在雨雾天气环境中，有了天窗，车内玻璃的除雾也非常快捷。

汽车噪声来自发动机、轮胎及发生松动的零件等，乘员厢与发动机厢之间的密闭性、隔音材料、吸音材料、轮胎质量以及汽车的装配质量等，都会影响车内噪声的大小。

汽车内部温度是舒适性的重要指标。车内温度取决于车外温度、空气流量以及太阳辐射的大小。当车外温度超过20摄氏度时，车内要达到舒适温度只能靠冷风降温。有别于传统的手动空调，高档的全自动区域空调智能化程度较高，可将车辆分为多个区域，并启动高温制冷、低温送风的功能，最大限度地合理利用电量，因此，自动空调比手动空调更省电、更省油。有些轿车的自动空调还装有红外温度传感器，专门探测乘员面额部的表面皮肤温度，当传感器检测到人体皮肤温度时会将结果反馈到ECU。ECU接收到多种传感器的温度数据，就能更精确地控制空调，驾驶者或乘员只要操作旋钮或按键，设置所需温度及风机转速，其他一切事情都由自动空调控制系统处理，既方便，温度控制效果又好。

(3) 座椅感受。人们对座椅的感受涉及座椅的包裹性、座垫弹性、柔软度、腿部承托性、前后排调节角度以及后排中央扶手、中间头枕等方面。

很多消费者在选择汽车配置的时候，往往挑选价格较高的皮革作为座椅的面料，以显示汽车的豪华，而不考虑价格相对低廉的普通织物。有关科学研究结果显示，最舒适、最安全的座椅面料是普通织物。普通织物的面料透气性好、摩擦力大、柔和，比较符合人体需要。坐在普通织物面料的座椅上，夏天不会有潮湿、黏腻的感觉，冬天也不会有冰冷、僵硬的感觉。

如今，配置真皮座椅的车型越来越多，但是到了冬季，启动汽车时座椅表面冷冰冰，让人感觉很不舒服，即便有空调也要等水温升上来才能发挥作用，因此电加热座椅对车主来说是一种非常实用的配置，特别是在我国北方销售的一些高端轿车，电加热座椅是一项标准配置。好的电加热座椅，不仅升温快、温度可任意调节，还可帮助具有腰酸腿疼症状的车主在驾驶中减轻疲劳、缓解病症，避免因寒风入侵所引发的疼痛。

电动座椅广泛应用在高端汽车上，具有便利性和舒适性两大优点。驾驶者通过键钮操纵，既可以将座椅调整到最佳位置上，使驾驶者获得更好的视野，享受易于操纵方向盘、踏板、变速杆等操纵件的便利，还可以获得更舒适和更习惯的乘坐角度。

(4) 操作方便性。操作方便性是指汽车具有的方便驾驶者操作从而降低劳动强度或减轻疲劳程度，进而提高舒适性的能力。操作方便性表现为一些技术装置的差异，如自动挡汽车的方便性优于手动挡汽车，自动空调的方便性优于手动空调等。除此之外，多功能方向盘、电动助力转向系统、定速巡航系统等，都是体现操作方便性的装置。

① 多功能方向盘。多功能方向盘是指在方向盘两侧或者下方设置一些功能键，包括音响控制、空调调节、车载电话等，还有的将定速巡航键也设置在方向盘上。驾驶员可以直接在方向盘上操控车内很多电子设备，不需要在中控台上寻找各类按钮，不仅操作方便、快捷，由于驾驶员可以更专心地注视前方，还大大提高了行车安全性。近年来，一些中、高档轿车上配备的都是多功能方向盘，多功能方向盘也将成为家用汽车方向盘的发展方向。

② 定速巡航系统。定速巡航系统(Cruise Control System，CCS)，又称为定速巡航行驶装置、速度控制系统、自动行驶系统等。在驾车行驶过程中，驾驶员可以启动巡航定速，之后无须再踩油门，车辆即按照一定的速度前进。在巡航定速启动后，驾驶员也可通过巡航定速的手动调整装置对车速进行小幅度调整，而无须踩油门。汽车装配定速巡航系统可大大降低驾驶汽车的劳动强度，提高驾驶汽车的舒适性。

知识问答与技能训练

1. 反映乘用车动力性的技术参数有哪些?
2. 简要说明欧系车、美系车和日系车的技术特点。
3. 搜集两款你喜欢的乘用车车型，列出主要技术特性，并比较两者的卖点。

学习任务1.8 汽车消费需求分析

学习目标

1. 熟悉家用汽车需求特点；
2. 掌握家用汽车需求的心理分析方法；
3. 领会汽车销售业务人员必备的素质和能力。

学习内容

1. 家用汽车需求特点；
2. 家用汽车需求的心理分析知识。

学习方法

1. 情境式学习方法；
2. 换位思考式学习方法；
3. 讨论家用汽车需求特点。

任务导入

如果你是购车者，哪些因素会影响你的购车决策?

1.8.1 家用汽车需求特点

1. 需求具有伸缩性

一方面，汽车的消费需求具有较强的需求价格弹性，即价格的变动对汽车的个人需求影响很大；另一方面，这种需求的结构可变。当客观条件限制了这种需求的实现时，它可以被抑制，或被转化为其他需求，或最终被放弃；反之，当条件允许时，汽车消费不仅会实现，甚至会发展成为流行性消费。

2. 需求具有多样性

汽车购买者由于在用途、个人收入和文化观念上的差别，以及在年龄、职业、兴趣、爱好等方面的差异，会形成不同的消费需要，从而使汽车购买者的需求表现出多层次性或多样性。

3. 需求具有可诱导性

对大多数个人购买者而言，他们对汽车缺乏足够的专门知识，往往会受到周围环境、消费风气、人际关系、宣传等因素的影响。

4. 需求具有替代性

汽车购买者在面临多种车型的选择时，往往会对能够满足自己需要的商品进行比较、鉴别，只有那些对购买者吸引力强、引起的需求强度高的汽车产品才会促使有购买汽车欲望发展为最终的购买行为。也就是说，能够同时满足购车者需要的不同汽车品牌之间具有竞争性，需求表现出相互替代的特性。

5. 需求具有发展性

个人购买需求一般从简单到复杂、由低级向高级发展。在现代社会中，各类消费方式、消费观念、消费结构的变化总是与需求的发展性和时代性息息相关。所以汽车产品的个人购买需求的发展也消永无止境，如在不过分增加购买负担的前提下，消费者对汽车的安全、节能和环保等性能的要求总是越来越高。

6 需求具有集中性和广泛性

一方面，由于私人汽车消费与个人经济实力关系密切，在特定时期内，经济发达地区的消费者或者收入相对较高的社会阶层，对汽车(或某种车型)的消费比较明显，需求表现出一定的集中性；另一方面，高收入者各地都有(尽管数量上的差异可能较大)，而且随着经济发展会不断增多，所以需求又具有地理上的广泛性。

1.8.2　顾客购买家用汽车的行为习惯分析

家用汽车用户在选购汽车时一般考虑三点：一是满足使用需求；二是考虑经济性；二是保证安全性。销售人员可以从如下方面分析消费者的购买心理，把握消费者的需求特点，有针对性地为消费者提供汽车导购服务。

1. 用途

购买汽车的人都有明确的目的性，如办公型、旅游型、炫耀型、上下班交通工具型、专业运输型、一般运动型等。目的不同，所选车型一般不一样。不考虑自己的实际使用目的的购车行为只会自添烦恼。例如，子弹头车豪华气派，内部空间较大，作为公务用车比较合适，若作为家庭用车则几乎没有必要。

2. 经济实力

购车属于消费行为，消费者应考虑自己的经济实力。大马力、高档次、进口车固然好，但价格不菲。消费者在经济实力不是很强的情况下，选择能够满足使用需求的车，即使档次低一些，甚至二手车都没关系。要知道，最理智的购买行为并不是买到最好的汽车，而是买到性能价格比最高的汽车。有人认为进口车质量要比国产车好，其实也不尽然。虽然进口车在总体上来说质量比较稳定，但价格要高出国产车许多，从性能价格比的角度来说不一定划算。比购买国产车多花几万元甚至十几万元购买一辆进口车，仅每年的折旧费一项消费者就要多付出一万元左右，所以购买进口车不一定是明智的选择。

3. 道路状况

每一款汽车都有自己相对固定的使用环境。如果经常需要在山路或土路上行驶，最好购买一辆全轮驱动型越野车，而且轮胎花纹应大一些。如果打算购买轿车，但它在日后行驶于崎岖路面的可能性较大，那么其离地间隙就应大一些，以免发动机油底壳及差速器受损。如果客户身处闹市，而且一般不会将汽车开到没有像样路面的荒郊野外去，那就应该选择一辆经济型轿车，而且最好采用子午线型轮胎，因为子午线胎与斜交胎相比，耐磨性可提高50%～100%，滚动阻力可降低20%～30%，可以节油6%～8%。

4. 汽车动力性及发动机类型

在相同类型、相同品质的汽车中，一般发动机排气量越大，动力性越好；排气量越小，动力性越差。不过，在不同品质的同类型、同排气量汽车中，有时动力性也有较大差异，当然其价格也各不相同。从发动机类型看，目前有汽油、柴油、电动、天然气等不同类型，指导客户选购时需考虑汽车的初期购买成本及燃料使用方便性、经济性等各方面因素。

5. 质量保障

由于汽车质量直接涉及使用寿命及维修费用，最受消费者关注。如果客户打算购买一辆新车，“零公里”车(所谓“零公里”，是指一辆驶下生产线之后只有极少量行驶记录就到达用户手中的汽车。国际汽车工业协会规定：行驶记录不超过50英里，即不超过80.45公里的汽车才算新车)是最佳选择。这样，只要在使用过程中按照磨合期的要求驾驶，就可避免汽车的异常损伤，为以后的正常使用奠定坚实基础。

6. 安全性

“生命诚可贵。”用户选购汽车时决不能仅仅考虑经济性问题，安全才是第一位的。目前，安全性能良好的汽车，在设计时就充分考虑到抵御来自前后左右各个方向的冲撞，可以保证驾乘者在一般车祸情况下的生命安全。发动机配置方式、安全玻璃、防撞保险杠、安全带、安全气囊、ABS制动系统、开阔的前视野、较少的后视死角、性能优良的车门锁、防盗装置等，都是需要考虑的内容。

7. 维修保障体系

对于个人来说，汽车绝对属于大件消费品。由于它在长期使用中需重复维修，厂家是否拥有完善的维修体系对客户来说是相当重要的。所以，客户购买汽车时都会选择那些已经形成规模的国家重点汽车生产厂家生产的汽车或国外大汽车公司生产的汽车，因为它们拥有遍布各地的维修网点，而且备件充足、价格合理。

8. 操纵性能

变速器有手动式和自动式两种。前者结构简单、维修方便，而且传动时功率损失少，有利于高速驰骋，缺点是操作较费力且不灵活；后者操作简单灵活，可明显减轻驾驶员的劳动强度，在经常出现塞车现象的大城市中使用，可有效避免经常换挡的辛苦，缺点是维修麻烦且费用较高，而且在汽车的整个运行过程中油耗会增加15%左右(低速行驶时尤为明显)。

动力转向助力方向盘常常是大型汽车、女性或体力不佳驾车者的首选。否则，驾驶者在大幅度转动几次方向盘之后，可能就已气喘吁吁了。

9. 排放标准

汽油发动机轿车目前都采用电喷式发动机，且排放标准都在欧III以上。随着环保要求的日益严格，排放不达标准的汽车将不能获得上路行驶资格。

10. 汽车重量

就一般规律而言，自重轻的汽车燃油经济性自然要好一些。统计表明，小型车自重每增加40千克，燃料消耗增加1%。不过，选择汽车时也不能只以经济性这一项指标作为依据。自重轻的汽车在紧急制动、转弯时会有不同程度的发飘感。另外，自重轻的汽车也体现不出汽车稳重、高雅、气派的贵族风范。

11. 汽车颜色的选择

车身颜色与外形一样具有重要作用。黑色给人庄重、严肃、富有之感；红色代表火热的生命力，给人勃勃向上的心跳感觉；白色清新靓丽、卓尔不群，给人安然洁净之感；绿色具有田园诗画般的风情，给人健康、生机勃勃的感觉；黄色具有轻盈、高注目性的特点，给人柔和、希望之感；蓝色能突显汽车的博大、尊贵和风度，是名贵汽车的常用颜色；桃红色具有积极的动感，最能体现车主个性，风光无限而又不落俗套。目前，白色、黑色、蓝色是较为最常用的三种颜色，其中黑色为首选色，白色是过去20年中最流行的颜色。

近几年，我国的家用汽车流行亮银色。亮银色汽车既时尚、大气，又耐脏，还配以金属漆，防划的效果也不错。

汽车销售人员在指导顾客选择汽车颜色时，应注意提示以下几点。

(1) 汽车颜色应与用车环境相协调。由于不同地区的阳光照射强弱有别，导致人们对不同色彩的偏爱。例如，北方的冬季气候寒冷，人们一般多选择暖色基调，而且色彩也应相对重些，如红色、黄色等；而南方的夏季气候炎热，人们一般多选择冷色基调来降低感觉气温，而且色彩也相对浅些，如白色等。在沙漠或长期积雪的地区，宜选绿色，以便给人以清新、愉快的感觉；在广阔的大草原上，宜选用醒目的红色、白色、黄色等。

另外，由于习俗、信仰的差异，不同民族对色彩的偏爱也有所差别。例如，中国人喜爱红色，日本人喜爱白色，北欧流行蓝色、绿色，意大利人喜好黄色，而荷兰人则对橙黄色情有独钟。

(2) 汽车颜色应与车型相协调。微型、轻型轿车由于本身不引人注目，应选用亮度较高、比较活跃的色彩。中、高档轿车宜选用亮度较低、色彩较沉稳的色调，以显示其豪华气派。旅行车多采用国际流行色，以给人华贵、舒适、洒脱、大方的美感。车内色彩不宜五花八门，宜选用比较柔和的乳白、米黄或浅蓝色等，其中内壁色彩应比顶棚色彩适当重些，以减轻对驾乘者的压抑感。

(3) 汽车颜色应与车主的气质、个性和心理需求相协调。中老年成功人士由于开展业务的需要，车体颜色应体现其华贵、庄重的气质，一般选择黑色或白色。青年人充满青春活力，既要求汽车能够体现自身的华贵、快捷，又要求体现驾车人活跃、鲜明的个性特点，所以车身颜色以轻色调为主。时尚女性爱美求新，可以选购颜色独特(如色彩斑斓型)的汽车。

(4) 汽车颜色应与交通安全相协调。理论研究与实践调查均已表明，车身颜色与交通安全密切相关。正确选择车身颜色对于减少甚至避免交通事故具有非常重要的作用。

由于辨认明亮色比辨认灰暗色容易1～3倍，会让对方感觉车距更近，从而使其提前采取避让措施，因此明亮色可大大提高行车安全性。这也是目前亮银色和白色在家用车中很流行的原因之一。

(5) 汽车颜色应与保养维修相协调。汽车在大自然中行驶、停放，自然免不了脏污甚至损伤，因此选择车身颜色时应考虑日后保养维修的方便性。虽然白色车身的辨认安全度最高，但使用中容易沾污，为保持其明亮和较高的辨认度，必须经常擦拭，因而平时保养汽车的劳动强度明显加大，容易令人生厌。黑色或深蓝色的油漆则因漆面较柔软，使用中容易受损伤，会增加维修工作量及开支。色彩斑斓的“变色龙”型车身一旦被刮伤，修补费用则是一笔相当大的开支。

经过以上各方面的综合比较，销售人员可以指导客户将车型的选择范围缩小到一两种型号，再提供热情和真诚的服务，必定会对顾客做出购车决策起到积极的作用。

1.8.3 顾客购买家用汽车的心理分析

在指导顾客基本确定欲购车型后，就应考虑具体挑选的问题，所以有必要进行顾客购买家用汽车的心理分析。

1. 选择商家

顾客购车的第一步当然是选择商家。顾客为保证所购爱车不出问题，自然会选择经营规模较大、经营品种较全、信誉最好、售后服务完善的商家，所以要分析本公司在社会上的影响力和消费者的认可度。消费者对经营规模大和信誉好的汽车销售公司的信任感要比对其他公司高，这类公司往往拥有更多的潜在顾客。所以，加强公司管理，改善经营管理水平，提高营销能力，提高服务水平，是提高市场占有率的重要基础条件。

2. 外观查验

车的外观是给人的第一印象，其重要性不言而喻。顾客在挑选时一般会对车身、车门、车窗、油漆、悬挂及底盘等各部件进行全面观察，方法一般是在几辆一起陈列的新车中进行比较。

远观整车是否左右对称，用手轻按车身一角后，可观察减震器和悬挂的工作效果。悬挂较软的车，行驶中上下震跳幅度小但左右摇摆大；悬挂较硬的车，则上下震跳幅度大但左右摇摆小。如果顾客经常在质量不佳的路面上行驶，最好指导顾客选购一辆悬挂硬些的汽车，以免急转弯时发生意外。

车身表面及油漆质量可从车的侧面迎着阳光观察，如有凹凸不平、擦伤划伤、修理痕迹等，都可通过仔细查看发现。

从外观上来看，车门应与边框的间隙均匀一致；从开启性能来看，门锁、车门应能轻松、灵活地开启，门轴的转动不应有杂音；从关闭性能来看，用力不应太大，声音应较为沉闷但不尖厉。

底盘的观察也是必不可少的一项内容，可将汽车开上修车用的地沟或用举升器举起，以便从下部查看有无运输、试车过程中的碰磕痕迹及修复痕迹。

此外，灯光信号、后视镜、风挡玻璃、雨刷等应齐全完整。

3. 车内感受

车内是驾乘人员在整个行车过程中的活动空间，内部设施是否赏心悦目，驾驶操作是否灵活可靠，乘坐感觉是否安逸舒适，应是购车者予以关心的问题。

车门玻璃应密封良好、升降自如。各种灯光、信号、仪表、喇叭应齐全有效。座椅表面应清洁完好，无任何破损、划伤现象；座位若可以调整，则还需有足够的支撑力。方向盘表面手感要好，用手晃动时上下不应有间隙，左右自由行程不应过大。踩踏离合器踏板时，应有轻快自如的感觉。油门踏板不应有犯卡、沉重、不回位等现象，脚放在油门踏板上时，脚腕应自然舒适。车厢内饰件应柔和平滑。进出车门及坐进座椅时应方便舒适。后视镜观察效果良好，前、后视野开阔。各操作手柄设计合理、使用方便。行李箱设计合理、开关灵活。空调器升降温迅速、噪音较低。发动机水箱补液罐、清洗液罐、动力转向液罐、润滑油、制动液、电解液面高度正常。蓄电池固定可靠，用手扳动时无任何松动现象。

4. 试驾效果

顾客可通过启动发动机、各种速度条件下的试车、制动等检查汽车的操作方便性及安全可靠性。

启动发动机，倾听发动机运转应轻快、连续、平稳，无杂音异响。轻踩油门，感受发动机的加速响应是否连续，性能良好的发动机在连续加速后怠速应保持稳定。

在场地内低速试开数十米，操作上应缓加油、轻抬离合器，此时起步应平稳，换挡不犯卡(更不应出现挂不上挡、摘不下挡、齿轮响等现象)。空挡滑行性能应良好(车速20千米/小时，平路滑行60～80米)。轻打方向盘，感觉转向效果是否令人满意，前轮碰到路面的凸起物时应无强烈震动，左、右转向至极限时车轮不干涩、无异响。

在高质量路面上高速(80～120千米/小时)行驶，考察汽车的高速稳定性、抓地感，感觉有无车轮打摆、方向发飘等不正常现象。通过蛇形行驶评定汽车的操纵性。通过在不同速度(40千米/小时、60千米/小时、80千米/小时)条件下的紧急制动，测试制动距离及制动时的方向稳定性，感受来自发动机、风、路面的噪音大小。

5. 服务保障

在汽车的综合指标能够令顾客满意的前提下，顾客可能就准备交款提车了。不过，在此之前，销售人员还应仔细向顾客交代产品说明书、附件、随车工具等涉及使用保障方面的内容，及质量保证卡、产品合格证、保修卡等涉及服务保障方面的内容，同时向顾客介绍常用配件保障及价格情况，维修服务站布局及维修作业的时间、质量、价格、收费情况等。

6. 购买时机的确定

作为消费者，在实施购买行为时无疑希望能少花钱、多办事，购买汽车也不例外。选择适当的时机购买汽车，确实有可能省下一笔钱。

在一年当中，最佳购买时间为冬季。各汽车厂家在春、夏、秋季投放市场的汽车品种、数量较少，车价自然偏高。临近年末，各厂家为完成全年生产任务，往往向市场投放较多的汽车，车价自然会有所下降。从经销商的角度来看，由于有些厂家实行根据销售量实施奖励的举措，在年底以超低价格销售汽车也是划算的，可以使自己的销售量跃上一个台阶。同样道理，在每个月份，最佳购车时间为月末。经销商为完成月销售计划，在价格谈判时做出一定让步也是可能的。

掌握消费者上述购车心理和习惯后，汽车销售人员可从满足顾客需求出发，推荐使顾客利益最大化的车型，进而提高汽车销售的成功率。

知识问答与技能训练

1. 分析职业、年龄、性别、受教育程度等不同的人群在汽车需求上的差异。
2. 如果你是汽车购买者，哪些因素会影响你的选择和决定？

学习任务1.9　企业基本知识

学习目标

1. 了解汽车销售企业概况；
2. 熟悉汽车销售企业目标；
3. 掌握汽车销售部门的职能；
4. 掌握汽车销售经理和销售员的岗位职责。

学习内容

1. 汽车销售企业组织结构；

2. 汽车销售企业服务内容；
3. 汽车销售企业销售策略；
4. 汽车销售部门的职能；
5. 汽车销售经理和销售员的岗位职责。

学习方法

1. 回顾管理学的有关知识；
2. 讨论胜任销售经理应具备的条件。

任务导入

你知道汽车销售企业的组织机构和主要岗位的业务职责吗？

1.9.1 企业概况

1. 经营规模

企业的经营规模包括产品经营范围、用户经营范围、市场的地理范围等。企业的经营规模不可过大或过小。过小会导致企业丧失经营发展机会，不能充分利用企业的潜能；过大会造成企业资金过于分散、财务负担过重、管理失去控制、职工方向不明、企业长期不出效益等问题，因此应追求适度规模。

2. 组织结构

企业的组织结构是指产品开发、计划、财务、生产、营销、人事等职能部门各处于什么地位及如何统一起来而形成统一的企业。按照现代市场营销观念，一切应从顾客的需要出发。

四位一体的汽车销售企业组织结构普遍实行董事会管辖下的总经理负责制，一般设置以下职能部门：销售部、业务部、市场部、客户服务部、采购部、配件部、维修部、财务部及办公室等。

(1) 销售部。主要负责品牌车辆的展示厅接待销售工作，向客户介绍车型、技术参数、购买手续等问题，协助客户购买称心的车辆。

(2) 业务部。主要负责品牌车辆的市场推销工作。展示厅接待销售是坐等顾客上门，推销则是主动出击，寻找潜在的顾客。

(3) 市场部。主要负责品牌车辆的市场调研、广告、促销活动策划、形象推广等营销工作。

(4) 客户服务部。主要负责办理“一条龙”手续，为客户提供售后验车、申领牌照等服务，负责管理客户合同、车辆档案等资料，为客户提供计算还款数据、资料查询等服务。

(5) 采购部。主要负责品牌车的采购，为客户提供选车、提车的服务。

(6) 配件部。主要负责品牌车辆的配件经营工作。

(7) 维修部。即通常所说的维修站，主要负责品牌车辆的售后维修保养工作。

(8) 财务部。主要负责财务方面的工作。

(9) 办公室。主要负责行政、管理、人事等工作。

有的公司为便于统一协调营销诸方面的工作，设营销总监分管销售部、业务部、市场部、客户服务部等。

3. 在同行业中的地位

根据各企业在市场竞争中所处地位的不同，现代市场营销理论将同一行业中的企业分为如下4种类型。

(1) 主导企业。它是指市场占有率最高的企业，在行业中处于主导地位。它在价格变动、新产品开发、分销渠道和促销力量等方面处于行业主导地位。它是市场竞争的导向者，也是其他企业挑战、效仿或回避的对象。

(2) 挑战型企业。它是指市场竞争地位仅次于主导企业，并能够经常向主导企业或其他竞争者发起挑战的企业。

(3) 仿制企业。它是指竞争地位处于挑战企业之后，一般不向其他企业发起挑战的企业。它主要跟随在主导企业之后，模仿主导企业，并从事与之类似产品的生产与服务。

(4) 特色企业。它是指那些竞争实力不强的中小企业或新企业，它一般不与骨干企业竞争，而依靠精心服务于某一细分市场，通过专业化经营占领有利的市场位置。

1.9.2　企业的销售目标及重要客户范围

企业的销售目标是指企业追求的销售业务和销售业务的发展所能达到的程度。企业的销售目标应具备以下条件。

(1) 层次化。即销售目标应按轻重缓急进行排列。

(2) 数量化。在可能的条件下，销售目标应该用数量表示。这样可以促进销售目标的制定、执行和控制的过程。

(3) 现实性。销售目标应该在分析机会和资源的基础上形成，应切实可行，而不是主观愿望的产物。

(4) 协调性。销售目标与企业的整体经营目标及销售目标内部应该协调一致。

企业在制定销售目标时，必须明确重要客户的范围。企业在对微观环境和宏观环境进行广泛的了解和对消费者与组织的市场行为有一定的了解以后，必须进一步收集具体的资料，进行正规的营销调研和信息收集。力求把市场划分为几个主要的细分市场，并分别对这些细分市场进行评价，然后选择和瞄准若干目标市场，从中确定重要客户的类型、范围及分布情况。

1.9.3 服务项目、付款条件及理赔政策

企业的服务项目泛指企业在帮助客户购买到产品的过程中所进行的所有服务性工作的类型。它应包括：产品介绍，如向客户宣传产品、推荐合适产品、帮助客户挑选产品等；简化手续，如通报银行账号，快捷确认和办理财务手续，迅速办理单据等；办理交货手续和提供周到服务，如办理交货手续、交货、为客户初期使用提供指导乃至提供客户所需要的一切生活服务等；售后服务，如为客户进行配件安装和检修，根据客户的需要提供培训及发放技术资料，按期限进行质量保修、日常维护、维修，提供技术咨询服务等。

在现代汽车营销活动中，有多种付款方式。许多大型汽车公司建立了自己的金融公司，可以便捷地为客户提供购车贷款；有的采用现金支付，多数企业都安装了POS机，便于客户在店里划卡结算；有的可采用支票方式支付。灵活多样的付款条件，有助于增强企业的竞争力。

企业的理赔政策也是十分重要的，不同企业有不同的理赔政策。例如，某汽车公司在受理客户的索赔要求后，要向生产厂家反馈客户的信息，并由厂家授权的售后服务网络来解决客户提出的问题。总部售后服务部成立赔偿鉴定科，复核赔偿的准确性，之后综合分析，向工厂各部门反馈产品的质量动态和发展趋势。

1.9.4 销售策略和销售部门职能

1. 企业的销售策略

企业的销售策略主要包括产品策略、价格策略、分销策略、促销策略等。产品策略包括品牌的选择以及产品的质量、特色、规格、型号、服务、保证等方面；价格策略包括基本价格、上牌价格、折扣、赠送精品等方面；分销策略包括分销渠道、实体分配、储存、运输等方面；促销策略包括广告、推销、营业推广、公共关系、技术服

务等方面。

2. 销售部门的作用

汽车销售部门是企业最直接的效益实现者，销售工作的成功与否直接决定企业经营的成败。企业的各项工作最终要以市场为检验标准。销售是实现企业目标至关重要的一个环节。

(1) 销售部门在公司整体营销工作中承担的核心工作是销售和服务。

(2) 销售部门是连接企业与客户的纽带，它不断进行创造性的工作，为企业带来利润，并不断满足客户的各种需要。

(3) 销售部门直接与市场和客户相联系，它可以为市场分析及定位提供依据。

(4) 销售部门通过一系列销售活动可以配合营销策略组合的实施。

(5) 通过销售成果检验营销规划，与其他营销管理部门拟定竞争性营销策略，制定新的营销规划。

3. 销售部门的职能

(1) 负责市场一线信息收集、市场调研工作，提报年度销售预测。

(2) 制订年度销售计划，进行目标分解，并负责执行。

(3) 管理、督导营销中心正常工作，使业务正常运作。

(4) 设立、管理、监督区域分支机构的正常运作。

(5) 营销网络的开拓与合理布局。

(6) 建立各级客户资料档案，保持与客户之间的双向沟通。

(7) 销售部预算控制。

(8) 研究把握汽车销售人员的需求，充分调动其积极性。

(9) 制订汽车销售人员行动计划，并予以检查控制。

(10) 配合本系统内相关部门做好推广促销活动。

(11) 按推广计划的要求进行宣传品的张贴及发放。

(12) 按企业回款制度，催收或结算货款。

4. 汽车销售经理的职责

(1) 把握市场。具体包括：①需求分析、销售预测；②销售效率分析；③趋势变动分析；④需求变动分析；⑤相关分析；⑥市场占有率调查；⑦购买动机调查；⑧失败原因分析；⑨竞争者分析；⑩情报管理。

(2) 确定销售目标。具体包括：①利润计划；②品牌组合；③市场占有率目标；④基本销售目标；⑤销售价格政策；⑥销售组合；⑦需求变动对策；⑧环境变动对策；⑨阶段性销售目标；⑩销售分配。

(3) 决定销售战略。具体包括：①品牌战略；②销售通路战略；③通路管理；

④市场细分政策；⑤人员推销及促销战略；⑥组织机构促销战略；⑦广告战略；⑧经销商的协助；⑨地区市场进攻战略；⑩企业形象管理。

(4) 编制销售计划。具体包括：①部门的方针；②部门的销售分配；③部门的销售目标、销售计划和销售预算的制定；④推销员的招聘、录用、培训与配置；⑤访问计划；⑥访问路线的确定；⑦销售地图；⑧车辆知识的运用；⑨销售基点；⑩销售用具。

(5) 制定销售战术。具体包括：①战术的独创性；②失败原因活用法；③客户抱怨分析；④POP广告；⑤潜在客户整理法；⑥吸引客户战术；⑦专案小组；⑧销售方案；⑨推销信函；⑩售前与售后服务。

(6) 善用推销人员的能力。具体包括：①产品知识；②购买心理研究；③洽谈方法；④直截了当式的谈话方法；⑤得出结论的方法；⑥客户提出反对意见时的回答方法；⑦洽谈结论；⑧处理抱怨的方法；⑨和各种客户沟通的方法；⑩角色扮演法。

(7) 培养推销人员的奋斗精神。具体包括：①适应性检查；②适才适用；③时间管理；④能力评估；⑤销售业绩评估；⑥薪资政策、报酬设计；⑦上级的领导；⑧同行推销；⑨推销竞赛；⑩彻底培养推销精神。

(8) 管理销售活动。具体包括：①销售组织的适当规模、销售队伍的组织；②职务分配；③公司内部的沟通；④团队建设、行动管理、间接人员管理；⑤销售事务；⑥销售统计；⑦销售费用的节省；⑧报表设计；⑨职务分析；⑩业务量测定。

(9) 利润计划与资金管理。具体包括：①利润目标的设定；②降低成本的目标；③利润管理；④资金周转表；⑤经营分析；⑥预算控制；⑦差异分析；⑧信用调查；⑨应收账款管理；⑩收款活动管理。

5. 销售人员的职责

(1) 完成或超额完成销售定额。

(2) 寻找客户。汽车销售人员负责寻找新客户或主要客户。

(3) 传播信息。汽车销售人员应能熟练地将公司车辆和服务的信息传递出去。

(4) 推销车辆。汽车销售人员要懂得“推销术”这门艺术，与客户接洽、向客户报价、回答客户的疑问并达成交易。

(5) 提供服务。汽车销售人员要为客户提供各种服务——对客户提出的问题给出意见，给予技术帮助，安排资金融通，加速交车。

(6) 收集信息。汽车销售人员要进行市场调查，做好资料收集工作，并认真填写访问报告。

(7) 分析销售数据，预测市场潜力，收集市场情报。

(8) 参与拟定营销战略和计划。

(9) 加速货款回笼。

知识问答与技能训练

为自己制定一个岗位目标，对照岗位职责，找出应该培养和提高的地方。

学习任务1.10 财务和税收基本知识

学习目标

1. 熟悉与汽车销售有关的财务知识；
2. 熟悉与汽车销售有关的税收知识。

学习内容

1. 财务基本知识；
2. 税收基本知识。

学习方法

1. 回顾财务会计学或税收学的有关知识；
2. 讨论财务管理的重要性；
3. 讨论纳税的意义。

任务导入

你了解财务和税收知识吗？

1.10.1　财务基本知识

1. 销售收入

汽车销售企业的收入主要有销售收入、服务收入和其他收入等。

销售是企业经营活动的一个重要环节，汽车产品的销售过程是汽车产品价值的实现过程。销售收入是企业垫支资金的回收或资金增值的实现，它是企业经营成果的货币表现。

汽车销售企业的销售收入是指企业销售汽车产品取得的收入。企业发生的销售退回、销售折让、销售折扣等，应冲减当期的销售收入。销售收入的计算公式为

销售收入=汽车产品销售量×汽车单价

汽车销售企业的服务收入是指企业提供服务取得的收入，计算公式为

服务收入=提供服务工作量×单位服务价格

汽车贸易企业的其他收入包括多种经营收入、投资收入、转让固定资产或无形资产收入、租赁收入等。

2. 总成本费用

总成本费用是企业在一定时期内为开展经营活动而花费的全部成本和费用。总成本费用由销售成本、管理费用、财务费用和销售费用组成。

汽车产品的销售成本是指经营活动中所发生的直接支出，主要是指产品的购置成本、运输成本、库存成本、销售人员工资和其他直接支出。

管理费用是指企业为管理和组织经营活动而发生的各项费用，包括管理人员工资、办公费、差旅费等。

财务费用是指企业为筹集资金而发生的各项费用，包括经营期间发生的利息净支出和其他财务费用。

销售费用是指企业为促进销售而发生的各项费用，包括广告费、展览费、促销人员工资等。

3. 利润

利润是指企业在一定时期内全部生产经营活动的最终成果。企业取得利润表明企业经营活动的耗费得到了补偿，并取得盈利。企业利润既是国家财政收入的基本来源，也是企业扩大再生产的重要资金来源。利润指标能够综合反映企业的经营水平和管理水平。

(1) 利润总额。利润总额包括销售利润和其他利润(多种经营利润、投资收益和营业外收支净额等)。

计算利润的相关公式为

利润总额=销售利润+其他利润

销售利润=销售收入−总成本费用−销售税金

企业销售净利润=销售利润×(1−企业所得税率)

(2) 资金利润率。资金利润率是企业利润总额与资本金总额的比率，用以衡量资本金的获利能力。一般要求资金利润率不小于同期存款利率，计算公式为

资金利润率=(利润总额÷资本金总额)×100%

(3) 销售收入利润率。销售收入利润率是企业利润总额与销售收入的比率，反映每百元销售收入所创造的利润。一般来说，销售收入利润率越高越好，计算公式为

销售收入利润率=(利润总额÷销售收入净额)×100%

所谓销售收入净额是指企业销售收入减去当期销售收入中扣除的项目，如折扣、折让和销售退回等。

(4) 成本费用利润率。成本费用利润率是企业的利润总额与成本费用总额的比率，它反映每百元成本费用所创造的利润。

成本费用利润率还能反映企业投入与产出之间的比例关系。一般来说，企业在一定时期内的成本费用水平越低，利润总额越高，经济效益越好，计算公式为

成本费用利润率=(利润总额÷成本费用总额)×100%

4. 销售收入、成本和利润的关系

汽车销售企业为了生产经营而支出的成本包括固定成本和变动成本。固定成本是企业为了兴建符合厂家要求的汽车展厅、获得某品牌车辆的经营权、购置仪器设备和办公设备等发生的支出，其数额的大小并不随汽车销售量的增减而增减。为了维持经营，企业还要不断支出变动成本，如车辆的购置成本、销售人员工资、促销费用等，这些成本项目的数额大小随汽车销售量的增减而增减，即销售量越大，变动成本越高。在销售价格一定的情况下，销售收入也随汽车销售量的增减而增减。

在不考虑增值税或营业税、企业所得税等税金上缴因素的情况下，总成本、销售量、销售利润三者之间存在相互依存的关系，即

销售利润=销售收入-总成本
=销售收入-(固定成本+变动成本)
=销售价格×销售量-固定成本-单位成本×销售量
=(销售价格－单位成本)×销售量-固定成本

销售量、成本、利润之间的关系如图1-42所示。

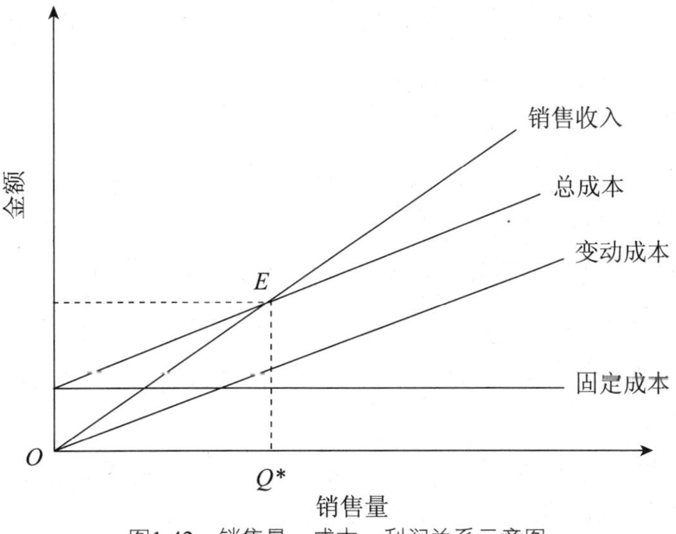

图1-42　销售量、成本、利润关系示意图

从销售利润的计算公式和销售量、成本、利润关系示意图可以看出，为了弥补支出的固定成本和变动成本，企业的销售量达到一定的临界数量即Q^*点时，企业的经营活动不亏不赚；销售量不足Q^*时，企业为亏损状态；销售量超过Q^*时，企业才能获得销售利润。可见，扩大销售量是企业获得销售利润的源泉。

1.10.2 税收基本知识

1. 税收的概念和特征

(1) 税收的概念。税收是指国家为了实现其职能，凭借其政治权力，依法参与单位和个人的财富分配，强制、无偿地取得财政收入的一种形式。

税收的概念可以从以下几个方面理解：

① 征税的目的是履行国家公共职能；

② 国家征税凭借的是其政治权力；

③ 税收属于分配范畴。

税收是政府取得财政收入的基本来源，财政收入又是维持国家机关正常运转的经济基础。

(2) 税收的特征，主要有以下三个。

① 强制性。《中华人民共和国宪法》明确规定，我国公民“有依法纳税的义务”。

② 无偿性。国家征税后税款为国家所有，不存在对纳税人的偿还问题。

③ 固定性。课税对象及每一单位课税对象的征收比例或征收数额是相对固定的，而且是以法律形式事先规定的，只能按预定标准征收，不能无限度地征收。

税收的三个特征相互联系、相辅相成、密不可分，其中，无偿性是核心，强制性是基本保障。

2. 税制要素

(1) 纳税人。纳税人是纳税义务人的简称，即纳税主体，是税法规定的直接负有纳税义务的单位和个人，是税款的直接承担者。

(2) 征税对象。征税对象又称课税对象或征税客体，是指对什么东西征税，即国家征税的标的物。每一种税一般都有其特定的征税对象。征税对象是一种税区别于另一种税的主要标志，每一种税的名称的由来以及各种税在性质上的差别，也主要取决于不同的征税对象。

(3) 税率。税率是应纳税额与征税对象之间的数量关系或比例关系，是计算税额的尺度，反映了征税的深度。在征税对象数额已定的情况下，税率的高低决定了税额的多少。我国税率分为三种，即比例税率、累进税率和定额税率。

① 比例税率是对同一征税对象，不论数额多少，按照所属税目，都按同一比例征税。这种税率在税额和征税对象之间的比例是固定的。

② 累进税率是按照征税对象的数额大小或比率高低，划分为若干等级，每个等级由低到高规定相应的税率。税率与征税对象数额或比率成正比，征税对象数额大、比率高，则税率高；反之，税率就低。

③ 定额税率是按征税对象的一定计量单位直接规定一定数量的税额，而不是征收比例。定额税率一般只适用于从量计征的某些税种。

(4) 纳税环节。纳税环节是指处于运动之中的征税对象选定的应该缴纳税款的环节，一般是指在商品流转过程中应该缴纳税款的环节。

(5) 纳税期限。纳税期限是纳税人发生纳税义务后，向国家缴纳税款的间隔时间。各种税款都需要明确规定缴纳税款的期限，这是由税收的固定性决定的，也是税收收入及时性的体现。

(6) 减免税。减免税是对某些纳税人或征税对象给予鼓励和照顾的一种特殊规定。减税是指对应纳税额少征一部分税款，免税是指对应纳税额全部免征。

(7) 违章处理。违章处理是指税务机关对纳税人违反税法的行为采取的处罚性措施。

3. 税收的种类

我国现行使用的税种有：增值税、消费税、营业税、资源税、外商投资企业和外国企业所得税、企业所得税、个人所得税、固定资产投资方向调节税、城市维护建设税、城镇土地使用税、房地产税、车船使用税、印花税、土地增值税、契税、关税等。

与汽车工业、汽车贸易、汽车使用、汽车服务等有关的税种有增值税、消费税、营业税、关税、车船使用税、印花税、车辆购置税、所得税等。

(1) 增值税。增值税是对从事销售货物或者提供加工、修理修配劳务以及从事进口货物的单位和个人所取得的增值额为课税对象征收的一种税。

① 增值税具有如下几个特点。

a. 不重复征税，具有中性税收的特征。增值税具有中性税收的特征，是因为增值税只对货物或劳务销售额中没有征过税的那部分增值额征税，对销售额中属于转移过来的、以前环节已征过税的那部分销售额则不再征税，从而有效排除了重叠征税因素。

b. 逐环节征税，逐环节扣税，最终消费者是全部税款的承担者。

c. 税基广阔，具有征收的普遍性和连续性。无论是从横向看还是从纵向看，增值税都有广阔的税基。从生产经营的横向关系看，无论工业、商业还是劳务、服务活动，只要有增值收入就要纳税。

② 增值税的征税范围包括以下几方面。

a. 销售或者进口货物。这里所说的货物是指有形动产，包括电力、热力、气体在内。它不包括销售不动产(如土地、房屋及其他建筑物)和转让无形资产(如专利、商标权等)，此类行为属于营业税范畴。

b. 提供加工、修理修配劳务。这里所说的加工，是指受托加工货物，即委托方提供原料及主要材料，受托方按照委托方的要求制造货物并收取加工费的业务；而修理修配，是指受托对损伤和丧失功能的货物进行修复，使其恢复原状和功能的业务。其他劳务为增值税非应税劳务，属于营业税范畴应税劳务。

一般纳税人销售或进口货物、提供应税劳务适用17%的税率计征增值税。

对于进口汽车，需缴纳的增值税税额的计算公式为

增值税=(到岸价格+关税+消费税)×增值税税率

(2) 消费税。消费税是对我国境内从事生产、委托加工和进口应税消费品的单位和个人，就其销售额或销售数量，在特定环节征收的一种税。简单地说，消费税是对特定的消费品或消费行为征收的一种税。

消费税的立法精神是体现消费政策，调整产业结构；正确引导消费，抑制超前消费；稳定财政收入，保持原有负担；调节支付能力，缓解分配不公。

小轿车、越野车和小客车(包括微型厢式车)、汽车轮胎、汽油和柴油等，属于消费税的征收范围。

2016年消费税税目税率表(节选)如表1-5所示。

表1-5 2016年消费税税目税率表 (节选)

税目	税率
六、成品油	
1. 汽油	
(1) 含铅汽油	1.52元/升
(2) 无铅汽油	1.52元/升
2. 柴油	1.20元/升
3. 航空煤油	1.20元/升
八、小汽车	
1. 乘用车	
(1) 气缸容量(排气量，下同)在1.0升(含1.0升)以下的	1%
(2) 气缸容量在1.0升以上至1.5升(含1.5升)的	3%
(3) 气缸容量在1.5升以上至2.0升(含2.0升)的	5%
(4) 气缸容量在2.0升以上至2.5升(含2.5升)的	9%

(续表)

税目	税率
(5) 气缸容量在2.5升以上至3.0升(含3.0升)的	12%
(6) 气缸容量在3.0升以上至4.0升(含4.0升)的	25%
(7) 气缸容量在4.0升以上的	40%
2. 中轻型商用客车	5%

以汽油为例，每购买1升汽油，需缴纳1.52元的消费税。假设某天95号汽油的价格是每升6.88元，其中的1.52元是石油公司每销售1升汽油而代为征收的消费税。

对于国产汽车，消费税在生产环节征收，厂家要把税负转嫁给销售商，最终消费税是由消费者承担的。例如，某款汽车的排气量为1.6升，出厂价格为8万元，根据税率表计算需缴纳的消费税为：80 000元×5%=4 000元，即销售商的进货价格至少是8.4万元。

对于进口汽车，消费税在入关环节征收。2016年11月30日，财政部、国家税务总局联合发布《关于调整小汽车进口环节消费税的通知》(财关税〔2016〕63号)(以下简称《通知》)，为了引导合理消费，调节收入分配，促进节能减排，经国务院批准，对小汽车进口环节消费税进行调整。《通知》指出，自2016年12月1日起，对超豪华小汽车，即每辆零售价格130万元(不含增值税)及以上的乘用车和中轻型商用客车加征10%的消费税。

进口汽车的价格比较高，最主要的原因是进口环节征收的税金比较高。从国外进口汽车的销售价格主要由5部分构成，即到岸价格(也称为裸车价格或报关价格)、关税、消费税、增值税和经销商费用(包括车辆运输费用、报商检的费用、集港仓储费用、许可证费用、经销商利润等)。

一般进口车的完税价格计算公式为

进口车完税价格=到岸价格+关税+消费税+增值税+经销商费用

关税=到岸价格×关税税率

消费税=(到岸价格+关税)÷(1−消费税税率)×消费税税率

增值税=(到岸价格+关税+消费税)×增值税税率

例如：进口宝马X6汽车(排量为4.4升)一辆，到岸价格为50万元。关税的税率为25%，消费税税率为40%，增值税税率为17%，如果不计经销商的费用，这辆汽车的关税、消费税、增值税和最终的税后价格分别为

关税=50×25%=12.5(万元)

消费税=(50+12.5)÷(1−40%)×40%=15(万元)=41.666 7(万元)

增值税=(50+12.5+41.666 7)×17%=17.708 3(万元)

销售价格=50+12.5+41.666 7+17.708 3=121.875(万元)

(3) 企业所得税。企业所得税是对我国内资企业和经营单位的生产经营所得和其他所得征收的一种税。企业所得税的征税对象是纳税人取得的所得，包括销售货物所得、提供劳务所得、转让财产所得、股息红利所得、利息所得、租金所得、特许权使用费所得、接受捐赠所得和其他所得。

现行《中华人民共和国企业所得税法》规定："在中华人民共和国境内，企业和其他取得收入的组织(以下统称企业)为企业所得税的纳税人，依照本法的规定缴纳企业所得税。"

企业所得税的税率为25%，计算公式为

企业应纳所得税额=当期应纳税所得额×适用税率

应纳税所得额=收入总额-准予扣除项目金额

扣除项目主要包括以下内容：利息支出、计税工资、职工福利费、工会经费和职工教育经费、捐赠、业务招待费、职工养老基金和待业保险基金、残疾人保障基金、财产、运输保险费、固定资产的租赁费、坏账准备金、呆账准备金、转让固定资产支出、固定资产、流动资产盘亏、毁损、报废净损失、总机构管理费、国债利息收入、各种财政补贴收入、减免或返还的流转税、亏损弥补等。

(4) 个人所得税。个人所得税是调整征税机关与自然人(居民、非居民人)之间在个人所得税的征纳与管理过程中所发生的社会关系的法律规范的总称。凡在中国境内有住所，或者无住所而在中国境内居住满一年的个人，从中国境内和境外取得所得的，以及在中国境内无住所又不居住或者无住所而在境内居住不满一年的个人，从中国境内取得所得的，均为个人所得税的纳税人，计算公式为

应纳个人所得税税额= 应纳税所得额×适用税率-速算扣除数

应纳税所得额=扣除三险一金后的月收入-扣除标准

2011年9月1日起，中国内地个税计算7级标准见表1-6，个税扣除最低标准为3 500元/月。

表1-6　个人所得税税率表

全月应纳税所得额	税率	速算扣除数/元
全月应纳税额不超过1 500元	3%	0
全月应纳税额超过1 500元至4 500元	10%	105
全月应纳税额超过4 500元至9 000元	20%	555
全月应纳税额超过9 000元至35 000元	25%	1 005

(续表)

全月应纳税所得额	税率	速算扣除数/元
全月应纳税额超过35 000元至55 000元	30%	2 755
全月应纳税额超过55 000元至80 000元	35%	5 505
全月应纳税额超过80 000元	45%	13 505

关于车辆购置税和车船使用税的知识及缴纳方法，将在后面的内容中介绍。

知识问答与技能训练

1. 根据表1-7，分析汽车销售收入的变化情况。

表1-7　汽车销售数量表

车型	2008年		2009年	
	价格/万元	销售量/辆	价格/万元	销售量/辆
A	3.5	400	3.0	600
B	5.5	200	5.0	300
C	8.5	100	8.0	200

2. 某人2011年12月份的工资为5 000元，年度奖金为1 200元，请计算此人2011年12月应缴纳个人所得税的数额。

3. 某汽车售后服务部门拥有的维修设施和设备价值20万元，使用期限5年。该部门平均每月保养和维修的车辆为100辆，平均每辆车的服务价格为200元，单位成本为100元，请计算该部门每月维修服务的利润。由于市场需求的变化，单位服务成本已经提高到150元，如果服务价格不变，要想使经营利润也能维持原来水平，接受服务的车辆至少为多少辆？维修车辆为多少辆的时候该部门不亏不盈利？

销售

第2单元

汽车销售活动

学习任务2.1　接待顾客

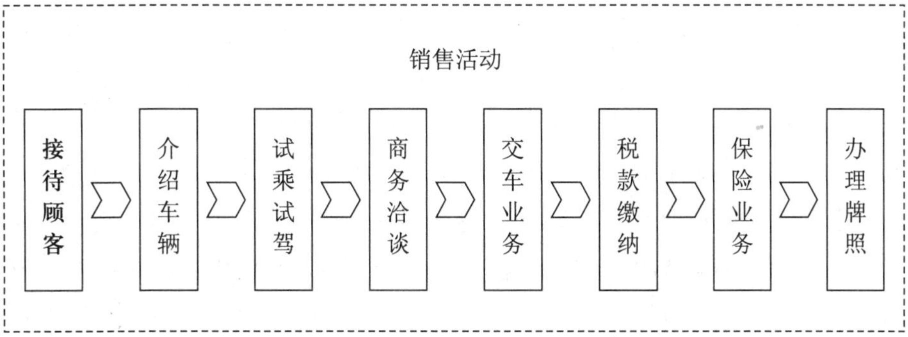

学习目标

1. 掌握汽车销售接待的礼仪；
2. 掌握汽车销售接待的工作标准。

学习内容

1. 电话接听礼仪；
2. 汽车销售接待的方法；
3. 与顾客交谈的方法。

学习方法

1. 情境式学习；
2. 模拟练习业务流程。

任务导入

你知道如何接待顾客吗？接待顾客应注意哪些礼仪？

适当的销售接待可以给顾客留下良好的第一印象。通常情况下，顾客对购买汽车的过程都有一个先入为主的负面想法，而专业人员周到、礼貌的接待将会消除顾客消极的思想情绪，并为顾客带来愉快、满意的购买经历。

销售接待工作应注意以下4点：第一，通过展厅的布置、标语的安排、人员接待的礼貌和热情等方面，向顾客传达这样一个信息——公司欢迎顾客的惠顾；第二，给顾客留下一个深刻的印象，让顾客留意和回味公司的专业化、高品质服务；第三，增加顾客对产品和服务的信心；第四，销售人员运用与顾客沟通的技巧给顾客留下良好的第一印象。

2.1.1 电话接听礼仪

销售人员必须在电话铃响三声内接听电话。接听时应用左手接听电话，并且热情、清晰而又精神饱满地说：“您好，这里是××汽车4S店。”在接听移动电话时应说：“您好，我是×××，××汽车4S店销售顾问。”与顾客进行电话沟通时，应边听边记。电话挂断后，将接听内容和顾客信息进行归纳并填写“顾客来电登记表”。销售人员应按如下要求接听电话。

(1) 重复电话主要内容，再做确认。

(2) 感谢顾客来电。在感谢顾客给专营店来电和说“再见”之前，询问顾客是否还有其他要求。

(3) 如接听固定电话，则应再次明确告知专营店的名称和自己的姓名，并感谢顾客来电。要等对方挂断电话后再挂电话。

(4) 以礼貌和热情的态度帮助顾客明确需求，如果是电话找人，则提示对方稍等，迅速将电话转给他要找的人；或者告诉顾客他的电话将被转接，并告知他要转接电话人的姓名；或者向被转接者说明顾客的需求，以节省顾客的时间，使其不必再重复说过的话。

(5) 如果被访者正忙，可询问顾客是否愿意等一下，但不能让顾客等待的时间超过10秒钟；一旦超过10秒钟，应及时将电话转回来向顾客说明，并询问他是否可以再等一等。因为超过10秒钟的等待，容易让顾客产生烦躁难耐的心情。

(6) 如果被访者不在，应询问顾客如何给他回电话。若被访者在附近则用手遮住话筒，再请被访者前来接听。

(7) 如果顾客来电询问相关事宜，则在回答顾客询问前先问：“请问先生(小姐)贵姓?”必要时重述来电者问题以示尊重，并做确认。若一时无法回答顾客询问的问题，则请顾客稍等，向同事问清答案后再回答，或请同事代为回答。

(8) 顾客咨询车的价格、配置等相关技术问题时，一定要非常流利、专业地给予回答。电话报价时，应遵循你所代理品牌的汽车公司所规定的报价，其他费用明细也应报得非常准确。

(9) 如顾客来电是为了咨询售后服务，回答应尽可能准确、明确，帮助顾客解决问题；一时解决不了的，应让顾客留下联系电话，并马上交给售后服务部负责跟进。同时，销售人员应在“来电顾客登记表”上注明相关内容。如果顾客来电的目的是咨询二手车的相关事宜，则转请负责二手车业务的人员按照有关二手车销售的规定来回答。

(10) 应主动邀请顾客来专营店参观、看车或参加试乘试驾活动，并尽可能地留下顾客姓氏和联系方式，但不要强求。挂电话前，要再一次感谢顾客来电。

2.1.2　接待上门的顾客

1. 迎接顾客的方式

销售人员应随时注意新进入展厅的顾客。顾客一进门口，展厅销售人员要面带微笑、双眼注视顾客、稍稍鞠躬，并说“欢迎光临”。若是两人以上同行，则不可忽视对其他人的照顾。顾客经过任何工作人员旁边时，工作人员即使忙于其他工作，也应面带微笑点头致意。销售人员要马上微笑前迎并说：“先生(小姐)您好，来看车吗?”一边递上名片一边自我介绍说：“我是×××，您先看着，如果有事我就在您的附近，随叫随到。”然后应离开顾客。

若顾客不需要销售人员陪同，那就让顾客轻松自在地活动，但销售人员仍应随时注意观察顾客的动态。比如，顾客在看什么、顾客关心什么、顾客在意什么，以便及时调整自己的销售方案；若发现顾客有疑问或有需要服务的迹象，要立即上前服务，最好将顾客引入洽谈区坐下。

若同时有两三批人来看车，要及时请求支援，不可以让任何人受到冷落。若有儿童随行，则接待人员或其他销售人员应负责招待。若儿童愿意到儿童游乐区玩耍，则引导他们前往，并保证儿童的安全。

2. 顾客看车时的应对

销售人员要观察顾客围着汽车看什么，是看车头，还是看驾驶座旁的仪表盘。只有了解顾客关心、重视的东西，才能在脑子里准备好应对策略。顾客都喜欢货比三家，也许他来这里之前，已经去过其他的店。他这个时候进来，可能只是进行一些细节上的比较。销售人员观察到这种现象之后，就可以有的放矢地准备营销策略了。

销售人员观察顾客的行为，了解顾客喜欢什么、关心什么，不仅便于直接进入主题，而且顾客会认为销售人员十分专业，从而赢得顾客的信任。对于一般顾客来讲，汽车是一种很复杂的产品，由很多部件构成，涉及很多专业知识。他买车只是为了使用，可能对保养、维修常识一窍不通。此时他与你接触后如发现你是这方面的专家，从心理的角度来说，顾客会信服你一大半，他认为你对他是有用的，以后的服务交给你是可以放心的。“我在你这儿买的车，我就找你”，很多顾客都是这样的心理状态。

现在的问题是，顾客在销售人员这里买的东西，销售人员却不能负责。因为销售人员不懂专业，不懂维修，不懂技术，顾客的维修保养事务还得去找售后服务，这中间又隔了一层，这就会使顾客的购买欲望大打折扣。所以，销售人员的专业化对于赢得顾客的信任是非常关键的。

在接待顾客的过程中，针对不同的情况，要区别对待。

(1) 不是本店的已有顾客来店寻求帮助时，销售人员要表示关心，请顾客坐下，递上茶水等饮料，问清楚车况、事发地点及可能发生故障的原因，并且马上通知相关服务人员前来处理，让顾客感觉到你真心诚意地愿意帮助他。

(2) 当确认顾客来店的目的不是买车而是要求和专营店的某些人谈话时，应先请顾客在顾客休息区坐下，然后马上通知被访者会客。期间可奉上茶水并说：“先生(小姐)请用茶，请稍等一下，×××马上就来。”还应一直陪同顾客，直至证实他可以得到适当的帮助为止。如被访者不在，可以说：“×××刚好外出，请您先坐一下，我们马上帮您联络。”请顾客在顾客休息区坐下后，马上联络被访者。同时奉上茶水说：“先生(小姐)请用茶，我们正在帮您联络他。”还应询问顾客有无其他需求，并且根据情况主动关心并提供服务。若无法联系被访者，且其他销售人员也无法为其服务，则请客人留下姓名、电话及来访目的之后，再请被访者尽快和他联系；或写下被访人的移动电话号码，请顾客直接与被访人联系。此时应感谢顾客的光临，请求谅解，并表示今后如有需要，将再提供帮助。

(3) 当确认顾客来店的目的是看看某款车，并且只是想一个人看看时，首先应感谢顾客的光临，递上你的名片以便提供进一步帮助。然后让顾客自己随意浏览参观，销售人员行注目礼，随时准备与顾客交流。还应适当时递上茶水，并说：“先生(小姐)请用茶。”应尽可能让顾客留下联系资料，但不可强求。

(4) 当确认顾客来店是想看看某款车并需要帮助时，问清楚顾客需要解决什么问题，并重复一遍顾客所说内容，请顾客确认你对他的来访目的的理解是否正确。在适当时机递上茶水，并说：“先生(小姐)请用茶。”同时，向顾客递上你的名片。如果顾客有疑问时可给予解答，如果顾客愿意继续往下交谈，在已明确顾客意向程度的基础上，可以借此机会再向他提一些问题，以便更好地了解他的购买动机。

(5) 当确认顾客来店是因为看中某款车型，而且购买意向较强，但展厅暂时没有摆放时，应向顾客说明原因，如需要提前订购、销售很好车型紧缺、新车正在运输途中等，既能表达该车型很畅销的信息，也能说明公司可以为决定购买的顾客提供紧急调车等特殊服务。在这种情况下，销售人员可根据掌握的新车采购计划，和顾客另行约定看车时间。如果顾客对未展示的车辆表现得不是非常急迫，销售人员可以向顾客介绍其他款型的车辆。

无论来访的顾客是否表示购车意向，在顾客离开展厅时，销售人员都应该递交自己的名片，送顾客到门外，并说："有需要帮助的时候请来电，欢迎您下次光临，请慢走。"并目送顾客离去。回到展厅后，应及时整理、分析并将有关资料记录到"来店顾客信息表"中。

2.1.3　汽车销售接待礼仪

汽车产品的销售不同于其他产品的销售，汽车产品的销售更讲究专业的商务礼仪，要求销售人员的外部形象、行为和语言等与所销售的汽车产品相得益彰。

礼仪是仪容、举止、表情、服饰、谈吐、待人接物等方面约定俗成的行为规范。礼仪的原则有敬人的原则、自律的原则与适度的原则。礼仪的特征有规范性、可操作性、民族性和时代性。

在汽车销售过程中，销售礼仪是销售过程中很重要的一部分，它不仅关系汽车的销售量，并直接影响销售人员的形象建立、经销商的形象建立，乃至所代理的汽车品牌形象的建立。销售礼仪贯穿销售过程中的各个环节，每个小细节都将影响顾客对销售人员的印象。

在汽车销售活动中，对销售人员礼仪方面的基本要求包括以下几点。

1. 着装规范

汽车销售人员在工作时间内必须穿着统一的企业工作服装。由于销售人员的工作环境主要在销售展厅内，几乎所有的汽车销售企业的销售人员的工作服装在春、秋、冬季都是西装，夏季是长袖衬衣。穿着西装时应该注意以下几点。

(1) 西装的上衣一般有两个扣或三个扣，最下边的扣子不要系上，这是穿着西装的惯例。

(2) 穿着西装必须穿带领的长袖衬衣，同时佩戴领带，必须穿皮鞋，颜色搭配上不要反差太大，袜子也应该是深色，这是穿着搭配的基本要求。西装领要比衬衣领低一些，袖子也要比衬衣袖短一些，衬衣领的扣子要扣好。

(3) 衣服一定要平顺，不要有褶皱。衣服口袋里也不要装东西，口袋盖不要局部或全部塞在口袋里。衣服和皮鞋一定要整洁，不要有灰尘和污渍。

(4) 销售人员的名牌应端正地别在左上口袋口的下缘位置。

2. 站姿和坐姿

对站立的要求：正面看“头正、肩平、身直”；侧面看“含颌、挺胸、收腹、直腿”。对于男性，要体现男性的刚健、潇洒、英武、强壮的风采，要力求给人一种“劲”的壮美感；双手相握、叠放于腹前，或者相握于身后；双脚可以叉开，与肩同宽。对于女性，要表现女性轻盈、妩媚、典雅、娴静的韵味，要努力给人一种“静”的优美感；双手相握或叠放于腹前，双脚可以稍许叉开。

坐立的姿势要求：在请顾客坐下后，销售人员一般从椅子的左侧入座，坐在椅面的前1/3，挺直端正，不要前倾或后仰，双手舒展或轻握于膝盖上，双脚平行，间隔一个拳头的距离，大腿与小腿呈直角。如坐在深而软的沙发上，应坐在沙发前端，不要仰靠沙发。对于男性，忌讳跷二郎腿、随意脱鞋，把脚放到自己的桌椅上或架到别人桌椅上。对于女性，一般容易出现的问题是坐姿不规范，坐时双脚应交叉或并拢，双手轻放于膝盖上，嘴微闭，面带微笑。

3. 行走的姿势

对于男性，应抬头挺胸、步履稳健、坚定自信，避免走八字步。

对于女性，应背部挺直，双脚平行前进，步履轻柔自然，避免做作。

4. 视线

销售人员在与顾客沟通时，两眼的视线落在对方的鼻间，偶尔也可以注视对方的双眼。恳请对方时，应注视对方的双眼。为表示对顾客的尊重和重视，切忌斜视或环顾他人他物，避免让顾客感到销售人员心不在焉。此外，根据与顾客的熟识程度，可以按“生客看大三角，熟客看小三角，不生不熟看倒三角”的法则来把握自己与顾客的视线交流。

所谓“大三角”，就是以眉心为顶点，以两肩为底边构成的三角形；所谓“小三角”，即以眉心为顶点，以下巴为底边构成的三角形；所谓“倒三角”，即以眉毛为底边，以鼻尖为顶点构成的三角形。

5. 指引

需要用手指引某样物品或指引顾客时，食指以下应靠拢，拇指向内侧轻轻弯曲，指示方向。

6. 握手

握手时要保持手的清洁、干燥和温暖，要注意先问候再握手。伸出右手时，手掌应呈垂直状态，五指并用，与对方握手的时间不超过3秒，切记不要用左手握手。在与多人握手时，遵循先尊后卑、先长后幼、先女后男的原则，按顺序握手，不可越过其他人用正在相握的手去同另外一个人握手；不能戴手套握手或握完手后擦手；握手时眼光应平视对方，不能左顾右盼；握手时用力要适度，切忌手脏、手湿、手凉和用力过大。与女性握手时用力要轻、时间要短，不可长时间握住女性的手；握手时掌心应向上，以示谦虚和尊重，切忌掌心向下。为了表示对顾客的格外尊重和亲密，可以双手与对方握手。

7. 鞠躬

在与顾客交错而过时，销售人员应面带微笑，行15°鞠躬礼；接送顾客时，应行30°鞠躬礼；如果是初次见面或为了感谢顾客，应行45°鞠躬礼。

8. 适度的商谈距离

不论是面对顾客站立交谈还是坐下沟通，相互之间应保持一定的距离，一般以0.5～1.5米为宜。如果太近，容易给顾客造成压力；如果太远，又会让顾客感到不受重视，即要讲究距离有度。

9. 接待及时

当发现顾客走进展厅时，离顾客最近的那位销售人员在5秒钟之内必须向走过来的顾客主动打招呼：“先生您好，欢迎光临！”当其他销售人员发现顾客走近3米远的距离时应及时向顾客打招呼，虽然第一个销售人员已经向顾客打过招呼，但当顾客绕车观察时，离顾客最近的那位销售人员还应该与顾客打第二次、第三次招呼，只要顾客从销售人员面前经过就要与之打招呼。在销售现场，当顾客以任何方式提出问题时，销售人员要迅速应答，回答要准确、精练、干脆，不拖泥带水，以获得顾客的好感。

10. 避免不良的行为习惯

人们都有一些自己容易忽略的、细小的、不规范的动作和行为。例如，当着顾客的面搔痒、挖鼻孔、修剪指甲、玩弄头发或用手指梳理头发，手指不停地在桌面或椅面上敲打，不论站立还是坐下脚都在不停地抖动，舌头在嘴里乱动，坐立不安等。由于这些细小的动作是习惯动作，销售人员自己很难意识到有这样的行为发生，但对于顾客来讲，尤其是比较注重细节和挑剔的顾客，他们无法忍受这样的情况发生。所以有的时候，销售人员会发现顾客莫名其妙地发生情绪变化，弄不明白为什么刚才谈得好好的，突然之间就改变了主意。如果遇到这样的情况，销售人员就要仔细反思一下自己的行为细节是否有让顾客不满和不能容忍的地方。要改掉这些小毛病，可以让自己的同事随时提醒，以便及时纠正。

2.1.4 销售接待的交谈要求

交谈是人际交流的主要方式，在汽车销售中占有重要位置。交谈能体现人的修养，销售人员认真学习和掌握交谈技巧是非常必要的。

1. 态度真诚

正确的交谈，谈话态度应真挚、平易、稳重、热情。彼此的信任是交谈的基础，只有真诚待人，才能换取对方的信任，唤起对方的好感，使对方乐意与你交谈，促使交谈获得成功。

在自己讲话时，要给别人发表意见的机会；在别人说话时，也应适时发表个人的看法。要善于聆听对方谈话，不能轻易打断别人的发言。一般不提与谈话内容无关的问题，如对方谈到一些不便谈论的问题，对此不宜轻易表态，可灵活地转移话题。

不要随便插入别人的谈话。别人在与他人谈话时，不要凑前旁听。当你欲与某人讲话时，应待别人讲完后，再与之交谈。有人主动与你交谈，应乐于接受。在与众多人交谈时，不应只与其中一两位交谈，冷落他人，要不时地向其他人打招呼，以示周全的礼仪，切不可目无他人。

2. 谦恭适度

诚意是交往的前提，推心置腹、以诚相见的态度会使人感到和谐、融洽、亲切。而要做到谦恭适度，首先，要把自己摆在与对方平等的位置，把互相交流切磋作为目的，而不是满口客套，假意应酬，更不是曲意逢迎，吹牛拍马；其次，要老老实实，虚心讨教，但不应过分谦卑，也不应自以为是，更不应言过其实。

谈话要心平气和，不要态度傲慢、趾高气扬地与人交谈。对一些问题如有不同看法，即便发生分歧，不得已争执起来，也不要大声斥责对方，可以转移话题避开话锋，先谈其他问题。

交谈是双边或多边活动，不应旁若无人地只顾自己高谈阔论，搞“一言堂”；而应学会“抛砖引玉”，让对方畅所欲言。特别是与一些晚辈或学识水平不如自己的人交谈时，更应注意这一点。

3. 精神专注

在与别人交谈时，表情要自然，语气要和蔼亲切，精神要专注，不要东张西望。专注是对人尊重的一种表示，会有助于对方更好地表达。双方交谈的情趣主要体现在交谈内容和双方的表情上，如果一方能精力集中地听，那么，对方就会津津有味地讲；如果一方表现得心不在焉，就会影响对方谈话的兴致。

交谈时，有人习惯做小动作，这会让对方感到缺乏修养。在交谈过程中可以适当地做一些手势，但动作不宜过大，不要手舞足蹈，更不要用手指着对方讲话。与对方交谈的位置要适度，不能离对方太远，导致对方听不清你说些什么；但也不要离得太近，还要注意口腔卫生，对着别人说话时，不能唾沫四溅。

4. 保持热情

交谈中表示热情的方式有两种：一种是讲话的内容选择，要多谈对方关心、对对方有益的内容；另一种是表情和举止行为，表情要保持自然亲切，举止行为要适度得体。如果有足够的热情，就会激发对方的谈话兴致；否则，如果表情漠然，对方就会很快失去谈话的兴趣，一些该讲的话也不想讲了。谈话结束时，不能不告而别。如果是与多人交谈，结束后应一一告辞。告辞语应简洁，尽可能用高度概括性的语言，不要把说过的话再重复一遍，更不要在结束时又提出新的话题。

5. 内容适宜

一般来说，任何交谈的内容都应是健康的、有益的。如果没有特别需要，谈话内容不要涉及疾病、死亡等不愉快的事情；不谈那些荒诞离奇、耸人听闻的事情；不要贸然询问对方履历、工资收入、家庭财产等方面的问题；一般不询问女士的年龄、婚姻状况、家庭状况、衣饰价格等私人生活方面的问题。根据不同的谈话对象，选择适宜的话题，对方不愿回答的问题不要追问，要避开可能使对方难堪的话题。不经意碰到对方反感的问题时，应表示歉意后即刻转移话题。谈话中不随便道人长短、散布“小道消息”，更不应搬弄是非、制造事端。

6. 语言得体

首先，交谈的语言要简洁明了、用语准确，要说明的意思需明白无误地表达出来，不要含糊其辞或者啰哩啰嗦，以免对方不得要领。其次，交谈的语言要文雅礼貌，不带口头语，不带脏字。最后，交谈的语言应注意分寸，力求委婉、含蓄地表达出来，不要讲过头的话，不要讲易引起对方不愉快的话。

知识问答与技能训练

1. 练习接听电话。
2. 按汽车销售顾问的工作标准练习着装、站、坐、行、问候等。
3. 练习迎接顾客，练习与顾客交谈。

学习任务2.2 介绍车辆

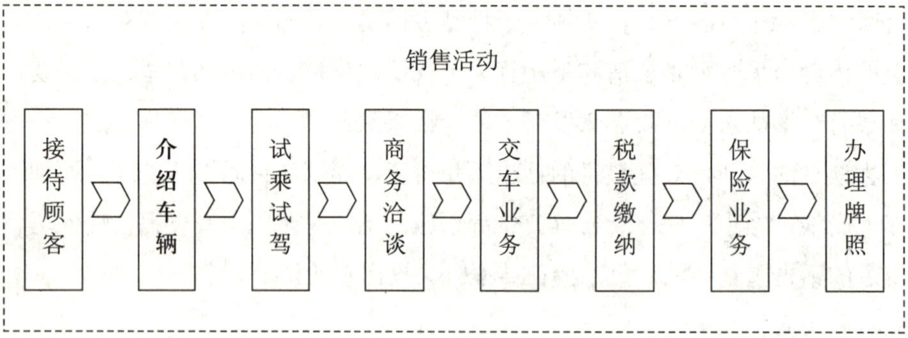

学习目标

1. 掌握汽车展示的工作标准；
2. 掌握汽车推介方法。

学习内容

1. 车辆展示的工作标准；
2. 汽车推介方法。

学习方法

1. 情境式学习；
2. 模拟练习业务流程。

任务导入

你知道推介汽车的方法和流程吗？

2.2.1 汽车展示方法

车辆展示是销售人员针对展示的车辆通过讲解与示范帮助顾客全面了解产品，进而使顾客产生购买欲望的过程。车辆展示的目的是使顾客对车辆性能有更直接的感性认识，进一步增强顾客的购买欲望并体现其安全、高质量的品牌内涵。

1. 汽车展示注意事项

车辆展示要为顾客的参观与操作提供方便，一般应注意以下几点。

(1) 注意车辆的颜色搭配。展示区域的车辆不能只有一种颜色，几种颜色搭配的效果会更好一些。

(2) 注意车辆的型号搭配。同一个品牌的车，可能有不同的系列。即便是同一系列车型的车辆，也包括基本型和豪华型等，价格有高有低、排量有大有小，要求不同型号的车都应搭配展示。

(3) 注意车辆的摆放角度。应让客户感觉错落有致，而不是凌乱无序。

(4) 注意重点车型的摆放位置。重点车型是销售亮点，要把它们放在合适醒目的位置。特别是旗舰车型，一定要突出它的位置。可以把一些特别需要展示的车辆停放在展示大厅的中心位置，其他车型根据颜色、款型的特点进行合理布置，既要突出重点，又要考虑顾客需求的多样性。

(5) 注意突显产品特色。这是体现产品差异化、提高竞争力、使客户加深印象的重要手段。

2. 展示车辆的标准

(1) 展车要全面清洁卫生，无手纹，无水痕(包括发动机室、排气管、车身、车门、门缝、玻璃、门拉手、前脸等部位)。车辆油漆的光洁度要非常高，车门把手都是镀铬的，很亮，手一触摸便会留下指纹。所以，销售人员在展厅里面要随时随地地按照规范保持车辆的清洁度。水迹也是不允许存在的，特别是车辆夹缝里的水迹尤其要注意擦干净。

(2) 车辆要保持一尘不染，打开引擎盖以后，视线可及范围内不允许有灰尘。

(3) 轮毂中间的LOGO(车标牌)应与地面成水平状态。

(4) 轮胎导水槽内要保持清洁、无异物。因为车是从外面开进展厅的，难免会在导水槽里面卡住一些石子等，这些东西都要去掉，还要清洗干净。

(5) 前排座椅调整到适当的距离，而且前排两个座位从侧面看必须是一致的，不能一个在前、一个在后；不能一个靠背倾斜的角度大一些，一个靠背倾斜的角度小一些。而且座位与方向盘也要保持适当的距离，以方便客户进出。两者距离太近，客户坐进去不方便，这样会使客户有空间局促感，会误以为是驾驶空间小，其实是座位太靠前的缘故。

(6) 新车车厢内的方向盘、倒车镜、遮阳板、座椅等都有塑料薄膜包装物，展示的车辆应将包装物拆除。

(7) 调整好倒车镜、后视镜，使其处于一个合适的位置。

(8) 将方向盘摆正并调到适当位置；将仪表盘上的时钟调校为标准的北京时间；确认各功能开关所处的合适位置并试用；确保空调出风口在空调打开后有风；确认收

音机功能范围内的频道包括交通台、文艺台等已调好，左右喇叭声道、音量也已调好；此外，可以准备一些音乐光盘，在向顾客介绍音响功能时使用。

(9) 将后座椅安全带折好用橡皮筋扎起来塞到后座座位中间的夹缝里，并留一半在外面。

(10) 展车里面放一些脚垫，如果脚垫上面有品牌标志，摆放的时候应注意标志的方向。同时要注意脚垫应放正，脏了以后要及时更换。

(11) 后备厢整洁有序，无杂物，安全警示牌应放在后备厢的正中间。

(12) 展车放置时间长了，电瓶可能会亏电，所以要保证电瓶电量充足。

(13) 轮胎应做装饰和美化，可以使用亮光剂把它喷得乌亮。

2.2.2 汽车介绍方法

产品介绍是指销售人员完成基本的需求调查后，向顾客说明提供的产品及服务能带给顾客何种利益，期望顾客能购买。车辆介绍是指销售人员通过需求确认以及特性、优点及特殊利益的陈述，引起顾客的购买欲望。

做好车辆介绍的目的是使顾客比较全面地了解车辆，唤醒顾客对现实问题的重视，让顾客了解自己能获得哪些利益，从而产生需求欲望，并让顾客认同销售人员所提供的产品或服务能解决他的现实问题及满足他的需求。成功的产品介绍的特征是：销售人员能毫无遗漏地说出为顾客解决问题的办法及改善现状的效果，能让顾客相信车辆销售商能说到做到，能让顾客感受到销售人员的真诚，能让顾客感觉到销售人员愿意站在自己的立场上考虑问题，能让顾客认同销售人员帮助顾客解决问题的态度和意愿。

下面介绍两种常用的车辆介绍方法。

1. FABE产品介绍法

FABE产品介绍法也称利益特征介绍法，就是将产品的特征和配置表述清楚，并加以解释、说明，从而引出它的优势及可以带给顾客的利益，并适时展示足以让顾客相信的证据，进而使顾客产生购买动机。

FABE是特征(Feature)、优势(Advantage)、利益(Benefit)和证据(Evidence)的英文首字母缩写。

Feature，可以解释为特征、特色、卖点等，是指所销售车辆的独特设计、配置和性能特征，一般表现为材料、颜色、规格等用眼睛可以观察到的事实状况。销售人员应将车辆特征详细地列举出来，尤其要针对其属性，从性能、构造、易操作性、机能、耐用性、经济性、设计、价格等角度列举其独特的优势和特点，并将这些优势和特点列表进行比较。

Advantage，可以解释为好处或优势，是将商品的特征与由这些特征带来的好处进行详细的说明，即产品的优势、好处能否真正给顾客带来利益。

例如，销售人员可以这样介绍ABS系统："ABS系统是利用装在车轮上的轮速感应装置在制动时对车轮进行点刹，防止车轮抱死的一套制动系统，它能够大大缩短车辆在湿滑路面上的制动距离和避免制动时发生侧滑或甩尾，提高了车辆制动的安全性和可靠性。"这样就能使顾客对ABS的优点有更深入的了解，更易于接受，但是必须将优点化为顾客愿意接受的利益，顾客才会愿意接受销售员的推荐，做出购买决策。

Benefit，就是利益的意思，指产品的特性和好处能带给顾客哪些方面的利益。销售人员可通过产品介绍，将顾客关心的利益表达出来，从而引起顾客的共鸣。

例如，销售人员在介绍了ABS防抱死制动系统的优点后，可继续说明ABS防抱死制动系统能够降低因为路滑制动所带来的不安全影响，带给顾客的利益就是提高了行车的安全性。

Evidence，即证据、证明等，即要找到能让顾客相信前面所介绍的优势和带给顾客的利益的证据。证据可以是证明书、照片、报纸和杂志的报道、其他顾客的证明、录音、录像等。通过这些方式，可使顾客更加坚信销售人员的介绍，从而完成销售。

FABE产品介绍法就是通过产品特征和性能的介绍，让顾客了解这些特征所能带来的好处和优势，同时引申对顾客而言的利益，以引起顾客的共鸣；然后展示足以让顾客相信的证据，从而坚定顾客购买的决心。这样顾客不仅不会产生抵触情绪，还会觉得销售人员完全站在他的角度，是为他着想，帮助他解决问题，从而让顾客很容易接受、认同。应用FABE产品介绍法，可帮助汽车销售人员设计有力的销售台词，可以大大提高汽车销售人员的销售效率及销售额。

在应用FABE产品介绍法时应注意，并不是要将车辆所有的特征加以说明，而是要根据顾客的需求动机和所关心的利益，有针对性地对顾客关心的特征加以强调。在描述顾客利益时，要具体、准确，用词要有丰富的感情色彩；要以顾客的感觉为中心，充分调动顾客的情感；列举的证据要可靠、准确、实事求是。

2. 六方位绕车介绍法

六方位绕车介绍，是一个比较规范的汽车产品展示流程。这种方法最早由奔驰汽车公司采用，后来被日本丰田汽车公司采用并用于"凌志"品牌汽车的销售。目前，我国的进口车和合资品牌车辆的销售大多采用这种汽车展示和介绍方法。

六方位绕车介绍法，是指销售人员按顺序从六个方位向顾客介绍车辆的特征、优势和带给顾客的利益的汽车介绍方法。

所谓的六个方位是：一号位，车前45°角位置；二号位，驾驶室外侧位置；三号位，驾驶座位；四号位，汽车后部位置；五号位，乘客座位；六号位，发动机室。汽车六方位如图2-1所示。

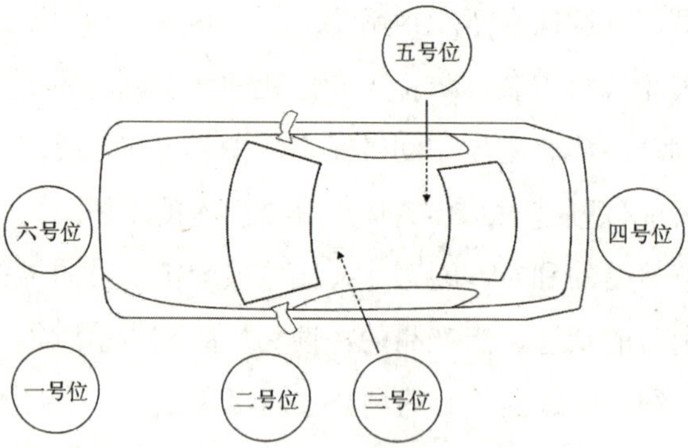

图2-1　汽车六方位示意图

销售人员在做六方位绕车介绍时，可以结合前面介绍的FABE产品介绍法，即除了介绍车辆配置和特点以外，重要的是要强调这些配置、特点能给客户带来的利益。

按规范采用六方位绕车介绍法介绍汽车，需要较长时间，因而要考虑顾客的感受，一般时间把握在5～8分钟为宜，按六个方位的顺序，逆时针绕车，每个方位突出重点特征和利益。

(1) 一号位——车头45°角的介绍重点。

① 车头造型设计；

② 车标；

③ 发动机；

④ 散热格栅；

⑤ 保险杠；

⑥ 前照灯组合；

⑦ 车宽；

⑧ 前风挡；

⑨ 雨刮器；

⑩ 车身颜色；

⑪ 腰线。

(2) 二号位——驾驶室侧介绍重点。

① 后视镜；

② A、B、C柱；

③ 车门拉手；

④ 遥控中央门锁；

⑤ 防擦装饰条；

⑥ 侧转向灯；

⑦ 车轮饰盖；

⑧ 轮辋、轮胎；

⑨ 悬挂方式；

⑩ 制动片。

(3) 三号位——驾驶座位介绍重点。

① 电动车窗及总控按钮；

② 方向盘；

③ 仪表板；

④ 脚踏板；

⑤ 座椅；

⑥ 内饰；

⑦ 安全带、安全气囊；

⑧ 空调、音响；

⑨ 变速杆；

⑩ 照明灯。

(4) 四号位——汽车后部介绍重点。

① 后备厢；

② 后风窗；

③ 后保险杠；

④ 排气管；

⑤ 后组合灯；

⑥ 天线。

(5) 五号位——乘客座位介绍重点。

① 安全带；

② 内部空间尺寸；

③ 儿童安全锁；

④ 阅读灯；

⑤ 车窗按钮。

(6) 六号位——发动机室介绍重点。

① 发动机动力性能；

② 发动机经济性能；

③ 电子防盗系统；

④ 电子喷射系统；

⑤ ABS系统；

⑥ 三元催化；

⑦ 发动机号、车架号；

⑧ 水箱架；

⑨ 防火墙；

⑩ 储液罐。

知识问答与技能训练

1. 在模拟展厅内拟展示一款新车，请设计一个布置展厅的方案。

2. 结合自己掌握的一款轿车的销售术语，两人一组，其中一个同学模仿顾客，互相练习用FABE法介绍车辆。

3. 结合自己掌握的一款轿车的销售术语，两人一组，一个同学模仿顾客，互相练习用六方位法介绍车辆。

学习任务2.3 试乘试驾

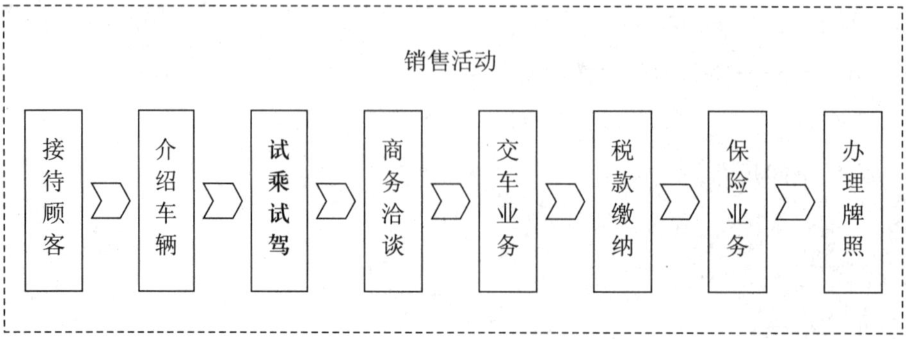

学习目标

1. 掌握汽车试乘试驾的意义；
2. 掌握汽车试乘试驾的工作标准。

学习内容

1. 汽车试乘试驾的意义；
2. 汽车试乘试驾的目的和作用；
3. 汽车试乘试驾的工作过程。

学习方法

1. 情境式学习；
2. 模拟练习业务流程。

任务导入

你知道如何组织试乘试驾业务吗？

2.3.1　试乘试驾的意义

汽车销售过程中的试乘试驾是客户亲身体验并获取车辆直接感受的最好机会。在试乘试驾的服务和陪驾过程中，销售人员可以摸清客户的需求及购买动机，并有针对性地介绍车辆，为促成顾客购买创造条件。

汽车试乘试驾是指在顾客看车和选车的过程中，让顾客在汽车试车场内或特定的公路上亲自乘车或驾车，以了解车辆性能的活动。试乘一般是指顾客搭乘汽车销售人员驾驶的车辆，以体验车辆的舒适性为主的活动。试驾是具有驾驶执照的顾客亲自驾驶车辆，以体验车辆的动力性能、操纵性等为主的活动。

对于那些对某种车型的性能和特征不太了解的顾客，销售人员在做好车辆展示和介绍的基础上，通过顾客的试乘试驾，让顾客体验车辆的各方面性能，感受车辆为自己带来的利益，这是许多顾客做出购买决策的关键阶段。

顾客提出试乘试驾的要求，表明顾客对车辆有一定的兴趣，对于销售人员来说，在销售汽车的进程中又向成功的方向迈进了一步。作为一名销售人员，这时应该以诚挚的热情去帮助顾客，尽快且妥善地安排试乘试驾的时间、车辆、驾驶员或陪同试乘试驾的人员等。

2.3.2 试乘试驾的目的和作用

1. 树立顾客的信心

通过销售人员在试乘或驾车过程中的动态介绍，可以使顾客建立对感兴趣的车型的信心，激发顾客的购买欲望。如果仅仅凭借销售人员的口头介绍和车辆的静态展示，往往很难让顾客有切身的体会，只有通过试乘试驾才能让顾客真正感受车辆的品质，才能真正建立起顾客对车辆的信心。试乘试驾能够充分调动顾客的触觉、听觉、感觉等机能，从而全面体验驾驶的感受，使其更加感性地认识车辆，并最终激发购买欲望。

2. 了解顾客需求

试乘试驾的过程也是一个商品介绍的过程，销售人员可以通过顾客对试乘试驾的感受和评价，了解顾客对车辆的认知度和对车辆最感兴趣的地方、不满意的地方、总体的评价等，从而在接下来的销售过程中有针对性地进行商品说明。另外，销售人员也可以结合试乘试驾前顾客对车辆的了解，以及顾客关心的问题，有针对性地在试乘试驾过程中进行讲解，让顾客亲身体验，消除顾客的顾虑，增强购车信心，为促进销售做准备。

2.3.3 试乘试驾业务流程

1. 试乘试驾前的准备

(1) 试车路线的规划。在试乘试驾之前，销售人员应计划好试车路线，确保行车安全，并使顾客有足够的时间来体验车的性能；要尽量避开交通拥挤路段，以选择车流量较少、平直的路面为宜。另外，规划试乘试驾路线时要结合车型特性，若是越野车则应选择路况稍复杂的试车路线，以便顾客能充分体验越野车独特的性能和魅力。

试车所选择的路段至少要满足10～20分钟的驾驶需要，并应避开建筑工地和交通拥挤的地区，在途中应有乘降站以便安全地更换驾驶员。试乘试驾路线图应摆放在展厅里，便于销售人员在试乘试驾前向顾客进行路线的介绍和说明。试驾路线应该选择车流量较少的平坦路面，同时选一些坑洼、爬坡路段等不同的路面，以舒适、安静为原则。

为体现车辆更好的加速性能，所选择的路段应该尽量平直，干扰车辆少、交叉路口少、红绿灯少。在平稳加速或急加速前，要有意识地提醒顾客注意加速时间、加速距离、最高时速和车辆的推背感等。

体验制动性能时，在制动前要确保前后300米内没有车辆，且道路平直，不要刚刚加速后就立即制动。制动前提醒顾客注意制动距离，体会制动时方向盘的稳定性，关注车辆有无跑偏或甩尾现象等。

此外，车辆的灵活性和转向的轻便性、过坑凹洼地时的减震效果、操纵性、内部的安静程度等都是应该在试乘试驾时向顾客重点介绍的内容。

(2) 试驾车辆的准备。顾客在购车时最看重的就是试乘试驾这一环节。因为它是顾客对自己看中的汽车做进一步了解的过程，是选车过程中很重要的一项活动，所以销售人员要从思想上重视试乘试驾。要为顾客提供一个舒适的试乘试驾环境，选择并保证试乘试驾车辆的车况是非常重要的。在选车过程中要尽量选择顾客喜欢的车型，如果车型不能完全符合顾客的要求，也要尽量找一辆接近顾客购买意向的车。

汽车销售4S店一般应该准备专门的试乘试驾车辆，并安排专人负责管理。试乘试驾车辆必须保证车况处于最佳状态，每次安排试乘试驾前必须检查车辆的行驶性能，主要包括发动机、变速箱、制动系统、音响、空调、座椅调节、雨刮器、轮胎等系统是否正常，如发现问题要及时调整和维修，确保车辆处于最佳状态。要检查燃料箱中的燃油数量，确保试乘试驾里程的燃料需要。当然还可以给汽车配备一些音乐碟片，在试乘试驾过程中播放一些优美的音乐，可以缓解驾驶人的紧张情绪，为旅途增加轻松的气氛。

整洁的车辆能让顾客心情愉快，并产生对未来的美妙遐想。因此，试乘试驾车辆要定期美容，每天清洁，标准应同展厅展示的新车一样。试乘试驾车的车身必须贴上“试乘试驾”字样，并停放在特定的试乘试驾车辆的停放区，让顾客一进公司就能看到，从而引发顾客试乘试驾的兴趣，甚至主动提出要求试乘试驾。

试乘试驾车的证照要齐全，必须是上好车牌的车辆，行驶证、保险卡、养路费、车船税等一应俱全，绝对禁止使用试乘试驾车以外的车辆特别是库存的新车进行试乘试驾。

(3) 驾驶人员的准备。陪同顾客试乘试驾的销售人员必须具有合法的驾驶执照，并具有一定的驾龄，驾驶技术熟练，同时熟悉试驾路线，懂得试乘试驾中介绍车辆的技巧，还要具有处理突发事件以及避免交通事故的机敏性。

2. 试乘试驾的工作过程

(1) 试乘试驾前的工作。在试乘试驾的各项准备工作就绪后，销售人员即将进入试乘试驾的阶段。但是，在顾客真正开始驾驶车辆前，还必须重视一些具体事项。

销售人员应在展厅或停车场显眼的位置上，设置“欢迎试乘试驾”的指示牌，以此吸引顾客试乘试驾。销售人员在介绍车辆的特色和卖点之后，可以主动邀请顾客试乘试驾。也可以利用节假日的时间，组织专场试乘试驾会，集中组织试乘试驾车辆，邀请顾客集中试乘试驾，并举办一些车辆的宣传活动，通过营造营销环境，可以起到更明显的效果。

试乘试驾前，应检查顾客的驾驶证并复印存档。如果是没有驾照或缺乏驾驶经验的顾客参加活动，只能安排他们试乘，由销售人员驾驶，让顾客坐在车内体验。

参加试乘试驾的顾客应填写“试乘试驾登记表”，销售人员根据车辆和人员的多少依次进行安排。“试乘试驾登记表”实际上是一份明确界定双方的权利和义务，以规避不应承担的经济、法律责任的协议书，“试乘试驾登记表”的具体内容由专营店自行设计。

对于具有驾驶执照并有驾驶经验的顾客，也应向顾客说明试乘试驾的流程，即顾客先试乘，然后才能试驾。应向顾客说明试乘试驾的路线，告知沿途的道路状况和交通管理情况，并请顾客严格遵守。每台试乘试驾车上应有“欢迎参加试乘试驾”文件(含路线图、注意事项、登记表、同意书等)，便于顾客确认。

在试乘试驾活动中必须遵循“顾客第一”“安全第一”的原则。

(2) 顾客试乘阶段。销售人员在驾车前，要让客户意识到该车符合他的购买要求。起动车辆后，销售人员可根据各车型的特点对车辆进行静态的评价说明，同时概述试乘试驾行车路线，并进行必要的车辆操作说明。具体应说明转向灯、雨刮器和仪表盘的使用方法；说明座椅、方向盘等的调整方法；说明自动变速箱、排挡锁等的使用方法。顾客试乘中，应提示顾客熟悉路况，为接下来的顺利试驾做好准备。销售人员在驾驶过程中要向顾客讲解此次试驾的主要内容，让顾客了解在什么地方试加速性能、什么地方试制动性能、什么地方试转向、在什么地方体验悬架系统、在什么地方感受静谧性等，这样在接下来的试驾过程中，顾客就会知道应该试什么内容，在什么时候试。这样做，一方面提高了试驾的效果，另一方面提高了试驾的安全性。

销售人员在驾驶的过程中，要注意提醒顾客，体验乘坐的舒适性，并通过边驾驶、边介绍，让顾客对车辆有进一步地了解。要依据车辆的行驶状态进行车辆说明，全面展示车辆的动态特性，让顾客有更加切身的感受。要尽量将驾驶过程中涉及的部件功能及怎样使用讲解清楚，不要以为自己懂了，每一位顾客都会懂，宁可详细地讲，也不要草草说几句就上路。

(3) 顾客试驾阶段。试驾过程对于顾客来说是一个比较紧张和兴奋的阶段。这个阶段的准备工作如果做充分，最有可能帮助顾客下定购买的决心。让顾客亲身体验和感受，加上销售人员周全的策划与热情诚恳的服务，必将起到意想不到的积极作用。

换由顾客试驾时，销售人员应将试驾车辆停靠在预定停车地点(规划路线时选择和确定的地点)，并确认当时的路况等外界环境均比较安全，销售人员与顾客交换位置，由顾客驾驶。

换位后，销售人员应先提醒顾客安全驾驶的有关事项，并协助顾客调整座椅、后视镜、方向盘、空调温度，以及音响的选曲和音量等，销售人员还要确认顾客乘坐的舒适性并协助其系好安全带。

在顾客驾驶过程中，应有意识地将顾客参与和顾客的体验融入试乘试驾的活动中。体验内容主要包括：关车门的声音，是实实在在的声音，并非空荡荡的感觉；发动机的动力、噪声，请顾客感觉启动发动机时的声音与发动机在怠速时的车厢内的宁静程度；车辆的操控性，各仪表功能显示清晰，多向可调方向盘、自动恒温空调系统等各功能开关操控简便，触手可及；音响环绕系统保真良好；驾乘的舒适性，即使车辆行驶在不平坦的路段上，由于车辆扎实的底盘、优异的悬挂系统与良好的隔声效果等特性同样让驾驶者和乘坐者感到舒适无比；直线加速，体验换挡抖动的感觉；车辆的爬坡性能，体验发动机的强大扭力在爬坡时的优异表现；体验车辆的制动精确程度、安全性，制动系统(ABS+EBD+EBA)以及安全系统(各座位的安全气囊及侧门防撞杆)等的特点。

在顾客驾驶的过程中，销售人员应坐在副驾驶的位置上，帮助顾客观察道路交通状况，确保行车安全。同时观察顾客的操纵熟练程度和驾驶方式，发现顾客更多的需求，并耐心解答顾客提出的如变速杆操纵、踏板的弹性、制动的效果等方面的问题。在解答顾客提出的问题时，要边说明、边高度注意并保持驾驶的稳定性。当顾客在驾驶过程中有不规范的动作或违反《道路交通安全法》的危险动作时，销售人员要及时、果断地请顾客在安全地点停车，并向顾客解释安全的重要性，以获得顾客的谅解，并要求顾客由试驾改为试乘，由销售人员驾车返回经销店。

(4) 试乘试驾结束后的工作。顾客试车完毕后，应引导顾客回到展厅的顾客休息区休息一下。适时地为顾客倒上一杯茶水、咖啡等饮料，舒缓一下顾客驾车时的紧张情绪，让顾客回味一下试乘试驾时的美好感受。对于驾驶技术熟练、试乘试驾非常顺利的顾客，可通过称赞顾客的驾驶技术，表达“试驾车非常适合您”的意思，以增强顾客对试驾车型的兴趣。

请顾客帮助填写“试乘试驾意见表”，也可以由顾客口述意见，由销售人员执笔填写，然后由顾客签字确认。填写的目的在于，趁顾客刚试驾完车辆还处于兴奋状态时，取得顾客对车辆的认同，销售人员用此表诱导顾客给予车辆较高的评价，有利于建立信任感，促成交易。

顾客填完“试乘试驾意见表”后，销售人员可以适时地赠送一些纪念品，在给顾客一个意外惊喜的同时，也会给顾客留下一个深刻的印象，让顾客认同所提供的服务，这样会在无形中增加成交的几率。在试驾完毕的所有接触过程中，销售人员应主动征求顾客对车辆的感受，并对顾客关心或疑虑的问题给予重点说明。

(5) 问题的处理。试乘试驾结束后，顾客一般会有两种反应：一是对试乘试驾车型的各项性能感到满意，增强了购买欲望；二是对试乘试驾车型还存在一些不太满意的地方。

对于第一种情况，销售人员应该趁热打铁，对顾客特别感兴趣的地方再次有重点地强调说明，并结合试乘试驾中的体验加以确认；根据顾客所表现出来的成交意愿，着重强调顾客比较在意的特性和优点，进一步打动顾客，促成交易；对暂时不能成交顾客，要留下相关的信息并及时与顾客保持联系。

对于第二种情况，说明顾客还有一些疑问没有得到解决，销售人员应主动询问顾客对试乘试驾车辆的不满意具体表现在哪些问题上，根据顾客所提供的信息进行详细的解答。如果顾客对汽车的主要性能不满意，就不是强调本车型的技术特点所能解决的，可以考虑向顾客介绍其他车型。

建立规范的试乘试驾流程是非常必要的，现在它已经成为各个汽车销售企业的基本销售业务。认真执行该流程，是试乘试驾活动顺利开展的有效保证。规范的试乘试驾流程不但是汽车销售企业(汽车4S店)整体素质的体现，也是顾客在选车、购车过程中的需要。

知识问答与技能训练

1. 设计一份“汽车试乘试驾登记表”和“汽车试乘试驾反馈表”。
2. 由一位同学扮演顾客，互相练习如何应对汽车试乘试驾过程中的问题。

学习任务2.4 商务洽谈

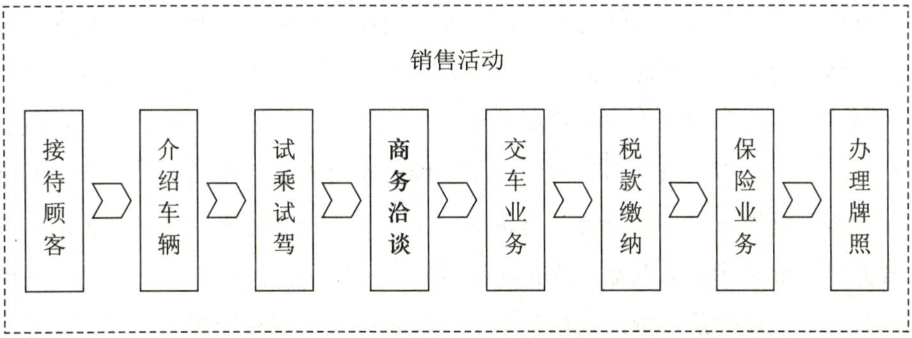

学习目标

掌握汽车交易的商务洽谈技巧和方法。

学习内容

汽车交易的商务洽谈技巧和方法。

学习方法

1. 情境式学习；
2. 模拟练习业务流程。

任务导入

你知道如何通过商务洽谈促使汽车交易成功吗？

2.4.1 洽谈时的应对技巧

在北京、上海等汽车密度大的城市，要购买汽车，必须先通过摇号或竞拍，才能获得办理牌照的资格，在这种情况下，来汽车销售企业看车的顾客一般都有买车的可能，但是在车型和品牌的选择等方面，比一般的汽车消费用户要慎重得多，汽车销售的竞争也变得更加激烈，因为需求受到了客观因素的限制。在经过向客户介绍车辆和销售跟进业务(试乘试驾)两个环节后，汽车交易洽谈的质量好坏往往决定着汽车交易的成功与否。

汽车商务洽谈一般包括价格方面的协商、国家或企业优惠政策方面的咨询、售后服务方面的约定、支付方式方面的洽谈等。汽车商务洽谈过程，也是回答顾客提出的各种问题从而促进成交的过程。

1. 价格方面的应对技巧

讨价还价是多数消费者的商务洽谈习惯，所以，汽车商务洽谈的重点内容是价格方面的洽谈。为了在洽谈时占据心理优势，顾客往往会提出各种非价格方面的问题，如强调技术性、服务等令人不满意或不适合的地方，目的是让汽车销售人员做出价格上的让步。一个合格的汽车销售人员，不能因顾客对价格提出疑问就一味地通过价格上的让步来被动地成交，也不能一口价地坚持到底而放弃可能成交的顾客，在实际业务中要兼顾企业和顾客的利益，在价格洽谈方面采用灵活的应对方式。顾客提出价格方面的折让问题或讨价还价，一般包括下列几种情况，要求销售人员能正确应对，打消顾客的疑虑，争取打动顾客并成交。

(1) 与竞品比较，价格较高。汽车消费者在购买汽车前，一般都会在几种品牌、几种车型中比较选择，价格比较是其中一个方面。为了在洽谈时处于主动地位，汽车销售人员对竞品的技术性能和价格等方面要非常熟悉，掌握自己所销售的车型相较于竞品的优势和不足，总结出销售车型的主要“卖点”；同时，对销售车型不如竞品的地方不能视而不见或简单地加以掩饰，更不能诋毁竞品的质量和性能，这也是从业人员的职业道德，但需要用“注意力转移法”强调销售车型可能为顾客带来的利益。当顾客提出“某某品牌的车辆比你这辆车便宜很多”时，销售顾问可采用FABE法，阐述销售车型价格高的原因，如有哪几项新技术是其他车辆所不具备的，这些新技术可以给顾客带来哪些利益，有安全性方面的，也有经济性方面的，应重点说明增加的价格与相应的性能和利益保障是相对应的，是物有所值的。

销售人员一定要注意，向顾客介绍汽车产品的时候，顾客一般都会说这辆车的价格高，这也是在汽车销售过程中遇到最多的问题，销售人员如果与顾客就价格展开讨价还价式的争论，那简直就是在浪费时间，一定要把顾客引导到认识这辆车的价值上来。例如，可以告诉顾客这辆车的品牌效应是其他品牌汽车所不能比的，专营店的口碑和服务也是其他公司所不能比的，拿出“性能、价格对比表”向顾客展示。可向顾客说明：“您看，我们这台车的钢板要比别的车厚一些，ABS+EBD是德国进口的。还有这里，配置是别的车上暂时还没有的，这样算起来，不论是安全性能方面还是整车的性价比方面都完全胜人一筹。”当顾客提到这个价格他还不能接受的时候，销售人员要学会应用价值比较方法，告诉顾客一分价钱一分货，让他了解价格与价值之间的对应性。

(2) 同一品牌车型相比，价格较高。顾客如果能够指出销售车型同该品牌其他车型相比的价格差异，说明顾客对该品牌的各系列车型比较熟悉并有一定的忠诚度，也说明顾客对汽车技术方面比较在行。在这种情况下，汽车销售人员首先要赞赏顾客在汽车方面的知识和能力，同时对顾客不了解的情况进行详细介绍。可以把这个品牌的优势作为切入点，与顾客交流这个品牌的各种车型在社会上的认可度。对自己不太懂的问题也可以虚心地向顾客请教，但一定注意不要落入顾客设计的“圈套”。在交流过程中注意观察顾客到底对哪个车型感兴趣、购车的用途是什么、工作环境和生活环境大概在什么区域，从而及时调整策略，为顾客设计出合适的购车方案。

(3) 与其他企业相比，价格较高。顾客买车时往往会光顾销售某一车型的各家公司，俗称“货比三家”。在目前信息高度透明的情况下，各家企业对某一车型的报价基本是一样的，但成交价格多少会有一些不同，价格差的产生主要是由于各个销售企业在服务内容方面、促销手段方面有所区别。在顾客明确提出某某公司的某某车型比本公司的价格要便宜时，销售人员首先应根据自己的职业敏感性对信息的真实性进行辨别。如果顾客提供的信息是真实的，应该结合本公司的销售规定，就价格高的原因向顾客做出令人信服的解释，强调公司的经营业绩和社会信誉，重点阐述增值带来的利益。如果顾客提供的信息是不可能的，也不要向顾客表露轻视和不屑，应含蓄说明汽车的定价机制和企业的利润形成过程。作为汽车销售人员，要经常搜集竞争企业的价格信息和促销手段，只有这样，在回答顾客问题时，才会占据主动的心理位置。

(4) 车型不新，价格较高。某品牌或车型已经上市很多年，车型不新，在当今汽车款型更新普遍和价格下浮常见的形势下，价格下浮的机会不是太多，顾客会对这一方面提出疑问。当然，在这种情况下，说明顾客对该车型“情有独钟”，这样的顾客一般都看重汽车的实用性和经济性，那么销售人员就应重点阐述该品牌或车型内在的实用性、稳定性等优势，说明该车型的保值性好；还应该从使用成本的角度向顾客说明该车型的汽车备件和易耗品更新价格低、维修方便等性价比好的优势，解释价格不做调整是由社会认可度高、保有量大、需求量大、供应紧张等原因造成的。

(5) 找熟人帮助讨价还价。找熟人帮助讨价还价在汽车交易洽谈中是很普遍的现象。所谓的“熟人”，包括企业内部人员和外部人员两类。

如果顾客找来的是企业内部人员，可能是销售人员的同事，也可能是销售人员的领导；内部人员可能亲自来到现场，也可能打个电话和销售人员交代一下。由于是内部人员，关于价格问题已经没有秘密可言，但在这种情况下，顾客基本已经决定成交，除了价格问题，一般也不会再咨询其他问题。销售人员在遵守公司相关规定的原则下，并在自己的职责范围内，把价格确定在可行的范围内即可。关于价格上的优惠，一般公司都有明确的底价，对优惠幅度和权限也有明确的规定。所以，销售人员千万不能越权，一定要保证自己能正确履行职责。由于相互熟悉和知道内情，内部人员一般不会过多地为难销售人员，相反可为销售人员带来成交的机会。

如果顾客找来的是企业外部人员，可能是顾客的亲属，也可能是顾客的朋友，这种情况说明顾客找来的人对汽车品牌、技术性能或价格等方面比较内行。这时销售人员要“避实就虚”，不要与顾客继续探讨汽车的“技术如何新”和“性能如何优越”等问题，销售人员要把工作重点从介绍“硬件”转移到介绍“软件”上来。所谓“硬件”指的是汽车的技术性能等方面，而“软件”指的是汽车能带给顾客的利益保障和精神需求的满足。因为已经到了讨价还价的地步，表明顾客的购买欲望已经很强烈，顾客不满意的就是价格，所以找熟人来帮助自己。销售人员要正确分析顾客购车的经济能力，在自己的权限范围内无法解决价格争议时，可以从汽车质量和可靠性方面、交车及时性和服务等方面为顾客作介绍，尽量解决顾客的后顾之忧，争取达成交易。

(6) 处理价格异议的步骤和方法。针对不同的价格异议原因，销售人员具体的处理方式也有区别。但无论采用何种处理方式，都要遵守一个共同的步骤，即弄清、缓和、解答。

弄清就是面对顾客提出的价格异议，销售人员首先要弄清顾客提出价格异议的来龙去脉。通过倾听、询问，明确顾客认为价格高的理由以及顾客提出价格异议的目的，以便调整策略，对症下药。这是应对顾客异议的第一个步骤。缓和就是在弄清顾客真正的价格异议原因之后，销售人员要缓和顾客的情绪。缓和是心理学中一种高明的应用手法。顾客在提出价格异议时，总希望能够购买到更便宜的商品，期望值很高。而销售人员不可能无限制地降低价格以满足顾客的要求。为解决购买与销售之间的矛盾，销售人员需要缓和顾客与自己的对立心态。先认同他的观点，可以说“我能够理解您的心情”等缓和性的语言。解答就是提出证据，婉转解答。即使顾客真的错了，销售人员也不能“理直气壮”，应该采用委婉的、顾客能够接受的语气。

2. 其他企业举行优惠活动

当顾客提出“某某公司正在搞优惠促销活动时”，销售人员要结合季节性变化、是否有节日等外在因素，判断信息的可靠性和真实性，如果自己没有把握，不要轻易下结论，可以找个机会询问一下同事。因为竞品或其他汽车销售企业做活动，也有多种方式，有的是“店庆”，有的是“品牌的统一活动”，有的是节日前后，也有的是由于经营形势发生变化，如产品的社会声誉受到负面影响时，也会通过价格优惠和促销活动挽回一些形象。不论外部企业做促销活动是出于何种原因，如果本企业目前确实没有优惠活动，销售人员应该注重强调自己销售车型的品质和性价比，强调服务的完善性，也可以根据自己权限的大小，为顾客提供一些饰品或赠送一些附加服务，如保养时优惠、免费检测等。因为汽车销售企业的促销活动是经常性的，销售人员必须掌握企业的工作计划，适时把即将开始的活动时间和内容介绍给顾客，通过预约，把准客户发展为真正的客户。

3. 国家政策方面的优惠

近几年来，国家出台了一系列促进汽车消费的优惠政策，不管是降低一些税款的缴纳数额，还是采用财政补贴方式，都使消费者得到了实惠，大大降低了消费者的购车成本。销售人员一定要准确理解和宣传有关的汽车优惠政策，把握好优惠政策的时效性，在期限内合理利用这些优惠政策，为消费者解答和解决好相关问题，也可以作为价格洽谈中出现僵持不下局面时的转移话题，最终达到成交的目的。

从2009年年初到年末，国家出台了“购买1.6升及以下车辆，车辆购置税减半征收”的优惠政策。购买符合要求的车辆，以价格10万元左右的车辆为例，消费者可以少缴纳5 000元左右的车辆购置税。2010年，该政策又调整为车辆购置税减征25%，上例中的消费者也可以减少2 500元左右的税款支出。

2009年，国家还出台了“汽车下乡”“以旧换新”等优惠政策。不同的是，符合相应规定的消费者不是少缴纳购车款或税款，而是在购车后，国家财政部门对符合条件的购车消费者给予一定的财政补贴，补贴额最高可达5 000元，最低也有2 000元。

需要注意的是，上述几项优惠政策已于2010年12月31日后不再实施，所以关于如何办理的内容不再赘述。

国家为了推动新能源汽车和节能型汽车的发展，加快汽车产业技术进步，着力培育战略性新兴产业，推进节能减排，又出台了新的汽车补贴政策。2010年6月1日，财政部、科技部、工业和信息化部、国家发展改革委联合出台《关于开展私人购买新能源汽车补贴试点的通知》(以下简称《通知》)，确定在上海、长春、深圳、杭州、合肥5个城市启动私人购买新能源汽车补贴试点工作。

《通知》中明确指出，中央财政对试点城市私人购买、登记注册和使用的插电式混合动力乘用车和纯电动乘用车给予一次性补贴。补贴标准根据动力电池组能量确定，对满足支持条件的新能源汽车，按3 000元/kW·h给予补贴。插电式混合动力乘用车每辆最高补贴5万元；纯电动乘用车每辆最高补贴6万元。补贴资金拨付给汽车生产企业，按其扣除补贴后的价格将新能源汽车销售给私人用户或租赁企业。试点期内，每家企业销售的插电式混合动力和纯电动乘用车分别达到5万辆的规模后，中央财政将适当降低补贴标准。实施了这个补贴标准，相当于汽车价格下降了相应的补贴数额，而且直接从价格上体现，也减少了以往买车后再申请和领取补贴的烦琐程序。

汽车销售人员要随时跟踪一些有利于汽车销售的政策并对内容充分理解，能向顾客详细介绍政策的优越性和充分利用有利政策获得优惠等，也可以增加销售业绩。

2.4.2 促成交易的技巧

1. 把握顾客的购买信号

在多数情况下，客户不会主动表示购买。但如果他们有了购买欲望，通常会不自觉地流露出购买意图，而且会通过语言或行为显示出来。这种表明其可能采取购买行动的信息，就是顾客的购买信号。尽管购买信号并不必然导致购买行为，但是销售人员可以把购买信号的出现，当作促使购买协议达成的有利时机。客户自己往往不愿意承认自己已被销售人员说服，而是通过发出其他暗示信号来告诉销售人员可以和他做买卖了，因此对顾客购买信号的识别和确认，需要销售人员有良好的判断力与职业敏感性。

(1) 通过注意顾客的语言来识别其购买信号。顾客提出并开始议论关于车型的特点、配备、使用、保养、价格、竞品等方面的内容时，就可以认为顾客已经发出购买信号，至少表明客户开始对产品感兴趣。如顾客询问车辆某一方面的细节，这是顾客第一次发出购买信号。如果顾客不想购买，是不会浪费时间询问车辆技术方面的细节问题的。如果顾客继续询问该车辆的价格，并开始试探性地讨价还价，如“价格是否能够有一定折扣”“有什么优惠”这种以种种理由要求降低价格的语言，就是他再次发出购买信号。此时顾客已经在比较产品的利益与其支付能力。如果顾客继续询问车辆的售后服务细节，这是他第三次发出购买信号。如果顾客继续询问付款的细节，这是顾客第四次发出购买信号。顾客询问是否有现车及售后服务等方面的问题时，有可能就是签订合同的最好时机。作为一名销售人员，一定要牢记这样一句话：顾客提出的问题越多，成功的希望也就越大。

(2) 通过观察顾客的动作和态度来识别购买信号。一旦顾客完成对产品的认识与情感过程，就会表现出与销售人员介绍产品时完全不同的动作和态度。如由静变动、动手试用产品、仔细翻看说明书、主动热情地将销售人员介绍给家人等；如由原来的动态转为静态，即顾客从自己观察车辆到把注意力转移到认真听取销售人员的介绍；如顾客对销售人员的态度明显好转，从不爱理睬到主动询问等。销售人员要善于捕捉顾客的动作和情感的变化，这是顾客购买心态发生变化的不自觉外露。

(3) 通过观察顾客的表情来识别购买信号。人的面部表情往往是不容易捉摸的，人的眼神有时更难猜测。但是销售人员仍可以从顾客的面部表情中读出购买信号。眼神发生变化，如眼睛转动由慢变快、眼睛发光、神采奕奕等；腮部放松；由咬牙深思或托腮变为脸部表情明朗轻松、活泼与友好；情感由冷漠、怀疑、深沉变为自然、大方、随和和亲切。顾客一般都会用肢体语言来表达他们对产品的兴趣，这些肢体语言的变化，需要销售人员自始至终地专注。从某种意义上说，喋喋不休的销售人员一般不招顾客喜欢，因为过于热情和主动，会产生咄咄逼人的气势，使顾客产生厌烦或对销售的产品更加怀疑，这也许就是很多“话语不多”的销售人员业绩很好的原因，他们能一边介绍产品，一边观察顾客的变化；他们能通过提问，获得时间与精力来观察顾客“口头语言、肢体语言”的变化，从中捕捉购买信号。

2. 直接请求促成法

直接请求促成法是指销售人员收到顾客的购买信号以后，直接提出建议购买的方法。销售人员使用直接请求促成法，可以大大缩短达成交易的时间，从而尽快签约。其实，“直接法”并不意味着简单地提出交易，在直接提出购买建议之前，销售人员已经做了大量的准备工作，是水到渠成、瓜熟蒂落。

直接请求促成法并非适用于所有的汽车销售交易。销售人员要综合考虑当时洽谈的场合和情形、所销售的汽车产品以及与顾客的关系等因素，然后才能决定是否使用“直接法”来达成买卖协议。即使销售人员确定某个交易适合使用“直接法”，也不能操之过急。操之过急就是指销售人员在还没有真正确认顾客的购买信号时就很急切地提出马上与顾客签订合同。操之过急往往会与成功失之交臂。

直接请求促成法特别适合在以下几种情况下运用。

(1) 对方是销售人员比较熟悉的老顾客，或保有顾客或与新的意向顾客已经确认建立了互信关系。

(2) 在销售过程中顾客通过语言、行为等方式发出了购买信号。

(3) 顾客在听完销售人员的相关汽车产品介绍后，没有发表异议，甚至对销售人员的介绍表示十分赞同。

(4) 顾客对某一辆汽车已有好感，购车意向比较明显，但不愿意主动提出成交建议。

(5) 销售人员在处理完顾客的重大异议之后，或成功地帮助顾客解决了某项困难时。

(6) 当销售人员拿着购车合同试探，而顾客没有明显的拒绝反应时。

在使用直接请求促成法时，需要注意避免语言过于激烈，否则容易引起顾客的强烈反感导致成交失败。如果销售人员对使用条件的主观判断有误，顾客也会抵制成交。

3. 假设法——假设顾客要购买

假设成交法，是指销售人员在假定顾客已经接受销售建议、同意购买的基础上，通过提出一些具体的成交问题，直接要求顾客购买商品的一种方法。例如，销售人员可以说："看得出来您对这台车的各个方面都比较了解，也比较喜欢。您若购买，是喜欢金色的还是银色的?"如果顾客说："我喜欢金色的。"那么，销售人员可以进一步试探性地提问："那我这就给您安排做PDI(新车交车前的检查)，好吗?"再如，销售人员说："您真的很会选车呀，有眼光，这款车就银色很好卖，差不多快脱销了。"如此很自然地将顾客引导到压力销售上去了。如果这位顾客很在意这款车的颜色，相信他很快就会从"犹豫"转向"下决心"。销售人员还可以说："谢谢您！那么我们星期五就给您安排交车，好让您在周末可以带着家人一起出门游玩。您看，最近的天气、温度多适宜郊游啊！"

假设法的好处就是可以将销售洽谈直接引入实质阶段，可以节省销售时间。直接将销售提示转为购买提示，可以把顾客的购买信号转化为购买行为。如果销售人员能够营造一种轻松、愉快的销售氛围，使顾客在没有压力的情况下洽谈，再配以销售人员的语言技巧和销售技巧，一般是不会失去销售机会的。

"假设法"通常适用于下面几种顾客。

(1) 已经取得互信的保有顾客、新的意向性顾客、依赖型顾客和性格随和的顾客。

(2) 明确发出各种购买信号的顾客。

(3) 对现有的汽车型号很感兴趣，并且没有提出异议的顾客。

(4) 虽然提出了一些异议，但是这些异议已经被有效地解决的顾客。

需要注意的是，销售人员在运用这个方法时，如果没有捕捉成交信号，则会给顾客造成一定的购买压力，引起顾客的反感，反而破坏了洽谈成交的气氛。如果顾客依然无意购买，也千万不要勉强甚至强行销售，以免给顾客留下强人所难的不好印象。

4. 二选一法

销售人员可以说"您用现金还是分期付款""您是选自动挡还是手动挡""车的颜色您是选银色还是金色"等，来促成交易的成功。运用二选一成交法时，需要注意，销售人员所提供的选择事项应能让顾客从中做出一种肯定的回答，而不要给顾客拒绝的机会。向顾客提出选择时，应尽量避免提出太多的方案，最好的方案就是两项，最多不要超过三项，否则很难达到尽快成交的目的。

5. 诱导法

比如，公司现在做促销活动，销售人员就可以向顾客宣传"现在购买本款车

(活动从几月几日到几月几日，明确告诉活动期限)，我公司赠送倒车雷达，数量有限……”“如果您现在买车，正好赶上后天的节假日，您可以带着家人一起出门游玩，多方便。再说了，您看，最近的天气不冷不热的，多好啊”。

6. 供应压力法

以该车型(颜色、数量等)供应紧缺的理由提示顾客尽快成交。

2.4.3　增加成交机会的一些细节

在接待顾客和商务洽谈的过程中，销售人员如果能注意一些销售活动以外的细节，使顾客感到温馨和感激，可以缩短与顾客的心理距离，促进汽车的销售。

(1) 顾客带小孩来店里看车时，可由年轻的女销售人员帮助照看小孩。一般的汽车销售企业都设置了幼儿玩乐的场所，但让小孩自己玩，既不安全，家长也无法专心致志地看车。企业提供这些看似简单的服务，效果往往胜过铺天盖地的广告宣传。照看小孩时，还可以了解顾客的一些情况，如职业、住址等，在进一步的商务洽谈中可以采用一些有针对性的话术，增加成交机会。

(2) 遇到雨雪天气，可以为看车的顾客提供雨具。在提供雨具时，不要直接说“借”，可以说“如果方便时带来就行”，这样处理，很多顾客有可能会再次光顾。

(3) 对待顾客应一视同仁，千万不要因为人的外表和穿着“看人下菜碟”。顾客较多时，要采取灵活的方式安排暂时不能接待的顾客，如安排顾客在休息区“稍等片刻”，不要忘记奉上饮品，当然也要事先征求顾客的意见，让顾客自己挑选品种。也可以让顾客先参观展厅内的其他车型，为前一位顾客完成服务工作后，立即接待等待的顾客，并表达自己的歉意。

(4) 无论顾客多么挑剔，脸上永远要带着微笑。

(5) 午餐时间，销售人员一定要轮班就餐，保证展厅内的销售人员的数量。顾客进到店里看车的时间是随机的，也可能正好中午有时间才光顾展厅，所以遇到顾客集中在午餐时间进店，决不能让顾客等待，宁可自己耽误午餐。“人心都是肉长的”这句话在大多数情况下都是有效的，顾客很可能因为被感动而迅速定下购买计划。下班时间快到时，也可能迎来顾客，销售人员仍然要耐心、细致地提供服务，能在这个时间来看车的顾客很可能就是准客户。

在实际的汽车销售业务中，通过观察、实践和总结，能够促进成交的细节不胜枚举，所以销售业务人员要注重细节，因为“细节决定成败”。

知识问答与技能训练

由一名同学扮演顾客，互相练习商务洽谈方法。扮演顾客的同学可以设置多种情境，扮演销售人员的同学练习处理各种问题。

学习任务2.5 消费信贷基础知识

学习目标

1. 了解消费信贷的含义；
2. 掌握汽车消费信贷的含义；
3. 掌握汽车消费信贷对促进汽车销售量的作用。

学习内容

1. 消费信贷的含义；
2. 消费信贷的基本要素；
3. 汽车消费信贷的含义。

学习方法

1. 记忆汽车消费信贷知识；
2. 模拟练习汽车消费信贷咨询业务；
3. 讨论汽车消费信贷对促进销售的意义。

任务导入

很多顾客想采用汽车信贷的方式购车，但对信贷知识不了解，还存在一些疑虑，你能为顾客讲解吗？

通过商务洽谈，顾客已经下了购买汽车的决心，但由于资金问题，许多购车的顾客会询问汽车与消费贷款相关的问题，并希望采用消费信贷的方式支付购车款。这时，销售人员就应该向顾客介绍汽车消费信贷的办理方法，并协助顾客准备好相关资料，保证已经成功的交易正常进行。

2.5.1　消费信贷的含义

消费信贷是金融机构提供的，以特定商品(如汽车、住房、耐用消费品等)为对象的，要求居民以未来收入作保证的贷款。也可以表达为：居民为了满足某种消费需要，向金融机构申请贷款的行为。

消费信贷的目的在于使居民“用明天的钱，圆今天的梦”。

消费信贷是信用消费的一种形式，是信用消费发展到一定阶段的产物，是高级的信用消费方式，是当今世界占据主导地位的信用消费方式。

消费信贷的基本要素包括以下几点。

1. 贷款对象

一般来说，消费信贷的贷款对象是自然人。与商家联手的分期付款方式的贷款，只不过在形式上多出一个环节，最终贷款的受益人还是自然人。按我国相关规定，贷款对象是具有完全行为能力的自然人，还要有比较稳定的工作和预期收入。自然人在社会上扮演的角色可以是生产者，也可以是消费者。只有为了满足个人或家庭生活需要向银行申请的贷款，属于消费贷款；如果是为了从事生产经营以获得更大收益而申请的贷款，属于生产贷款。

2. 消费贷款的资金提供者

(1) 消费信贷的资金提供者按贷款机构性质的不同，分为官方贷款机构和民间贷款机构。

(2) 消费贷款的资金提供者按贷款机构是否属于银行，分为商业银行和非银行金融机构。

目前，我国商业银行存在大量银行“存差”(存差=存款额-贷款额)，消费信贷的贷款机构主要是各个商业银行。

3. 贷款用途

消费信贷明确规定，款项必须用于个人或家庭的最终消费，如住房贷款、耐用消费品贷款、教育贷款、旅游贷款、汽车消费贷款等。这些属于消费信贷贷款用途的正当范围，而生产性消费、经营性消费、集团性消费等不属于个人消费贷款的范畴。

4. 贷款条件

贷款条件是在贷款过程中对贷款的金额、期限、利率的限定，是消费信贷过程中消费者和贷款机构都十分关心的基本要素。对消费者而言，在其收入能够承担的范围内，余额越多，期限越长，利率越低，越愿意选择；而对贷款机构来说，对个人贷款余额越少、期限越短、利率越高，风险就越低，收益就越高。贷款条件需要双方按照法律或有关规定协商确定。

2.5.2 提高对消费信贷的认识

1. 从事消费信贷是居民作为市场主体拥有的基本权利

一个人在市场上有三种身份：产品市场上的消费者、劳动力市场上的供给者、资本市场上的借贷者。只要是市场主体，不论是买者还是卖者，在遵守法律、法规的前提下，都应享受到相应的权利和承担相应的责任。居民是存款储蓄的主体，也是银行贷款的主要对象。

2. 从事消费信贷的直接目的是提高自己的生活质量

借助消费信贷手段将逐年的收入流转为逐年消费的支出流，把未来收入转化为当前消费，把期望效用转化为当前福利，可以最大限度地改善自己的生活水平，提高生活质量。

3. 突破传统消费观念，改变对消费信贷的错误认识

具体包括以下几方面。

(1) 突破传统的消费观念。

(2) 正确区分消费信贷和“寅吃卯粮”的关系。

(3) 不要高估消费信贷带来的压力。

(4) 居民从事消费信贷不是受银行的“剥削”。

2.5.3 消费信贷的分类

消费信贷按贷款用途可分为以下几种。

(1) 汽车消费贷款。

(2) 个人耐用品贷款。

(3) 个人住房贷款。

(4) 个人助学贷款。

2.5.4 汽车消费信贷的含义

汽车消费信贷是银行对在其特约经销商处购买汽车的消费者发放的人民币担保贷款。1998年10月，中国人民银行批准四大国有商业银行——中国工商银行、中国农业

银行、中国银行、中国建设银行开办个人汽车消费贷款，其中建设银行和工商银行率先推出了这项业务。

特约经销商是指在汽车生产厂家推荐的基础上，由银行各级分行根据经销商的资金实力、市场占有率和信誉进行初选，然后报到总行，经总行确认后，与各分行签订“汽车消费贷款合作协议书”的汽车经销商。

这里的“汽车”是指国家产业政策确定的汽车生产厂家生产的轿车、客车、货车等，具体品牌由各汽车生产厂家所在地一级分行根据市场需求及银行企业关系向总行推荐，并由总行确认。

如今，除了四大国有商业银行外，其他商业银行也开展了汽车消费信贷业务，并对汽车品牌没有限制，对进口汽车也取消更多的限制。

近几年，几家合资品牌汽车集团都成立了自己的金融公司，通过提供汽车消费贷款，促进了汽车的销售。

2.5.5　汽车消费贷款的担保方式

汽车消费贷款的担保是指消费者向银行或金融公司申请汽车消费贷款，必须按照《中华人民共和国担保法》和汽车集团金融公司的有关规定提供担保。一般说来，消费者作为借款人可以用所购汽车或银行认可的抵押物或质物进行抵押或质押，也可以第三方保证的方式提供连带责任保证。担保当事人必须签订担保合同。

银行受理了消费者提出的汽车消费贷款申请后，应按照有关规定要求消费者提供担保。消费者可以以所购车辆或银行认可的抵押物或质物进行抵押或质押，也可以第三方保证的方式提供连带责任保证，因此担保的方式有三种。

1. 抵押

抵押是银行以消费者(借款人)或第三方提供的，经贷款银行认可的符合条件的财产作为抵押物而向消费者发放贷款的一种担保方式。

申请贷款的抵押物必须是银行认可的，能够进行抵押登记的消费者或第三方所购房屋或其他符合法律规定的财产，具体包括：抵押人所有的房屋和其他地上定着物、机器、交通运输工具和其他财产，依法有处分权的国有土地使用权、房屋和其他地上定着物、机器、交通运输工具和其他财产，依法承包并经发包方同意抵押的荒山、荒沟、荒丘、荒滩等地的土地使用权，银行认可的其他可以抵押的财产。

以下财产不能抵押：土地所有权，耕地、宅基地、自留地、自留山等集体所有的土地使用权，学校、幼儿园、医院等以公益为目的的事业单位、社会团体的教育设施、医疗卫生设施和其他社会公益设施，所有权、使用权不明或有争议的财产，依法不得抵押的其他财产。

抵押物价值按照抵押物的市场成交价或评估价确定，需要评估的抵押物的评估费用由借款人负担。如果以所购汽车作为抵押物，以该车的价值全额抵押。

消费者和银行以书面形式签订抵押合同，内容包括：被担保的主债权种类、数额，债务人履行债务的期限，抵押物的名称、数量、质量、状况、所在地、所有权权属或使用权权属，抵押担保的范围，约定的其他事项。

合同签订后，双方要依照法律规定到办理抵押登记的部门办理抵押登记。如果以其他财产抵押，可以自愿办理抵押登记；如果以所购车辆设定抵押，应到车辆管理部门办理抵押登记。

对于以所购车辆设定抵押的，银行还要求必须在银行指定的保险公司办理车辆损失险、第三者责任险、全车盗抢险、自燃损失险等，并在保险单中明确第一受益人为银行，保险期限不能短于贷款期限。

抵押权设定后，所有能证明抵押物权属的证明文件(原件)均由银行保管，银行出具保管证明。

抵押担保的期限自抵押登记完成之日起至担保的债权全部清偿之日止。抵押终止后，办理抵押登记注销手续，解除抵押权。

2. 质押

质押是银行以消费者或第三方提供的，银行认可的符合条件的权利凭证作为质押权利而向消费者发放贷款的一种担保方式。

可以质押的权利有：汇票、支票、本票、债券、存款单、仓单、提单，依法可以转让的股份、股票，依法可以转让的商标专用权、专利权、著作权中的财产权，依法可以质押的其他权利。

要签订质押合同，内容包括：被担保的主债权种类、数额，债务人履行债务的期限，质物的名称、数量、质量、状况，质押担保的范围，约定的其他事项。

质押凭证交予银行保管，消费者不得对质押的权利凭证以任何理由挂失。质押担保的期限至还清贷款本息为止。

提前到期的质押凭证，应转换为储蓄存单、银行认可的有价证券继续质押，或用银行认可的财产替换质押改为抵押。

3. 连带责任保证

连带责任保证是银行以消费者提供的，银行认可的具有代为清偿债务能力的法人、其他经济组织或自然人作为保证人并承担连带责任而向消费者发放贷款的一种担保方式。

如果是法人或其他经济组织，必须具有代为清偿全部贷款本息的能力。如果是自然人，必须有稳定的收入，具有代为偿还贷款本息的能力，并在银行存有一定数额的保证金。许多销售商已开展“您买车，我担保”的服务项目。

保证人与银行以书面形式订立保证合同，主要内容有：被保证的主债权种类、数额，债务人履行债务的期限，保证的方式，保证担保的范围，保证的期间，约定的其他事项。合同一经签订，保证人承担全额连带责任。

保证期间，保证人变更、撤销、破产、死亡等，银行可以要求消费者提供新的保证人，否则提前收回贷款。

知识问答与技能训练

1. 消费贷款同经营性的贷款有什么区别和联系？
2. 请解释下列名词：

   首付　　贷款额度　　利率　　担保　　质押
3. 写一篇文章，分析和阐述汽车消费信贷对汽车销售的影响。

学习任务2.6 汽车消费贷款办理程序

学习目标

1. 掌握汽车消费贷款的术语；
2. 掌握汽车消费贷款的工作程序。

学习内容

1. 申请汽车消费贷款的条件；
2. 汽车消费贷款的术语；
3. 办理汽车消费贷款的程序。

学习方法

1. 情境式学习；

2. 模拟练习业务流程。

任务导入

顾客决定采用汽车消费信贷的方式购车，你知道怎样为顾客办理相关手续吗?

2.6.1 申请汽车消费贷款的条件

只有在银行特约经销商处购买汽车的消费者才能申请汽车消费贷款。凡申请汽车消费贷款的消费者必须具备下列条件。

1. 自然人

(1) 消费者必须年满18岁，并且是具有完全民事行为能力的中国公民。

(2) 消费者必须有一份较稳定的职业和较高且稳定的经济收入，或者拥有易于变现的资产，这样才能按期偿还贷款本息。这里的“易于变现的资产”一般指有价证券和金银制品等。

(3) 在申请贷款期间，消费者应在经办银行储蓄专柜的账户内存入不低于银行规定的购车首期款。

(4) 向金融公司或当地银行提供被认可的担保。如果消费者的个人户口不在本地，还应提供合法财产用于设定质押或抵押，或者由银行、保险公司提供连带责任保证，银行不接受消费者以贷款所购买车辆设定的抵押。

(5) 消费者愿意接受银行或金融公司提出的认为必要的其他条件。

2. 具有法人资格的企业、事业单位

(1) 具有偿还银行贷款能力。

(2) 在申请贷款期间将不低于银行规定的购买车辆首期款存入银行的会计部门。

(3) 向银行提供其认可的担保。

(4) 愿意接受银行提出的其他必要条件。

2.6.2 汽车消费贷款的额度、期限与利率

1. 贷款额度

消费者向银行或汽车集团的金融公司申请汽车消费贷款，有一定的借款限额。

消费者以可以质押的国库券、金融债券、国家重点建设债券、银行出具的个人存单，或银行、保险公司提供连带责任保证的，消费者可以申请的贷款最高限额为购车价款的80%，即消费者必须在银行存入的首期款不能低于车款的20%。

消费者以所购买车辆、房屋、其他地上附着物等不动产或依法取得的国有土地使用权作抵押的，其首期付款不得少于购车款的30%，即向银行申请贷款的最高限额为购车价款的70%。

消费者提供第三方连带责任保证方式(银行、保险公司除外)的，其首付款不得少于购车价款的40%，即向银行申请贷款的最高限额为购车价款的60%。

2. 贷款期限

消费者购买不同品牌的汽车可以申请贷款的期限不同，一般法人借款期限最长不超过3年(含3年)，自然人最长不超过5年(含5年)。如果车辆是用于出租营运、汽车租赁、客货运输等经营用途，最长不能超过2年(含2年)。近几年，各家银行或汽车集团内的金融公司根据汽车消费信贷的需求、汽车销售情况、汽车寿命、价格和用户的资信状况等因素，对办理汽车消费贷款的期限，制定了不同的规定。

3. 贷款利率

消费者申请的汽车消费贷款利率均按中国人民银行规定的中长期贷款利率执行或上浮一定的比例执行，并且随总行的利率调整，一年一定。

如果消费者想以贷款形式购买汽车，那么首先要确认所购汽车的经销商是否是银行指定的特约经销商，如果不是则无法申请汽车消费贷款。

2.6.3　自然人申请贷款的程序

(1) 消费者向银行信贷部门或汽车集团的金融公司提出申请，认真填写“汽车消费贷款申请表(自然人)”。

(2) 向信贷部门提供以下资料。

① 居民身份证、户口簿、居民委员会(或村民委员会)证明；已婚者还应提供配偶的居民身份证、户口簿、居民委员会(或村民委员会)证明。上述材料均需提供原件和复印件。

② 消费者个人的有关收入证明(见图2-2)，包括工资收入证明、出租车经营指标等。

③ 消费者与银行的特约经销商所签订的购车合同或协议。

④ 抵押物、质押物清单和有处分权或使用权的证书、估价文件、保险文件，质押

还须提供权利凭证，保证人同意保证的文件；如果以所购汽车作为抵押物，则不用提供上述材料。

个人收入证明

客户个人信息	
姓名：	证件种类和号码

工作单位信息
单位名称： 地址： 邮政编码：　　　　电话：
单位性质： ☐政府部门　☐国有　☐外资　☐民营 ☐　其他________________ ☐
员工人数：　　　　行业类别：

工作信息
在单位工作起始时间：　　　年　　月 工作合同性质： ☐无期限　☐固定期限　☐工作合同已取消　☐试用期内 职务/职称：
最近三个月平均工资（税后）：____________元人民币 大写：________________

金融机构声明：

上述信息在单位签字盖章一个月内有效；

上述信息将用于申请汽车贷款，请清晰填写真实信息。

工作单位盖章　　　　工作单位负责人签字及日期

图2-2　汽车消费贷款个人收入证明(范本)

⑤ 消费者将购车首期款足额存入银行的储蓄专柜，并出示储蓄专柜开出的购车首期存款证明(存折)。

⑥ 其他一些金融公司或银行需要的相关材料。

(3) 金融公司或银行受理了消费者的借款申请后，就开始对借款和保证人的资信情况、材料的真实性、偿还性、还款方式进行调查，需审查如下内容。

① 借款人所提供的材料是否齐全。

② 借款人所提供的材料原件是否真实、有效，原件与复印件是否吻合，材料之间是否一致。

③ 借款人的资信及收入状况，能否按时偿还贷款本息。

④ 保证人是否具有保证能力。

⑤ 抵押物或质押物的所有权是否属于抵押人或出质人，是否已设定抵押及其他相关情况。

(4) 如果保险公司同意办理汽车消费贷款分期还款保证保险，银行在对消费者进行调查后，应向消费者提供保险公司办理汽车消费贷款分期还款保证保险所需的材料清单。消费者把清单所列资料再提供给保险公司审查，以便保险公司确认是否接受消费者的投保。

(5) 银行信贷部门审查合格后报上级审批。同意贷款的，消费者便可以和银行签订“汽车消费借款合同”，并办理贷款的担保及保险手续。在签订借款合同时，消费者还要填写汽车消费贷款转存凭证。与此同时，消费者将首期款划入经销商账户。如果保险公司同意办理分期还款保证保险，消费者应当投保分期还款保证保险，保险受益人为银行。

银行信贷部门与消费者签订借款合同时，有效支付期一般规定为15个工作日，最长不超过30个工作日。

如果消费者不符合贷款条件，银行则需在贷款申请受理后的15个工作日内通知消费者，并且说明理由。

(6) 银行的审计部门再对信贷部门与消费者签订的各种法律文件(包括借款合同、担保合同、抵押合同、质押合同、补充协议等)进行复审，审核通过后双方签字盖章生效，然后信贷部门便向经销商出具“汽车消费贷款通知书”，经销商在收到“汽车消费贷款通知书”及首期款收款凭证后，消费者便可以在经销商处提车，经销商协助消费者到有关部门办理缴费及领取牌照等手续。此外，经销商还要在“汽车消费贷款通知书”所规定的时限内将购买发票、各种缴费凭证原件及行驶证复印件直接交与经办银行。

如今，汽车经销商为了方便消费者，减轻消费者的负担，与银行及保险公司联合推出1～2年期的个人汽车消费信贷，最大限度地放宽按揭条件，消费者只需用所购车辆向银行抵押担保，由经销商为购车人向银行提供连带责任保证，购车程序由经销商全面代理完成(包括合同签署、公证、汽车上户、上牌、抵押登记等)，最短3小时，最长7天即可提取新车。

汽车消费信贷流程及所需资料如图2-3所示。

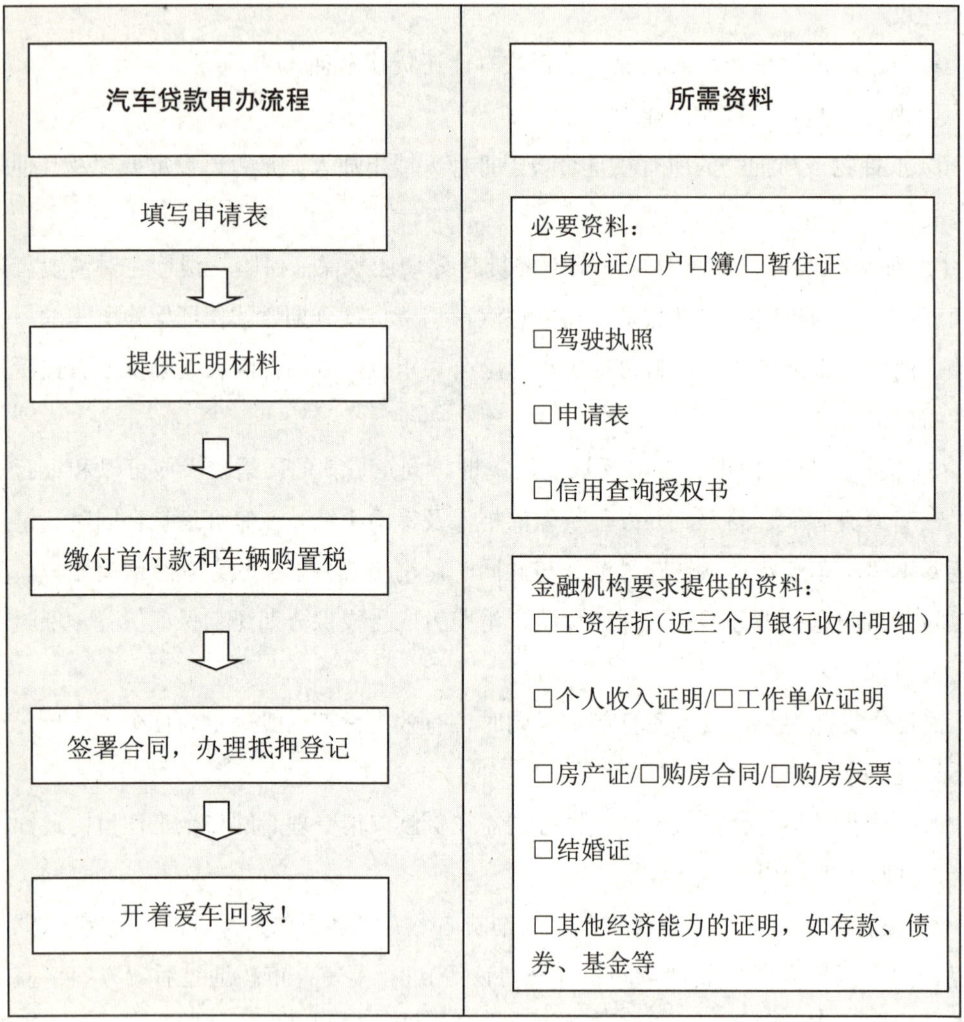

图2-3　汽车消费信贷流程及所需资料

2.6.4　汽车消费借款合同范本

汽车消费借款合同范本如下所示。

汽车消费借款合同

合同编号：

贷款人(全称)：________　银行________　分行地址：____________________

信贷业务电话：____________________　会计业务电话：________________

传真：______________________　借款人(全称)：______________________

自然人身份证号码：____

企业法人营业执照号码：______________________________________

借款人住址(地址)：____________________　电话：______________________

传真：____________________　开立基本存款账户银行：__________________

账号：____

本借款合同由当事人根据中国人民银行《汽车消费贷款管理办法》和《中国建设银行汽车消费贷款实施细则》经协商一致签署，双方承诺恪守信誉，严格履行。

第一条　借款金额

人民币(大写)____________元，(小写)____________________元。

第二条　借款期限

借款期限自________年____月____日至________年____月____日。

第三条　借款用途

用于向__________________(经销商)购买__________________牌汽车。

第四条　贷款支用

贷款支用是指将贷款从贷款账户划到借款人指定的存款账户。

本合同项下借款有效支用期为本合同生效之日起____________个工作日，在有效支用期内，贷款人收到所购车辆的物权证明后，借款人应当一次性支用借款。借款人支用借款采取__________(直接支用/专项支用)方式，贷款人将借款直接转入____________(借款人/经销商)在贷款人处开立的存款账户内。超过有效支用期，则贷款人有权取消借款人未支用的借款。

第五条　借款利率

月利率__________‰，借款期内利率实行一年一定，待一年期满时，根据当时中国人民银行确定的相当档次的贷款利率确定下一年的借款利率。

第六条　利息和利息支付

贷款利息自贷款转存到借款人指定的账户之日起按实际使用天数计算，实行按季付息，借款人应当在每一付息日(每季末20日)如数支付该期借款利息。

第七条　还款

借款人从支用借款的__________(次月/本季)开始按__________(月/季)等额偿还贷款本金__________元。还款日期定为每月(季末月)_____日至_____日，最后一期还款必须在贷款到期日之前偿清。

借款人未按本合同约定的还款计划按时偿还的贷款部分视为逾期贷款。

具体还款计划为：

(1)　　年　　月	(2)　　年　　月
(3)　　年　　月	(4)　　年　　月
(5)　　年　　月	(6)　　年　　月
(7)　　年　　月	(8)　　年　　月
(9)　　年　　月	(10)　　年　　月
(11)　　年　　月	(12)　　年　　月
(13)　　年　　月	(14)　　年　　月
(15)　　年　　月	(16)　　年　　月
(17)　　年　　月	(18)　　年　　月
(19)　　年　　月	(20)　　年　　月
(21)　　年　　月	(22)　　年　　月
(23)　　年　　月	(24)　　年　　月
(25)　　年　　月	(26)　　年　　月
(27)　　年　　月	(28)　　年　　月
(29)　　年　　月	(30)　　年　　月
(31)　　年　　月	(32)　　年　　月
(33)　　年　　月	(34)　　年　　月
(35)　　年　　月	(36)　　年　　月
(37)　　年　　月	(38)　　年　　月
(39)　　年　　月	(40)　　年　　月

(41)　　年　　月　　　　(42)　　年　　月
(43)　　年　　月　　　　(44)　　年　　月
(45)　　年　　月　　　　(46)　　年　　月
(47)　　年　　月　　　　(48)　　年　　月
(49)　　年　　月　　　　(50)　　年　　月
(51)　　年　　月　　　　(52)　　年　　月
(53)　　年　　月　　　　(54)　　年　　月
(55)　　年　　月　　　　(56)　　年　　月
(57)　　年　　月　　　　(58)　　年　　月
(59)　　年　　月　　　　(60)　　年　　月

借款人部分或全部提前归还借款本息，应当提前通知贷款人，并征得贷款人同意。贷款人已计收的利息不随期限、利率的变化而调整。

第八条 合同的变更与解除

(一) 本合同生效后，借贷双方任何一方不得擅自变更和解除。

(二) 借款人如将本合同项下的权利和义务转让给第三方，应事先经贷款人书面同意，其转让行为在受让单位和贷款人重新签订借款合同后生效。

(三) 借款人发生合并、分立、承包及股份制改造等转制变更时，要事先征得贷款人的书面同意。

(四) 本合同项下当事人变更住址(地址)、电话或传真号码应当事先通知其他当事人。

(五) 借款人死亡或经人民法院宣告失踪、死亡，借款人的财产代管人或合法继承人应当继续履行借款合同约定的还款义务。

第九条　借款担保

(一) 对于本合同项下的借款本息，借款人应当选择下述一种或两种方式提供担保。

1. 第三方保证方式担保；

2. 抵押方式担保；

3. 质押方式担保。

需另行签订“保证合同”或(和)“质押合同”或(和)“抵押合同”作为本合同的从合同。

(二) 借款人以抵押方式提供担保的，需办理抵押登记及保险手续，并应当在保险合同中明确贷款人为该项保险的第一受益人。保险期限不得短于贷款期限。在抵押期间，借款人不得以任何理由中断或撤销保险；在保险期内，如发生保险责任范围以外的损毁，均由借款人负全部责任；如保险中断，贷款人有权代为保险，所需一切费用由借款人负担。

第十条　借款人和贷款人的权利和义务

(一) 借款人有权要求贷款人按合同约定发放贷款；

(二) 借款人应当按合同约定的还款计划按时归还全部借款本息；

(三) 借款人应当按合同约定用途使用贷款，不得将贷款挪作他用；

(四) 借款人应当按照贷款人的要求提供有关资料，并对资料的真实性负责；

(五) 贷款人有权对贷款的使用情况进行检查；

(六) 贷款人有权对借款人的经营情况进行监督；

(七) 贷款人应当按照合同约定及时足额发放贷款。

第十一条　违约责任

(一) 借款人未按本合同约定用途使用贷款，贷款人对挪用部分从挪用之日起按日利率万分之__________计收利息。

(二) 借款人未按本合同约定偿还借款，贷款人从贷款逾期之日起按日利率万分之__________计收利息；借款人未在本合同规定的付息日足额支付利息，贷款人对未支付部分按季计算复利。

(三) 借款人未按本合同约定按时偿还借款本息，贷款人有权从借款人在贷款人处开立的任何账户按先利息后本金的顺序直接扣收。如果账户中款项的货币与贷款货币不同，贷款人有权按当日外汇牌价折算成贷款货币清偿贷款本息。

(四) 借款人同意在发生下列情况之一时，贷款人有权停止借款人用款，提前收回已发放的贷款本息或依法处置抵押物或质物：

1. 借款人违反本合同第八条(一)、(二)、(三)、(四)款约定；

2. 借款人违反本合同第十条(二)、(三)、(四)款约定；

3. 借款人收入或经营状况明显恶化或发生其他足以影响其偿债能力或缺乏偿债诚意的行为；

4. 设有抵押、质押或第三方保证的借款合同，抵押物、质物因意外毁损不足以偿清本合同项下的贷款本息，保证人违反保证合同或丧失承担连带责任能力，借款人又无法落实符合贷款人要求的新担保时；

5. 借款人违反本合同第十二条约定的。

(五) 贷款人未按本合同约定按时足额发放贷款，影响借款人按本合同规定使用借款，贷款人应当按日息40‰支付借款人违约金。

第十二条　其他约定事项

1.

2.

3.

第十三条　合同争议解决方式

甲、乙双方在履行本合同过程中发生争议时，可以通过协商解决，也可以直接向贷款人所在地人民法院提起诉讼。在协商或诉讼期间，本合同不涉及争议部分的条款双方仍须履行。

第十四条　合同生效

本合同自双方法定代表人(或其授权代理人)签字并加盖公章后与抵押(质押)合同或保证合同同时生效。

本合同一式____份，正本____份，副本____份，副本与正本具有同等法律效力。

第十五条　合同附件

借款人的借款申请书、贷转存凭证和其他贷款人认为应当成为合同附件的文件均作为合同的附件，是本合同的组成部分。

借款人：　　　　　　　　(公章)

法定代表人或授权代理人(签字)：

贷款人：中国建设银行　　　　　　行(公章)

法定代表人或授权代理人(签字)：

年　　月　　日

知识问答与技能训练

1. 练习填写一份“汽车消费贷款申请表”。
2. 由一名同学扮演顾客，一名同学扮演信贷员，模拟汽车消费贷款的办理过程。
3. 练习签订一份汽车消费借款合同。

学习任务2.7 汽车消费贷款的偿还方法

学习目标

掌握汽车消费贷款偿还额的计算方法。

学习内容

汽车消费贷款偿还额的计算方法。

学习方法

1. 情境式学习；
2. 模拟练习汽车消费贷款办理业务流程。

任务导入

顾客选择汽车消费信贷方式购车，你能帮助顾客制订一个还款计划和计算还款额吗?

2.7.1 汽车消费贷款的偿还方法

汽车消费贷款的法人借款期限一般不超过3年，自然人借款期限一般不超过5年。目前，多家银行推出了还款期限为8年的优惠条件，使汽车消费贷款的业务开展得更加广泛。

目前，比较常用的贷款偿还方法有两种：等额本息还款法和等额本金还款法。具体采用哪种还款方法，需要顾客和银行(或金融公司)协商而定。

1. 等额本息还款法

现在汽车消费贷款更多地选择等额本息还款法，即按月等额归还本金和利息的还款方法，即每月以相等的金额偿还贷款本金和利息的和。

计算公式为

$$每月还款额=\frac{贷款本金\times月利率\times(1+月利率)^{还款期数}}{(1+月利率)^{还款期数}-1}$$

用字母表示为

$$A=\frac{Pi(1+i)^n}{(1+i)^n-1}$$

式中：

A表示每月还款额；

P表示贷款本金；

i表示月利率；

n表示还款期数(单位为月)。

其中，$\frac{i(1+i)^n}{(1+i)^n-1}$可以根据复利系数表查得。

2. 等额本金还款法

等额本金还款法又称为递减还款法，是指按月平均归还借款本金(等额偿还本金)，借款利息逐月结算还清的还款方法。

计算公式为

某月还款额=贷款本金÷还款期数+(贷款本金−已还本金)×月利率

用字母表示为

$$L_m=P\div n+(P-\sum P_{m-1})i$$

式中：

L_m表示第m期还款额；

$\sum P_{m-1}$表示第$m-1$期已还本金累计额。

等额本金还款法的特点是本金在整个还款期内平均分摊，利息则按贷款本金余额逐期计算，每月还款额在逐渐减少，但偿还本金的数额是保持不变的，较适用于还款初期还款能力较强、并希望在还款初期归还较大款项来减少利息支出的借款人。

2.7.2　汽车消费贷款案例

小王在一家电脑公司供职，月收入5 000元；爱人小张是中学教师，月收入1 500元。由于居住地距离工作单位较远，两人一直有买车的愿望。由于手头积蓄不多，所以选择贷款买车。经过在某汽车经销商处咨询，在汽车消费贷款代理人员的指导下，了解了申请汽车消费贷款的条件、程序、利率、期限、还款等问题后，决定购买。

具体申请程序如下所述。

(1) 小王夫妇向银行提出贷款购车申请，并按银行要求填写“个人汽车消费贷款调查表”。

(2) 向银行提供以下相关手续：

① 户口簿原件及3张复印件；

② 小王的免冠照片6张；

③ 小王的身份证原件及3张复印件、小张的身份证原件及3张复印件；

④ 户口所在地派出所出具的加盖户籍专用章的两人详细信息浏览单；

⑤ 居委会、房产物业管理部门开出的常住地证明及房产证复印件；

⑥ 银行认可的收入证明(由两人所在单位出具)；

⑦ 与汽车贸易公司签订的“汽车消费借款保证合同”；

⑧ 银行认可的其他资料。

(3) 资料经银行审查合格后，小王和银行签订“汽车消费借款合同”，并在银行缴纳车辆保险费。一般说来，保险期限不能低于贷款期限。如果所购汽车价值超过10万元，小王还应该向银行提供其他资产证明并经有关部门同意。

(4) 几天后，银行批准了该项贷款，小王就可以到汽车经销商那里选车并缴纳首付款。

(5) 及时向银行指定的保险公司提供所选车的车型号、发动机号、车架号等，以便保险公司及时出具保险单据。

(6) 小王和银行到公证处对所签订的合同进行公证。

(7) 待完成上述手续后，汽车贸易公司代理办理汽车上户手续，并将汽车交给小王。

上述手续全部在汽车贸易公司销售现场一次性办理，最短3小时，最长7天，小王就可把车开回家。小王从买车的下月起按时归还贷款，5年(或3年、8年)内全部归还完毕，到银行办理贷款结清手续，领回相关资料。

(8) 贷款的本金和利息计算。

小王购买的某品牌轿车价格为142 000元，首付款30%，即42 600元，申请的贷款为99 400元。银行提供12个月、18个月、24个月、30个月、36个月、60个月等不同的贷款偿还期限。

① 采用等额本息还款法计算，计算公式为

$$A=\frac{Pi(1+i)^n}{(1+i)^n-1}$$

注：还款的期数单位为月。

当时的各期贷款月利率分别为：1年期4.875‰、18个月4.92‰、3年期为4.95‰，5年期为5.25‰。

选择1年期贷款，每月还款8 548.73元(本金8 283.33元，利息265.4元)，还款期内共支付利息为3 184.8元。

选择18个月的贷款，每月偿还5 806.74元(本金5 522.22元，利息284.52元)，还款期内共支付利息为5 121.36元。

选择3年期贷款，每月还款3 015.26元(本金2 761.11元，利息254.15元)，还款期内共支付利息为9 149.4元。

选择5年期贷款，每月还款1 936.08元(本金1 656.67元，利息279.41元)，还款期内共支付利息为16 764.6元。

② 采用等额本金还款法计算。以一年期贷款为例，每月还款的金额如表2-1所示。

表2-1　等额本金还款法计算表

还款期数n	归还本金	月利率i	已还本金$\sum P_{m-1}$	归还利息$(P-\sum P_{m-1})i$	当期还款额
1	8 283.33	4.875‰	0	484.58	8 767.91
2	8 283.33	4.875‰	8 283.33	444.19	8 727.52
3	8 283.33	4.875‰	16 566.66	403.81	8 687.14
4	8 283.33	4.875‰	24 850.00	363.58	8 646.91
5	8 283.33	4.875‰	33 133.32	323.05	8 606.38
6	8 283.33	4.875‰	41 416.65	282.67	8 566.00
7	8 283.33	4.875‰	49 700.00	242.29	8 525.62
8	8 283.33	4.875‰	57 983.31	201.91	8 485.24
9	8 283.33	4.875‰	66 266.64	161.52	8 444.85
10	8 283.33	4.875‰	74 549.97	121.14	8 404.47
11	8 283.33	4.875‰	82 833.33	80.76	8 364.09
12	8 283.33	4.875‰	91 116.67	40.38	8 323.71
合计	99 400.00	5.85%	99 400.00	3 150.00	102 550.00

从上述两种计算结果可以看出，等额本息还款法归还的利息比等额本金还款法归还的利息要高一些。等额本息还款法适用于在还款期内收入和偿还能力稳定的顾客；而等额本金还款法适用于短期内资金比较充足，前期可通过较多还款而节约总利息支出的顾客。

知识问答与技能训练

张军和李红夫妇选择贷款方式购买一辆汽车，车辆价格为10万元，3成首付，贷款利率为6%，分5年偿还。请分别用等额本息还款法和等额本金还款法计算每月应偿还的本息和，并比较两者的差异。

学习任务2.8 交车业务

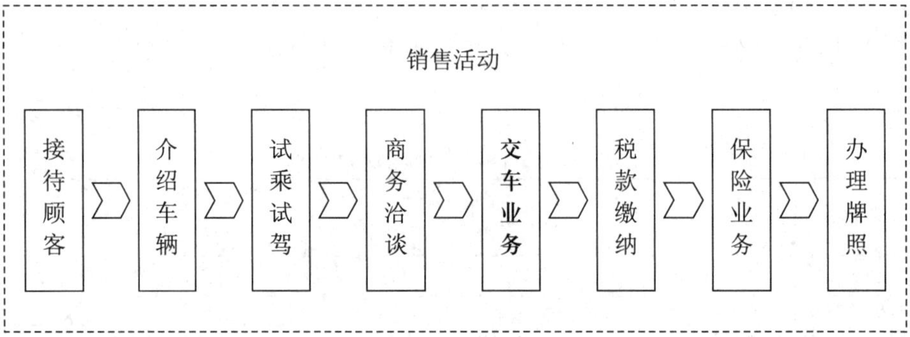

学习目标

1. 掌握交车业务的工作标准；
2. 掌握各种手续的办理方法。

学习内容

1. 交车业务的程序；
2. 各种汽车手续的办理方法。

学习方法

1. 情境式学习；
2. 模拟练习业务流程。

任务导入

你了解在交车时应遵循的业务流程吗？

1. 交车前的准备

用户决定购买某款汽车后，销售人员根据选择的型号、颜色、配置等情况，同库存管理人员联系后，和顾客约定提车时间。

汽车销售不像其他产品的销售，除了汽车产品本身是一种技术比较复杂、价格昂贵的商品外，汽车销售过程中又存在诸多变数。一方面，汽车公司或专营店的车库里不可能随时备有客户想要的任何一种车型；另一方面，即使客户下了订单付了车款，也不能当时就提车。因为汽车不同于一般的普通商品，在把汽车交到客户手里之前，必须经过汽车公司或专营店规范的PDI检查(新车交车前的检查)，在确认交给客户的车辆没有任何质量问题后才可以通知客户提车。

销售部将车卖出去之后，将与客户约定的内容填写到PDI工联单中去，工联单上有客户姓名、联系电话、购买车型、价钱、相关要求、加装配件等，然后按照业务流程一个部门一个部门地转送，并在每一个部门中详加落实。例如，新车仓库管理员接到工联单后，按照工联单的内容将指定的车辆及其随车配件、工具提交给售后服务部门；售后服务部门也按照工联单的内容检查、核实，安装与客户约定的装饰配件等；PDI完成后，将车辆停到新车待交区，再将工联单交给财务部；财务部根据工联单的内容核查客户的购车款是否已全额到账，若已到账，则要准备好相关的车辆资料(如合格证、发票等)，并及时通知销售部门安排向客户交车的时间。

交车前要对涉及车辆的相关文件进行仔细、全面的检查，确认无误后，装入文件袋，以便交给客户。这些文件包括：产品合格证、使用说明手册、保修手册、交车确认表、PDI检查表(见图2-4)、销售顾问和服务顾问的名片等。

交车当天，销售人员还要根据PDI预检单对各检查项目进行确认。

2. 交车流程

(1) 顾客按约定时间来到公司准备提车，销售人员带领客户将准备好的车辆开到清洁车间，清洗车身后将车辆停至宽敞明亮处，指导顾客检查车辆。首先检查外观，看车身有无漆面划伤、剥落、凹痕、锈点等；检查车身是否周正、平整，线条是否平直、缝隙是否均匀。如果出现小的漆面瑕疵，可以交给维修部门进行相应的处理；如果是顾客接受不了的缺陷，可能要考虑给顾客提供其他相同规格的备选车辆。如果顾客对一些小的缺憾不太在意，销售人员请示销售经理后，可以给顾客一定的优惠，或者赠送一些装饰礼品。

(2) 检查完车辆外观后，让顾客坐在驾驶座位上，销售人员坐在副驾驶位置上，对车辆的操作和控制系统进行详细的说明和介绍，包括点火启动与关闭发动机、仪表和警示查看、方向盘调整、指示灯光开关使用、雨刷器操作、座椅调整、安全带与安全气囊位置、空调使用、电动车窗控制、电动后视镜调整、车内灯光控制、CD和收音机操作等，并耐心解答顾客提出的问题，提醒顾客注意驾驶中的一些安全事项。

(3) 销售人员应陪同顾客进行试驾，让顾客体验汽车的转向、变速和制动等操控性能。

(4)试驾完毕，将车辆停稳后，根据PDI检查单上列示的各项内容与顾客进行核对，如果顾客没有异议，请顾客在相应的位置签字。

(5) 与顾客签订“汽车购销合同”，对车辆的交易和售后服务等事项进行约定，保障顾客和汽车企业的利益。

××轿车售前检查卡（PDI）

车型代码	底盘号	发动机号	经销商代码	交车日期

1	底盘号、发动机号、车辆标牌是否清晰，是否与合格证号码相符
2	底盘号、发动机号、车辆标牌是否符合交通管理部门规定
3	核对随车文件（与上牌照相关文件）是否正确
4	目视检查发动机舱（上部和下部）中的部件有无渗透及损失
5	运输模块：关闭
6	检查发动机机油油位，必要时添加机油，注意机油规格
7	检查冷却液液位（液位应达到MAX.标记与MIN.标记之间）
8	检查制动液液位（液位应达到MAX.标记与MIN.标记之间）
9	检查蓄电池状态、电压、电极卡是否紧固
10	检查前桥、主传动轴、转向系及万向节防尘套有无渗透及损失
11	检查制动液储液罐及软管有无渗透及损失
12	检查车底板有无损伤
13	检查轮胎及轮辋状态，将轮胎充气压力（包括备用车轮）调到规定值
14	检查车轮螺栓及自锁螺母拧紧力矩
15	检查底盘各可见螺栓拧紧力矩
16	检查车身漆面及装饰件是否完好
17	检查风窗及车窗玻璃是否清洁完好
18	检查内饰各部位及行李箱是否清洁完好
19	检查座椅调整及后座椅折叠功能及安全带功能
20	检查所有电器、开关、指示器、操纵件及车钥匙的功能
21	检查刮水器及清洗器功能，必要时加注清洗液（零件号：G052164）
22	检查车内照明灯、警报/指示灯、喇叭及前大灯调整功能
23	检查电动车窗升降器定位情况、中央门锁及后视镜调整功能
24	校准时钟，保养周期指示器清零
25	检查收音机功能，将收音机密码贴于收音机说明书上
26	检查空调功能，将自动空调的温度调至22° C
27	检查副驾驶员安全气囊钥匙开关和“开/关功能”指示灯，将开关置于“开”位置
28	查询各电控单元故障存储，清除故障记忆
29	检查钥匙、随车文件、工具及三角警示标牌是否齐全
30	装上车轮罩、点烟器及脚垫
31	除去前轴减震器上的止动器（运输安全件），取下车内后视镜处的说明条
32	试车：检查发动机、变速箱、制动系、转向系、悬挂系等功能
33	除去车内各种保护套、垫及膜
34	除去车门边角塑料保护膜
35	填写《保养手册》内的交车检查证明，加盖经销商PDI公章

本车已按生产厂规定完成交车前检查，质量符合生产厂技术规范。

经销商签字：____________ 用户签字：____________

图2-4 PDI检查范本

(6) 顾客根据销售顾问填写的交款单据到财务部门交纳购车款。汽车4S店都有POS机，方便顾客交款。财务部门收款后，要开具电子计算机打印的国家税务机关监制的“机动车销售统一发票”(见图2-5)，该发票需要填写顾客的身份证号码或组织机构代码，个人购车需要提供身份证，单位购车需要提供组织机构代码复印件。

(7) 将随车文件，如产品合格证书、车辆使用手册、保养手册、技术数据等交与顾客。

(8) 汽车销售人员向顾客引见汽车售后顾问，售后顾问向顾客介绍保养常识和售后服务的有关事项，并为顾客建立管理档案。

至此，在汽车4S店内的交车活动全部完成，但是汽车销售人员的工作还没有结束。现在的汽车销售公司都免费代理缴纳各种税费、代理投保、代理办理牌照，所以，汽车销售人员应继续指导顾客办理交车后的手续。

有的汽车销售公司的销售人员全程陪同顾客办理交车后的手续，有的公司则安排专门的业务人员接续销售人员办理店外的服务工作。

机　动　车　销　售　统　一　发　票

发　票　联

发票代码
发票号码

开票日期

机打代码 机打号码 机器编号		税控码			
购货单位（人）		身份证号码/组织机构代码			
车辆类型		厂牌型号		产地	
合格证号		进口证明书号		商检单号	
发动机号		车辆识别代码/车架号			
价税合计				小写（¥　　　）	
销货单位名称		电话			
纳税人识别号		账户			
地址		开户银行			
增值税税率或征收率		税额		主管税务机关及代码	
不含税价	小写	吨位		限乘人数	

销货单位盖章　　开票人　　备注：一车一票

图2-5　机动车销售专用发票样张

知识问答与技能训练

1. 两人一组，由一名同学扮演顾客，互相练习向顾客交车的工作过程。

2. 模拟业务人员，练习办理各种汽车交易中的手续。

学习任务2.9 税款缴纳

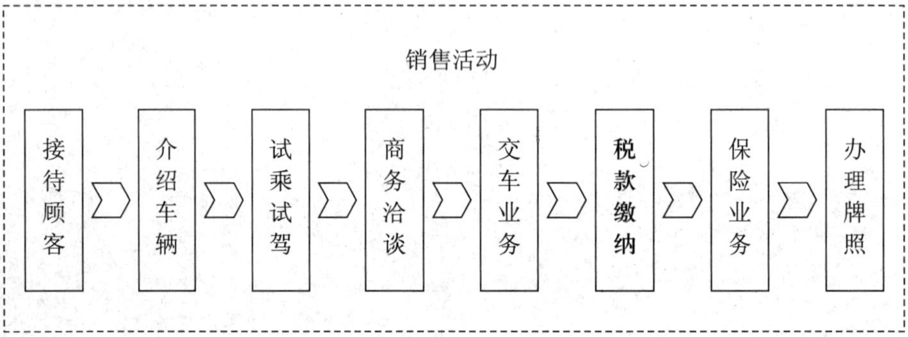

学习目标

1. 了解车辆购置税、车船使用税的知识；

2. 掌握车辆购置税的缴纳方法；

3. 掌握车船使用税的缴纳方法。

学习内容

1. 车辆购置税、车船使用税的知识；

2. 车辆购置税、车船使用税的征税方法。

学习方法

1. 情境式学习；

2. 模拟练习业务流程。

任务导入

你知道购车时要缴纳哪些税款吗？如何缴纳？

2.9.1　车辆购置税

1. 车辆购置税概述

车辆购置税是以在中国境内购置的规定车辆为课税对象，在特定的环节向车辆购置者征收的一种税。

车辆购置税具有以下三个特点：一是在购置车辆的特定环节实行一次课征；二是征税具有特定用途，即用于交通建设；三是车辆购置税实行价外征收，纳税人即负税人，税负不转嫁。

开征车辆购置税的意义有以下四点：有利于筹集财政资金，为交通基础设施建设提供稳定的来源；有利于规范政府行为，完善财税制度改革；有利于调节收入差距，缓解社会分配不公；有利于配合打击走私，维护生产厂家和国家的权益。

车辆购置税以列举的应税车辆为征税对象，包括汽车、摩托车、电车、挂车、农用运输车五大类。

在我国境内购置《车辆购置税暂行条例》规定的应税车辆的单位和个人，为车辆购置税的纳税人。以上所称“购置”，包括购买、进口、自产、受赠、获奖或者以其他方式取得并自用应税车辆的行为。以上所称“单位”，包括国有企业、集体企业、私营企业、股份制企业、外商投资企业、外国企业以及其他企业和事业单位、社会团体、国家机关、部队以及其他单位；所称“个人”，包括个体工商户以及其他个人。

车辆购置税实行统一比例税率，税率为10%。

2. 车辆购置税的缴纳

车主购买新车后，需到税务机关缴纳车辆购置税。车辆购置税的税率为10%(国产车为除去增值税部分的车价的10%，进口车为进口环节各项税费组成的计税价格的10%)。

缴税时需要准备的资料如下所述。

(1) 购车发票原件及复印件。

(2) 车辆合格证(进口车持货物进口证明书和商检证明)及复印件。

(3) 本人身份证明(单位车辆持单位法人代表证书)及复印件。

个人及单位车辆均可用现金或支票缴纳，用支票缴税时必须保证银行付款。如因存款不足、印鉴不符等原因造成银行退票，车主需在接到电话通知的当天，到征税处更换支票。否则，从应交税之日起，按日加收应交税款千分之三的滞纳金。

缴税后，车主可以获得税务机关颁发的“车辆购置税完税证明”和缴税收据(税收通用完税证)。

车辆购置税的收据上一般注明：车主、车牌、进口(国产)车计税、滞纳金、附加税证号等。车主需注意该收据正、副联内容必须一致，证上要加盖车辆落籍地车购税征收专用章，否则无效。

车辆购置税完税证明(封皮见图2-6、样张见图2-7)和缴税收据，是办理机动车登记和牌照的必备文件。

图2-6　车辆购置税完税证明封皮

中　华　人　民　共　和　国

税　收　通　用　完　税　证

填发日期：　　年　　月　　日　　征收机关：

纳税人代码				地址		
纳税人名称				税款所属时期		年　月　日
税种	品目名称	课税数量	计税金额或销售收入	税率或单位税额	已缴或扣除额	实缴金额
金额合计	大写：					￥：
税务机关（盖章）	委托代征单位（盖章）		填票人（章）		备注	

图2-7　车辆购置税完税证样张

3. 车辆购置税的计算

车辆购置税的计算公式为

$$车辆购置税=(含增值税的购车价款\div1.17)\times10\%$$

$$车辆购置税=不含增值税的购车价款\times10\%$$

如果车价中不含增值税，用户还须到税务机关缴纳增值税，税额为车辆价格的17%。

4. 车辆购置税凭证丢失补办手续

如果车主不慎将车辆购置税凭证丢失，可通过规定程序补办，具体手续如下所述。

(1) 车主向车辆购置税征税处提出书面申请(内容包括：缴税人姓名、遗失凭证类别、号码和简要经过；车辆类别、型号、牌照号码；本人签字并注明本人身份证号码)。

(2) 出示购车原始发票并提交2份复印件。

(3) 出示缴纳车辆购置税的收据并提交2份复印件。

(4) 征税处代办登报挂失手续或车主自行办理登报挂失手续。

(5) 补办车辆购置附加税凭证。

5. 车辆购置税凭证过户手续

随着车辆的过户，车辆购置税也应过户。具体手续为：提交车辆购置税凭证；出示行车执照；出示过户发票(经旧车交易市场办理的持"旧机动车交易市场凭证"；经海关办理的持"中华人民共和国海关各国使领馆公私用物品转让申请书"；上下级单位内部调拨的持上级单位的调拨证明)；办理车辆购置税凭证过户手续。

6. 车辆购置税凭证变更手续

如果车主的单位名称或车辆的发动机号码发生变更，车辆购置税凭证也应随之发生变更。具体手续为：出示车辆购置税凭证；出示行车执照；出示变更依据(变更单位名称的，持工商行政管理机关的名称变更证明或上级主管机关的证明；变更发动机号码的，持购买发动机发票或修理单位证明)；办理车辆购置税凭证变更手续。

7. 车辆购置税退税手续

如果缴税人已在征税处缴纳车辆购置税，但因车辆质量问题或非车主自身原因在落籍前退车的车辆，按以下手续办理退税：缴税人提交退税申请，写明退税理由，并注明退税车辆的车型、发动机号、底盘号；出示原经销单位或生产厂家出具的退车原因证明；出示退车发票；出示原购车发票和车辆合格证(或复印件)；提交原车辆购置税凭证(正副联)和车辆购置税收据。

2.9.2　车船使用税

1. 车船使用税概述

车船使用税是对行驶于我国公共道路的车辆和航行于国内河流、湖泊或领海的船舶依法征收的一种税。

车船使用税是对在我国境内依法应当到公安、交通、农业、渔业、军事等管理部门办理登记的车辆、船舶，根据其种类，按照规定的计税单位和年税额标准计算征收的一种财产税。开征车船使用税，有利于充分发挥税收的经济杠杆作用，调节经济收入，平衡税收负担；有利于加强对车船的管理，减少盲目购置车船，并可为地方建设积累资金，改善公共道路，促进交通运输事业的发展。

车船使用税的征税对象包括行驶于公共道路的车辆和航行于国内河流、湖泊或领海的船舶。

2. 计税方法

车船使用税的计算公式为

应纳税额=应纳税车辆数量(或自重吨位)×适用税额标准

应纳税额=应纳税船舶净吨位×适用税额标准

3. 纳税地点

购买机动车交通事故责任强制保险的车辆，在购买交强险所在地缴纳车船税；不购买交强险的车辆和船舶，向纳税人所在地的主管地方税务机关缴纳车船税。

4. 征收标准

随着我国汽车数量的增加，关于汽车的税收法律法规逐渐完善。目前，车主需要按照2011年车船税标准及时缴纳车船税。需要注意的是，由于车船税属于地方税收，各地的车船税标准也有所不同。

具体征收标准：载客汽车每辆60～660元，载货汽车按自重每吨16～120元，三轮汽车低速货车按自重每吨24～120元，摩托车每辆36～180元。其中，载客汽车划分为大型客车、中型客车、小型客车和微型客车4个子税目，每年税额幅度为大型客车480～660元，中型客车420～660元，小型客车360～660元，微型客车60～480元。

乘用车的车船税基准税额如表2-2所示。

表2-2 乘用车车船使用税基准税额

乘用车排气量/升	年基准税额/元
1.0(含)以下	60～360
1.0～1.6(含)	300～540
1.6～2.0(含)	360～660
2.0～2.5(含)	660～1 200
2.5～3.0(含)	1 200～2 400
3.0～4.0(含)	2 400～3 600
4.0以上(含)	3 600～5 400

某省自2012年1月1日开始实施的新车船税法的征收标准和2011年车船税标准有所不同，将按照车辆的尾气排放量进行征收，尾气排放量越大，车船税价格就越高。具体比较如表2-3所示。

表2-3　某省车船使用税征收税额比较表

原税目	原税额/元	新税目/升	新税额/元
微型汽车	360	1.0(含)以下	300
小型载客汽车	480	1.0～1.6(含)	420
		1.6～2.0(含)	480
		2.0～2.5(含)	900
		2.5～3.0(含)	1 800
		3.0～4.0(含)	3 000
		4.0以上	4 500

5. 纳税时间

新购车辆应在办理完牌照一个月内缴纳车船使用税。新购车辆的税款分月计税，不满15日不计税，满15日按1个月计税。在以后的使用中，由于汽车属于个人使用，根据规定，凡个人纳税的机动车全年税额一次缴纳，各地均有指定办理日期。

6. 纳税地点

如果车主有自己的营业机构，那么可以在独立核算营业机构的所在地地方税务机关纳税；如果车主无自己的营业机构，可以在居住地地方税务机关纳税。

从2008年起，车船使用税由承办交通事故责任强制保险的保险公司每年在缴纳交强险保险费时代为征收。

7. 违章处理

根据《中华人民共和国税收征收管理法》的规定，如果纳税人未按纳税期限申报纳税，除补交所欠税款外，对逾期缴纳当年税款的车辆每辆处以100元以下罚款；对经检查发现未缴当年税款的车辆每辆处以200元以下罚款；对抗税不交的，除令其补税和处以应纳税款5倍以下罚款外，公安、交通、农机部门可暂扣车辆牌证，情节严重构成犯罪的，依法追究刑事责任；对未按规定位置粘贴、安装纳税标志的机动车每辆处以50元以下罚款。

知识问答与技能训练

1. 缴纳车辆购置税时需要准备哪些资料？
2. 办完缴税手续，顾客应该取得哪些凭据？这些凭据有什么作用？

3. 某客户购买一辆国产轿车，车价为117 000元(含增值税)，该客户应该缴纳多少车辆购置税？如果车价不含增值税，又该缴纳多少车辆购置税？

学习任务2.10 保险基础知识

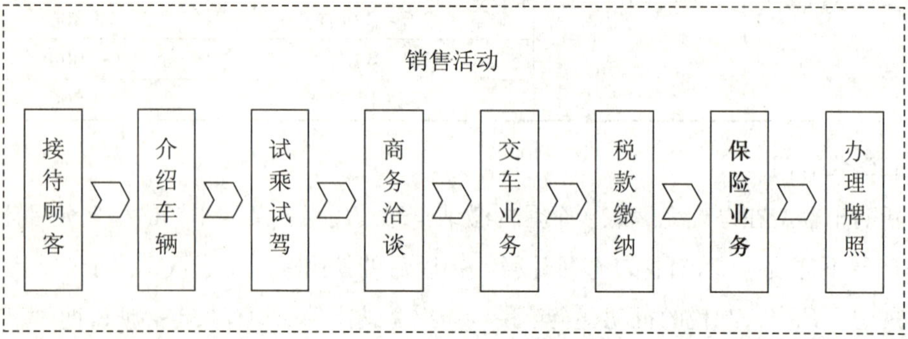

学习目标

1. 了解保险基本知识；
2. 熟悉保险术语；
3. 掌握机动车保险的意义；
4. 掌握保险合同的各种形式。

学习内容

1. 保险的定义；
2. 保险术语；
3. 保险合同及种类。

学习方法

1. 记忆保险知识；
2. 模拟练习保险咨询业务。

任务导入

你了解多少保险知识？机动车保险有什么意义？

2.10.1　保险的定义

保险是指投保人根据合同约定，向保险人支付保险费，保险人对于合同约定的可能发生的事故因其发生所造成的财产损失承担赔偿保险金责任，或者当被保险人死亡、伤残、疾病或者达到合同约定的年龄期限时，承担给付保险金责任的商业保险行为。

从经济角度来说，保险是分摊意外事故损失的一种财务安排。投保人参加保险，实质上是将其不确定的大额损失变成确定的保险支出，即保险费。而保险人集中了大量同类风险，通过向所有被保险人收取保险费建立保险基金，用于补偿少数被保险人受到的意外事故损失。因此，保险是一种有效的财务安排，并体现了一定的经济关系。

从法律角度来说，保险是一种合同行为，体现的是一种民事法律关系。根据合同约定，一方承担支付保险费的义务，换取另一方为其提供经济补偿或给付的权利，体现了民事法律关系的内容——主体之间的权利和义务关系。

机动车车辆保险是车辆使用者根据国家有关法规和保险条款，向保险人支付保险费，保险人对于法规规定或保险合同约定的可能发生的事故因其发生所造成的人员伤亡、财产损失等承担赔偿保险金责任的经济行为。

2.10.2　保险术语

1. 保险人

保险人是指与投保人订立保险合同，按约定收取保险费，并在保险责任范围内给付赔偿金的一方。保险人是通过承揽保险业务实施社会保障的机构或获得收益的商业(金融)机构，前者如社会医疗保险机构、养老保险机构等，后者为商业性的保险公司。

2. 投保人

投保人是指提出要约并与保险人订立保险合同，按约定缴纳保险费，如果发生保险责任范围内的事故和损失，可获得保险赔偿金的一方。投保人主体一般为个人或团体。如拥有汽车的客户或团体，决定投保车辆保险，这里的“客户或团体”就是投保人。

3. 被保险人

被保险人是指其财产或者人身受保险合同保障，享有保险金请求权的人。被保险人有两个范畴：一是因保险事故发生而遭受损失的人。机动车辆保险合同中，被保险人是保险车辆的所有人或具有共同利益的人。二是享有赔偿请求权的人，投保人不享有赔偿请求的权利，只有请求向被保险人给付保险赔偿的权利。

投保人与被保险人有两种关系：第一，投保人与被保险人有相等的关系。机动车辆保险中，投保人以自己的车辆投保，投保人也是被保险人。第二，投保人与被保险人有不相等的关系。投保人以他人的机动车辆投保，投保人与被保险人分属两者。这时要求投保人对于被保险人的财产损失具有直接或间接的利益关系。

4. 保险标的(保险对象)

发生风险的主体是保险对象，称为保险标的。例如，人身保险的标的是人的生命或身体，财产保险的标的是投保的财产本身和相关的利益与责任，机动车辆保险的标的是机动车辆及其相关利益等。

5. 保险价值

保险价值是指投保时作为确定保险金额的保险标的的价值。

6. 保险金额

保险金额是指保险人承担赔偿或给付保险金责任的最高限额，是被保险人对保险标的的实际投保金额，是保险人计算保险费的依据。

保险金额可按新车购置价值确定，也可按车辆的实际价值或保险双方当事人协商确定。

7. 保险费

保险费是指根据保险金额和相应的费率计算的由被保险人向保险人支付的金额。

8. 保险代理人

保险代理人是指根据保险人的委托，向保险人收取手续费，并在保险人授权的范围内代为办理保险业务的单位和个人。保险代理人有专业代理人、兼业代理人和个人代理人三种形式。汽车销售部门代理机动车保险属于兼业代理人中的行业代理。

9. 保险经纪人

保险经纪人是指代表投保人(客户)选择保险公司，同保险人洽谈保险条款、代办保险手续的保险中间人。经纪人是投保人的代理人，他们为维护顾客的利益，可同任何保险人签订保险合同。经纪人也可以直接从保险人那里购买保单，但只是单纯的代为购买，不承担有关的技术性服务，由保险人直接对投保人负责。汽车销售部门的保险代办业务，属于经纪人性质的业务，而且一般是免费的服务项目。

2.10.3 机动车保险的重要意义

如今，交通事故已成为继心脏病和中风病之后的世界第三号“杀手”，每天汽车交通恶性事故频繁发生，一个个事例让人毛骨悚然、触目惊心。根据统计，2015年，我国道路交通事故万车死亡人数为2.1人，根据年末全国民用汽车保有量17 228万辆

(包括三轮汽车和低速货车955万辆)计算，由于道路交通事故造成36 000多人死亡，经济损失达数十亿元。车祸猛于虎，一点都不夸张。

交通事故带来的伤害和损失往往无法用金钱来衡量，这不仅因为机动车碰撞、倾覆等会导致一定的损失和修理费用支出，更重要的是，交通事故会给受害者及其家人带来生活上的痛苦和精神上旷日持久的创伤。

如果车主认识到保险的必要性，投保了机动车保险，一旦发生车祸，将得到一定的补偿。下面的案例可以说明投保机动车保险的重要性。

个体司机甲驾驶载客25人的中巴车在雨中与乙驾驶的运饲料的五十铃货车相撞，中巴车翻落山沟，死亡3人，重伤20人，轻伤2人；货车侧翻，所运货物散落山间。这起事故造成直接经济损失67万元。事故发生后，经交通警察大队裁定，双方负同等责任，即各承担事故损失的50%。由于甲投保了机动车辆保险和第三者责任险，所承担的33.5万元赔偿金中，有30.15万元从保险公司的保险赔偿中得到了补偿，自己承担的金额仅为3.35万元；而乙认为自己投保的货车已几年没出事故，认为交保险费属于白交，所以没有续保，其所负的33.5万元的损失赔偿，只能由自己独立承担。甲由于损失少，车辆修复后继续从事营运；而乙由于债台高筑，家庭生活陷入低谷。

在汽车成为家用消费品的今天，为了尽量减少使用汽车可能带来的经济损失，参加保险是非常必要的。我国目前的汽车管理办法规定，必须投保交通事故责任强制保险，才具有上路行驶资格，并且要求把交强险的标志粘贴在汽车前风挡的右上角，便于交通管理部门查验。根据《道路交通安全法》的相关规定，没有在正确位置粘贴标志的车主不但会被处以相应的罚款，还将被处以扣分处罚。检验合格标志和保险标志应当粘贴在机动车前窗右上角(不可遮挡视线)。上路行驶的机动车未按规定粘贴检验合格标志的，机动车驾驶人将被处以50元罚款、扣1分；上路行驶的机动车未按规定粘贴保险标志的，机动车驾驶人将被处以50元罚款、扣1分。

2.10.4　机动车辆保险合同的法律特征

保险合同，也称为保险契约，是经济合同的一种。它是保险人与投保人双方，经过要约和承诺程序，在自愿的基础上订立的一种在法律上具有约束力的协议。即根据当事人双方约定，投保人向保险人缴纳保险费，保险人在标的遭受约定的事故时，承担经济补偿或给付责任的一种经济行为。保险合同是保险人与投保人约定权利和义务关系的协议。

机动车辆保险合同属财产保险合同的一种，是指以机动车辆及其有关利益作为保险标的的保险合同。由于机动车辆保险业务在财产保险公司的所有业务中占有重要地位，机动车辆保险合同是财产保险公司经营过程中的重要合同。机动车辆保险合同具有如下法律特征。

(1) 与一般合同的共有特征，具体包括以下几个。

① 订立机动车辆保险合同是当事人双方的一种法律行为。机动车辆保险合同是投保人提出保险要求，经保险人同意，双方意思表示一致才告成立。当事人意思表示一致是合同区别其他法律行为的重要标志。

② 订立机动车辆保险合同是当事人双方在社会地位平等的基础上产生的一项经济活动，是双方当事人平等、等价、意思一致的一项民事法律行为。

③ 机动车辆保险合同与其他合同一样，必须合法，才能得到法律的保护。

(2) 机动车辆保险合同的特征，具体包括以下几个。

① 机动车辆保险合同是有偿合同。机动车辆保险合同的生效以投保人交付保险费为条件，或者说以交付保险费为代价换取保险人承担风险。这一点体现出机动车辆保险合同是有偿合同的特征。

② 机动车辆保险合同是射幸合同。所谓射幸合同，是相对于等价合同而言的，即不等价合同。由于机动车辆保险事故发生的频率及损失程度的不确定性，倘若发生了保险事故，对单个被保险人来说，其获得的保险赔款远大于他所缴纳的保险费；倘若没有发生保险事故，被保险人虽然缴纳了保险费，也不能得到赔款。但从被保险人整体来看，保险费的总和总是与保险赔款支出趋于一致，所以从保险关系的总体的角度来说，这种合同内容的有偿交换又是等价的。机动车辆保险合同的这种在特定条件下的等价和不等价特征，称为射幸性。

③ 机动车辆保险合同是最大诚信合同。投保人提出要约后，必须将合同中规定的要素如实告知保险人，如果发现对车辆本身的危险情况没有告知、隐瞒或错误告知，即使合同生效已久，保险人也不负赔偿责任。保险人也必须将合同内容及特别注意事项、免赔责任如实向投保人解释，不得误导或引诱投保人参加车辆保险。最大诚信原则对双方是同样适用的。

④ 机动车辆保险合同是对人的合同。机动车辆投保后，保险车辆的过户、转让或者出售，必须事先通知保险人，保险人同意并将保险单或保险凭证批改后，原合同才继续有效，否则保险责任即行终止。因为保险事故的发生，除了客观自然因素外，还与投保人、被保险人的责任心及道德品质有关，倘若新的车辆所有者想利用保险骗得赔款，那么保险岂不成为一种必然危险？

⑤ 机动车辆保险合同是双务合同。双务合同是指当事人双方互相承担义务、互相

享有权利。投保人承担支付保险费的义务，保险人承担约定事故出现后的赔款义务；投保人或被保险人在约定事故发生后有权向保险人索赔，保险人也有权要求投保人缴纳保险费。

2.10.5　机动车辆保险合同的形式

机动车辆保险合同的内容主要用来规定保险关系双方当事人所享有的权利和承担的义务，它通过保险条款使这种权利和义务具体化。保险公司通常设计了机动车辆保险合同的固定格式，并将保险条款附于合同背面。

1. 投保单

投保单又称要保单，或投保申请书，是投保人申请保险的一种书面形式。通常，投保单由保险公司事先设计并印制，上面列明了保险合同的具体内容，投保人只需按照投保单上列明的项目逐项填写即可。投保人填写好投保单后，保险人审核同意签章承保，即接受了投保人的书面要约，说明合同已告成立。

机动车辆投保单的主要内容包括：被保险人和投保人的名称、保险车辆的名称、投保的险别、保险金额、保险期限等。上述内容经保险人签章后，保险合同即告成立，保险人按照约定的时间开始承担保险责任。如到达保险双方当事人约定的时间，保险人仍未签发保险单，投保单仍具有法律效力。

2. 暂保单

暂保单是保险人出立正式保单以前签发的临时保险合同，用以证明保险人同意承保。暂保单的内容较为简单，仅包括保险标的、保险责任、保险金额以及保险关系当事人的权利、义务等。

暂保单具有与正式保单同等法律效力。同正式保单相比，暂保单的内容相对简单、保险期限短，可由保险人或兼业保险代理机构签发；而正式保单尽管法律效力与暂保单相同，但其内容较为复杂，保险期限通常为一年，只能由保险人签发。

3. 保险单

保险单简称保单，是保险人和投保人之间订立保险合同的正式书面凭证。它根据机动车辆投保人申请，在保险合同成立之后，由保险人向投保人签发。保险单上列明了保险合同的所有内容，它是保险双方当事人确定权利、义务和被保险人在发生事故遭受经济损失后向保险人索赔的重要依据。

4. 保险凭证

保险凭证是保险人发给被保险人证明保险合同已经订立的一种凭证。它也是保险合同的一种存在形式。保险凭证是一种简化的保险单，它没有详细的保险条款，凡凭证没有记载的内容，均以同类险种的保险单为准。

在机动车辆保险业务中，保险人除签发保险单外，还须出具保险凭证，用以证明被保险人已经投保机动车辆损失险及第三者责任险，便于交通事故的处理。

5. 批单

批单是更改保险合同某些内容的更改说明书。变更事项频繁出现，重新出具保险单非常烦琐，批单的出现和使用成为必然。投保人或被保险人在保险有效期内如果需要更改保单部分内容，需向保险人提出申请，保险人如同意更改则将批改的内容在保单或保险凭证上批注或附贴便条。凡经批改过的内容均以批单为准，批单是保险单中的一个重要组成部分。

6. 书面协议

保险人经与投保人协商同意，可将双方约定的承保内容及彼此的权利、义务关系以书面协议的形式明确下来。这种书面协议也是保险合同的一种形式。与正式保单相比，书面协议的内容不事先确定，而是根据保险关系双方当事人协商一致的结果来签订，具有较大的灵活性和针对性，是一种不固定格式的保险单，它与保险单具有同等法律效力。

知识问答与技能训练

1. 请解释下列名词：

保险人　被保险人　保险受益人　第三者责任　保险标的

保险金额　保险价值　商业保险　社会保障保险

2. 两人一组，由一名同学扮演保险代理人员，互相练习向顾客宣传机动车保险，以理解其重要意义。

学习任务2.11 机动车辆保险种类

学习目标

1. 熟悉机动车辆保险的种类；
2. 掌握机动车辆商业保险的险种；
3. 掌握交通事故责任强制保险的意义。

学习内容

1. 机动车保险的种类；
2. 机动车辆商业保险的险种；
3. 交通事故责任强制保险的特点。

学习方法

1. 记忆机动车辆保险知识；
2. 模拟练习机动车辆保险咨询业务。

任务导入

你知道机动车辆保险有哪些种类吗?

我国机动车辆保险包括机动车辆商业保险和交通事故责任强制保险两大类。

机动车辆商业保险由保险公司根据国家保险监督委员会制定的保险条款，开展保险业务。是否参保机动车辆商业保险、如何选择保险险种和保险金额，属于机动车车主的自愿行为。

目前，我国实施的是2007年4月1日起生效的《机动车辆商业保险条款》，该条款分A、B、C三款，保险公司可以根据实际情况选择适用的条款，经保险监督委员会核准后，不得再转换。

交通事故责任强制保险是依据《道路交通安全法》和《交通事故责任强制保险条例》强制要求机动车车主每年都必须参加的保险，由经过保监会核准的保险公司承办。

2.11.1 机动车辆商业保险

机动车辆商业保险由基本险和附加险组成。

1. 基本险

基本险是可以独立投保的险种，是机动车辆商业保险中的主要险种，也称为主险。

在2007年4月1日起实施的机动车辆商业保险条款(A款)中，包括如下几项基本险。

(1) 车辆损失险。下列原因造成保险车辆的损失，保险人负责赔偿：碰撞、倾覆；火灾、爆炸；外界物体倒塌、空中运行物体坠落、行驶中平行坠落；雷击、暴风、龙卷风、暴雨、洪水、海啸、地陷、冰陷、崖崩、雪崩、雹灾、泥石流、滑坡；载运保险车辆的渡船遭受自然灾害(只限于有驾驶人员随车照料者)；发生保险事故时，被保险人对保险车辆采取施救、保护措施所支出的合理费用，保险人负责赔偿，但此项费用的最高赔偿金额以保险金额为限。

(2) 第三者责任险。被保险人允许的合格驾驶人员在使用保险车辆过程中发生意外事故，致使第三者遭受人身伤亡或财产的直接损毁，依法应当由被保险人支付的赔偿金额，保险人依照保险合同的规定给予赔偿。但因事故产生的善后工作，由被保险人负责处理。

(3) 机动车盗抢保险。在保险期间，被保险机动车发生下列损失和费用，保险人依照保险合同的约定负责赔偿：被保险机动车被盗窃、抢劫、抢夺，经出险当地县级以上公安刑侦部门立案证明，满60天未查明下落的全车损失；被保险机动车全车被盗窃、抢劫、抢夺后，受到损坏或车上零部件、附属设备丢失需要修复的合理费用；被保险机动车在被抢劫、抢夺过程中，受到损坏需要修复的合理费用。

(4) 机动车车上人员责任保险。在保险期间，被保险人或其允许的合法驾驶人在使用被保险机动车过程中发生意外事故，致使车上人员遭受人身伤亡，依法应当由被保险人承担的损害赔偿责任，保险人依照保险合同的约定负责赔偿。

2. 附加险

附加险是在投保了基本险的基础上方可投保的险种，即依赖于特定的基本险而存在的保险险种，对基本险保险责任起到补充作用。

在2007年4月1日起实施的机动车辆商业保险条款(B款)中，包括如下几项附加险。

(1) 玻璃单独破碎险。在保险期间，保险车辆在使用过程中，发生本车风挡玻璃或车窗玻璃的单独破碎，保险公司按实际损失赔偿。

投保人在与保险公司协商的基础上，自愿按进口或国产玻璃选择投保，保险公司根据其选择承担相应的保险责任。

(2) 车身划痕损失险。在保险期间，保险车辆发生无明显碰撞痕迹的车身表面油漆单独划伤，保险公司根据合同规定按实际损失负责赔偿。

(3) 基本险不计免赔特约险。经特别约定，保险事故发生后，按照投保人选择投保的商业第三者责任保险、车辆损失险或车上人员责任险的事故责任免赔率计算的，或按照全车盗抢险的绝对免赔率计算的，应当由被保险人自行承担的免赔金额部分，保险公司负责赔偿。

基本险各险种的不计免赔率特约责任彼此独立存在，投保人可选择分别投保，并适用不同的费率。

2.11.2　交通事故责任强制保险

1. 交通事故责任强制保险的含义

交通事故责任强制保险(简称交强险)是我国首个由国家法律规定实行的强制保险制度。《机动车交通事故责任强制保险条例》(以下简称《条例》)规定：交强险是由保险公司对被保险机动车发生道路交通事故造成受害人(不包括本车人员和被保险人)的人身伤亡、财产损失，在责任限额内予以赔偿的强制性责任保险。交强险标志票样如图2-8、图2-9所示。

图2-8　交强险标志票样(正面)

图2-9　交强险标志票样(反面)

交强险是责任保险的一种。目前实行的商业机动车第三者责任保险(以下简称“商业三责险”)是按照自愿原则由投保人选择购买的。在现实中，商业三责险的投保比率比较低，致使发生道路交通事故后，因没有保险保障或致害人支付能力有限，受害人往往得不到及时的赔偿，从而造成大量的经济赔偿纠纷。因此，实行交强险制度就是通过国家法律强制机动车所有人或管理人购买相应的责任保险，以扩大三责险的投保面，最大限度为交通事故受害人提供及时和基本的保障。

建立机动车交通事故责任强制保险制度有利于道路交通事故受害人获得及时、有效的经济保障和医疗救治；有利于减轻交通事故肇事方的经济负担；有利于促进道路交通安全，通过“奖优罚劣”的费率经济杠杆手段，促进驾驶人增强安全意识；有利于充分发挥保险的社会保障功能，维护社会稳定。

2. 交强险和现行商业三责险的区别

(1) 赔偿原则不同。根据《中华人民共和国道路交通安全法》的规定，对机动车发生交通事故造成人身伤亡、财产损失的，由保险公司在交强险责任限额范围内予以赔偿。而商业三责险中，保险公司是根据投保人或被保险人在交通事故中应负的责任来确定赔偿责任的。

(2) 保障范围不同。除了《条例》规定的个别事项外，交强险的赔偿范围几乎涵盖所有道路交通责任风险。而商业三责险中，保险公司不同程度地设定免赔额、免赔率或责任免除事项。

(3) 具有强制性。根据《条例》规定，机动车的所有人或管理人都应当投保交强险。同时，保险公司不能拒绝承保、不得拖延承保和不得随意解除合同。

(4) 经营原则不同。根据《条例》规定，交强险实行全国统一的保险条款和基础费率，保监会按照交强险业务总体上“不盈利不亏损”的原则审批费率。

(5) 交强险实行分项责任限额。交强险责任限额是指被保险机动车发生道路交通事故，保险公司对每次保险事故所有受害人的人身伤亡和财产损失所承担的最高赔偿金额。交强险总的责任限额(每次事故的最高赔偿额)为12.2万元，其中死亡伤残赔偿限额为11万元，医疗费用赔偿限额为1万元，财产损失赔偿限额为2 000元。被保险人在交通事故中无责任的情况下，死亡伤残赔偿限额为1.1万元，医疗费用赔偿限额为1 000元，财产损失赔偿限额为100元。

交强险主要是承担广覆盖的基本保障。对于更多样、更高额、更广泛的保障需求，消费者可以在购买交强险的同时自愿购买商业三责险和车损险等商业车险，使自己拥有更高水平的保险保障。

3. “奖优罚劣”费率浮动方式

根据《条例》规定，交强险费率水平将与道路交通安全违法行为和道路交通事故挂钩，安全驾驶者可以享有优惠的费率，交通肇事者将负担高额保费。

每辆机动车只需投保一份交强险。如投保人需要获得更高的责任保障，可以选择购买不同责任限额的商业三责险。

4. 交强险的保险期限

根据《条例》规定，交强险的保险期间为1年。仅在以下4种情形下，投保人可以投保1年以内的短期交强险。

(1) 境外机动车临时入境的。

(2) 机动车临时上道路行驶的。

(3) 机动车距规定的报废期限不足1年的。

(4) 保监会规定的其他情形。

5. 受害人抢救费用的垫付

道路交通事故具有突发性。为了确保交通事故受害人能得到及时、有效的救治，《条例》规定，对于驾驶人未取得驾驶资格或者醉酒的、被保险机动车被盗抢期间肇事的、被保险人故意制造道路交通事故的情况，保险公司将在交强险医疗费用赔偿限额内垫付抢救费用。同时对于垫付的抢救费用，保险公司有权向致害人追偿。

下列情况下，救助基金将垫付受害人的抢救费用：抢救费用超过机动车交通事故责任强制保险责任限额的；肇事机动车未参加机动车交通事故责任强制保险的；机动车肇事后逃逸的。

6. 交强险死亡伤残和医疗费用赔偿项目

(1) 死亡伤残赔偿项目包括：丧葬费、死亡补偿费、交通费、残疾赔偿金、残疾辅助、器具费、护理费、康复费、被扶养人生活费、住宿费、误工费、精神损害抚慰金(依照法院判决或者调解承担)。

(2) 医疗费用赔偿项目包括：医药费、诊疗费、住院费、住院伙食补助费、后续治疗费、整容费、营养费。

7. 交强险的投保人或被保险人享有的权利

投保人或被保险人除了可按照交强险条款约定在保险事故发生时获得赔偿，还享有以下权利。

(1) 投保人在投保时选择具备从事交强险业务资格的保险公司，保险公司不得拒绝或者拖延承保。

(2) 签订交强险合同时，保险公司不得强制投保人订立商业保险合同以及提出附加其他条件的要求。

(3) 保险公司不得解除交强险合同(除投保人对重要事项未履行如实告知义务)。

(4) 被保险机动车发生道路交通事故，被保险人或者受害人通知保险公司的，保险公司应当立即给予答复，告知被保险人或者受害人具体的赔偿程序等有关事项。

(5) 被保险机动车发生道路交通事故的，由被保险人向保险公司申请赔偿保险金。保险公司应当自收到赔偿申请之日起1日内，书面告知被保险人需要向保险公司提供的与赔偿有关的证明和资料。

(6) 保险公司应当自收到被保险人提供的证明和资料之日起5日内，对是否属于保险责任做出核定，并将结果通知被保险人。对不属于保险责任的，应当书面说明理由；对属于保险责任的，在与被保险人达成赔偿保险金的协议后10日内，赔偿保险金。

8. 投保人购买交强险的注意事项

(1) 投保时，投保人应当如实填写投保单，向保险公司如实告知重要事项，并提供被保险机动车的行驶证和驾驶证复印件。

(2) 签订交强险合同时，投保人应当一次支付全部保险费。不得在保险条款和保险费率之外，向保险公司提出附加其他条件的要求。

(3) 应当在被保险机动车上放置保险标志。

(4) 在保险合同有效期内，被保险机动车因改装、加装、使用性质改变等导致危险程度增加的，被保险人应当及时通知保险公司，并办理批改手续。

(5) 交强险合同期满，投保人应当及时续保，并提供上一年度的保险单。

(6) 被保险机动车发生交通事故，被保险人应当及时采取合理、必要的施救和保护措施，并在事故发生后及时通知保险公司。同时，被保险人应当积极协助保险公司进行现场查勘和事故调查。发生与保险赔偿有关的仲裁或者诉讼时，被保险人应当及时书面通知保险公司。

(7) 交强险投保后不得退保。以下情况除外：被保险机动车依法被注销登记的；被保险机动车办理停驶的；被保险机动车经公安机关证实丢失的。如果出现上述情况，保险公司应按照规定退还相应保费。

(8) 投保后被保险人应该注意以下事项：

① 在被保险机动车上指定位置粘贴交强险标志。交强险标志遗失或损毁，应及时到保险公司办理相关手续。

② 在交强险合同有效期内，被保险机动车因改装、加装、使用性质改变等导致危险程度增加，被保险人应及时通知保险公司，并办理批改手续。

③ 交强险的保险期为1年。合同期满，被保险人应及时续保，并提供上一年度的保险单。保险公司不能拒绝承保、不得拖延承保。

(9) 出险后被保险人应该注意如下事项：及时采取合理、必要的施救和保护措施；及时通知保险公司；积极协助保险公司进行现场查勘定损和事故调查。

(10) 被保险机动车发生交通事故后，索赔时应当向保险公司提供以下材料：

① 交强险的保险单；

② 被保险人出具的索赔申请书；

③ 被保险人和受害人的有效身份证明、被保险机动车行驶证和驾驶人的驾驶证；

④ 公安机关交通管理部门出具的事故证明，或者人民法院等机构出具的有关法律文书及其他证明；

⑤ 被保险人根据有关法律法规规定选择以自行协商方式处理交通事故的，应当提供《交通事故处理程序规定》规定的记录交通事故情况的协议书；

⑥ 受害人财产损失程度证明、人身伤残程度证明、相关医疗证明以及有关损失清单和费用单据；

⑦ 其他与确认保险事故的性质、原因、损失程度等有关的证明和资料。

(11) 保单遗失后的补办。交强险保单发生遗失的，需由被保险人申请，保险公司应向其提供两份交强险保单(业务留存联)复印件，并分别加盖“保单专用章”或“业务专用章”。其中，一份由被保险人留存，另一份用于办理车辆注册登记等相关手续，由公安交通管理部门留存。

9. 未注册登记机动车投保交强险

投保人为未注册登记机动车办理交强险时，应持有机动车出厂合格证书(国产车)或机动车进口凭证(进口车)。保险公司在办理未注册登记机动车交强险的过程中，应当确保交强险保单上的“厂牌型号”“发动机号码”和“识别代码(车架号)”3项信息与机动车出厂合格证书(国产车)或机动车进口凭证(进口车)保持一致，并将不打印“号牌号码”的交强险标志与交强险保单一并提供给投保人。车管部门在办理机动车注册登记手续时，应按上述3项信息确定该车辆已按规定投保交强险，并为其办理相关注册登记手续。

保险公司在办理未注册登记机动车交强险的过程中，如需变更保险单的“厂牌型号”“发动机号码”或“识别代码(车架号)”等栏目信息，应在出具正式批单的同时，提供1份加盖“保单专用章”或“业务专用章”的批单正本(交投保人)复印件，用于该车辆办理注册登记等相关手续，由公安交通管理部门留存。

交强险保险单样章如图2-10所示。

中国保险监督管理委员会监制

机动车交通事故责任强制保险单（正本）

保险单号：

被保险人					
被保险人身份证号码（组织机构代码）					
地址				联系电话	
被保险机动车	号牌号码		机动车种类		使用性质
	发动机号码		识别代码（车架号）		
	厂牌型号		核定载客		核定载质量
	排量		功率		登记日期
责任限额	死亡伤残赔偿限额	110 000元	无责任死亡伤残赔偿限额	11 000	
	医疗费用赔偿限额	10 000元	无责任医疗费用赔偿限额	1 000	
	财产损失赔偿限额	2 000元	无责任财产损失赔偿限额	100	
与道路交通安全违法行为和道路交通事故相联系的浮动比率				%	
保险费合计（人民币大写）		（￥： 元）			
保险期间自 年 月 日 时起至 年 月 日 时止					
保险合同争议解决方式					
代收车船税	整备质量		纳税人识别号		
	当年应缴	￥： 元	往年补缴	￥： 元	滞纳金 ￥： 元
	合计（人民币大写）			（￥： 元）	
	完税凭证号（减免税证明号）		开具税务机关		
特别约定					
重要提示	1.请详细阅读保险条款，特别是责任免除和投保人、被保险人义务。 2.收到本保险单后，请立即核对，如有不符或疏漏，请及时通知保险人并办理变更或补充手续。 3.保险费应一次性交清，请您及时核对保险单和发票（收据），如有不符，请及时与保险人联系。 4.投保人应如实告知对保险费计算有影响的或被保险机动车因改装、加装、改变使用性质等导致危险程度增加的重要事项，并及时通知保险人办理批改手续。 5.被保险人应当在交通事故发生后及时通知保险人。				
保险人	公司名称： 公司地址： 邮政编码： 服务电话： 签单日期：				

核保： 制单： 经办：

图2-10 交强险保险单样张

知识问答与技能训练

1. 机动车的范围是如何界定的？
2. 机动车保险的基本险和附加险的含义是什么？
3. 简述交通强制保险同商业保险的区别与联系。
4. 现行的机动车商业保险条款分为几个部分？
5. 机动车保险的基本险一般有哪些？各有哪些保险责任？
6. 交通强制保险的保险责任有哪些？

学习任务2.12 | 机动车辆保险的投保程序

学习目标

1. 掌握机动车保险的投保程序；
2. 掌握各种保险费的计算方法。

学习内容

机动车保险的投保程序。

学习方法

1. 情境式学习；
2. 模拟练习业务流程。

任务导入

你知道如何办理机动车保险手续吗？

机动车保险的投保程序包括以下步骤。

1. 购买暂保单

购买新车后，车主可凭发票购买保险期为20天的暂保单，在领取正式牌照后，购买正式保险。

2. 选择投保项目

交通责任强制保险属于必须投保的险种。除此之外，投保商业保险的险种越多，所能得到的保障就越全面，但所需缴纳的保险费也就越多，汽车销售顾问应该指导客户根据具体需要及缴费能力确定投保项目。由于附加险依附于基本险，故需首先投保基本险，才能投保附加险。

如果购买的车辆属于高档汽车，除投两个主险外，还应该投全车盗抢险、车上责任险、玻璃单独破碎险和不计免赔特约险；如果购买的车辆属于低档汽车，只投两个主险和全车盗抢险即可。

对于长时间使用汽车的车主或者刚学会开车的车主，由于在路上发生事故的概率较高，应当购买车损险；对于二手车的车主，由于二手车经常会出现小毛病，应考虑购买车损险；如果所处地区治安状况一般，丢车现象经常发生，应购买盗抢险；营运车辆的车主必须购买车上责任险，否则一旦发生事故，车主是赔偿不起的。

对于影响不大的险种可以不投保，如新增加设备损失险，如果未增加新设备，不必购买该项保险。

3. 填写投保单

投保单需根据填写要求，逐栏详细、真实地填写。如投保车辆较多，投保单容纳不下，则要填写投保单附表。填写时字迹要清楚，如有涂改，应签章于涂改更正处。

在机动车辆投保单(见图2-11)中，吨位和座位，是指经公安交通管理部门核准的载货吨位或载客座位(含驾驶员座位)。

车辆损失险的保险价值，即投保当地的同类新车当时的购置价。

车辆损失险保险金额，是保险公司对投保车辆发生保险责任范围内损失所承担的最高赔偿限额，由投保人根据购置价格、使用期限及折旧程度等核算得出，并应得到保险公司认可。保险金额超过保险价值部分无效。

第三者责任险每次事故最高赔偿额，按保险公司提供的每次事故最高赔偿额选择填写，车主自愿选择投保。

保险期限是指保险合同的起止时间，通常为一年，也可根据实际情况投保短期保险，填写此项时应征得保险公司的同意。

特别约定是指投保人和保险公司就有关保险合同未尽事宜的约定，是在基本条款基础上的补充。

在填写完全部内容并核实无误后，投保人须在投保人签章处签章，并填写投保日期。

机 动 车 辆 投 保 单

本投保单是保险人订立合同的依据,敬请投保人依次详实填写。

投 保 人：__________ 地址：____________________________________ 电话：____________

号牌号码		厂牌型号		发动机号		车架号	
行驶区域		使用性质		座位/吨位		初次登记年月	

车辆损失险					第三者责任险	
保险价值	保险金额	费率（%）	基本保险费	保险费小计	赔偿限额	保险费小计

有关情况

1.保险情况　(1)新保 (2)转保 (3)续保

2.上年保单号:____________________

3.有无索赔记录？

(1)有　　次　(2)无

4.投保车辆是自己的吗？ (1)是　(2)否

5.投保车辆是否分期付款购买？

(1)是　(2)否

6.有无约定驾驶员？　(1)是　(2)无

7.有无防盗装置？　(1)有　(2)无

8.是否有车库？　(1)有　(2)无

9.本投保车辆所有手续是否合法？

(1)是　(2)否

附加险

险别		保险金额（赔偿限额）	费率（固定保险费）	保险费
全车盗抢险				
车上责任险	车上座位	元/座×座	元/座	
	车上货物			
无过失责任险				
车载货物掉落责任险				
玻璃单独破损险				
车辆停驶损失险		元/日×日		
自燃损失险				
新增加设备损失险				
不计免赔特约险				
小计				

无赔款优待金额:

保险费合计(小写):　　　　　　　　(大写):

保险期限: 自 200　年　月　日零时起至 200　年　月　日二十四时止

特别约定:

1.同一保险期限内，多次发生保险事故，从第二次起依次递增5%的免赔率。2.保险车辆的装载未经公安交管部门批准而超载（重）、超宽、超长、超高所致保险事故造成的损失,保险人不予赔偿。3.持驾驶执照不满一年肇事者,免赔率增加10%。4.特种车辆的作业或行驶,必须严格按照正确的操作规定进行,否则保险公司有权拒绝赔偿。5.本保险单在保险车辆取得交通管理部门核发的行驶证、号牌后次日生效。

投保人声明	
上述各项内容填写属实，同意作为订立合同的依据。贵公司已将本投保单载明的条款，特别是责任免除条款，向我作了详尽说明。 投保人签章： 200　年　月　日	核保人意见： 核保人： 经办人：　200　年　月　日

图2-11　机动车辆投保单样张

4. 审核投保单

保险公司收到投保人填写的投保单及附表后，应结合投保车的有关证明详细审核，并会同投保人验查投保车。若有疑问可向投保人提出并要求投保人做出合理解释；如投保单填写有误或有遗漏，保险公司应提出更正。当投保金额低于重置价值时，保险公司应向投保人明确赔偿标准及计算依据。

5. 核定保险费

保险费的核定应结合车辆的使用性质和种类，在费率表中查得各保险种类相对应的费率，应用如下公式或方法予以确定

保险费总额=车辆损失险保险费+第三者责任险保险费+附加险保险费

车辆损失险保险费的计算公式为

车辆损失险保险费=基本保险费+保险金额×费率

第三者责任险的保险费只需从费率表中查出各个档次的赔偿额所对应的固定保险费金额即可。

附加险保险费的计算公式为

附加险保险费=保险金额×相应的费率

车辆损失险、第三者责任险和附加险应一并投保。

保险费率是以“年”为单位的，如果选择以“月”为单位投保，当保险期限为1、2、3、…、10、11、12月时，各期的保险费率分别按标准费率的10%、20%、30%、40%、50%、60%、70%、80%、85%、90%、95%、100%计算。

如果投保人在上一年保险期间无保险事故发生，续保时享受上年保费10%的无赔偿优惠。

6. 签订保险单及凭证

保险公司审核投保单和计费的准确性后，填写保险单并向车主出具。保险单是保险公司与车主签订的保险合同凭证，具有法律效力。保险单一式三份，一份正本交车主，两份副本由保险公司存留。保险凭证是机动车辆参加保险的凭证，应由车主或驾驶员随身携带。两证均是向保险公司索赔的依据。保险单及凭证如图2-12、图2-13所示。

7. 缴纳保险费

在签订保险单及保险凭证的同时，车主要缴纳保险费，保险公司为车主开具收据，办理财务手续。

中国保险监督管理委员会监制

机动车保险单（正本）

保险单号：

鉴于投保人已向保险人提出投保申请，并同意按约定交付保险费，保险人依照承保险种及其对应条款和特别约定承担赔偿责任。

被保险人						
保险车辆情况	号牌号码		厂牌型号			
	VIN 码		车架号		机动车种类	
	发动机号		核定载客　人	核定载质量　千克	已使用年限　年	
	初次登记日期		年平均行驶里程　公里		使用性质	
	行驶区域				新车购置价	元

承保险种	费率浮动（±）	保险金额/责任限额（元）	保险费（元）

保险费合计（人民币大写）	（¥：　　元）
保险期间自	年　月　日　时起至　年　月　日　时止
保险合同争议解决方式	
特别约定	
重要提示	1.本保险合同由保险条款、投保单、保险单、批单和特别约定组成。 2.收到本保险单、承保险种对应的保险条款后，请立即核对，如有不符或疏漏，请在 48 小时内通知保险人并办理变更或补充手续；超过 48 小时未通知的，视为投保人无异议。 3.请详细阅读承保险种对应的保险条款，特别是责任免除、投保人被保险人义务、赔偿处理和附则。 4.被保险机动车因改装、加装、改变使用性质等导致危险程度显著以及转卖、转让、赠送他人的，应书面通知保险人并办理变更手续。 5.被保险人应当在交通事故发生后及时通知保险人。
保险人	公司名称：　　联系电话： 公司地址： 邮政编码：　　签单日期：

核保：　　　　制单：　　　　经办：

图2-12　机动车保险单样张

8. 注意事项

(1) 车辆合法。保险车辆必须有交通管理部门核发的行驶证和号牌，并经检验合格，否则保险单无效。

(2) 如实相告。车主应将车辆现状及所属权益如实告知保险公司。

(3) 仔细核对。车主拿到保单正本后，应立即核对所列项目，如车牌号、发动机号、承保义务等，如有错漏应立即提出并要求更正。

(4) 随车带卡。保险卡应随车携带，一旦出险，车主应立即通知保险公司并向交通管理部门报案。

(5) 按时续保。在保险截止日期前办理续保可使车主得到连续保障。

(6) 勿重复投保。特别需要注意的是：对同一车辆在多家保险公司重复投保，没有任何好处，只能增加保险费的支出。这是因为，为了防止被保险人因损失而获得额外收益，《中华人民共和国保险法》规定：重复保险采用分摊的方法在各保险人之间分摊赔款。

例如：某人对自己的车辆(价值5万元)分别在三家保险公司投保，保险金额分别是5万元、3万元、8万元，共16万元。假如此人所投保的车辆发生交通事故，损失4万元。那么，此人应得到的赔偿金额的计算过程如下所示。

甲保险公司赔偿：4×(5/16)=1.25(万元)；

乙保险公司赔偿：4×(3/16)=0.75(万元)；

丙保险公司赔偿：4×(8/16)=2(万元)。

所以，此人得到的赔偿仍是4万元。

机动车辆保险凭证

保险单号：

被保险人：　　　　　　　厂牌型号：

号牌号码：

发动机号：　　　　　　　使用性质：

车架号：　　　　　　　　限乘人数：

承保险种：

保险期限：自　　　年　　月　　日 0 时起至

　　　　　　　　　年　　月　　日 24 时止

服务报案电话：

随身携带　　就地报案

图2-13　保险凭证样张

知识问答与技能训练

1. 两人一组，由一名同学扮演顾客，互相练习机动车保险的投保过程。

2. 某人购买一辆国产新车作为家庭交通工具，车价为10万元，拟投保车辆损失险、10万元第三者责任险、车辆的全车盗抢险，请计算应缴的保险费，并填制机动车交通事故责任强制保险单、机动车商业保险投保单和保险单。

学习任务2.13 | 机动车辆保险理赔程序

学习目标

1. 了解机动车辆道路交通事故的处理程序；
2. 掌握机动车辆保险的理(索)赔程序；
3. 掌握机动车辆保险的理(索)赔额的计算方法。

学习内容

1. 机动车辆道路交通事故的处理程序；
2. 机动车辆保险的理(索)赔程序；
3. 机动车辆保险的理(索)赔额的计算方法。

学习方法

1. 情境式学习；
2. 模拟练习业务流程。

任务导入

如果机动车发生了保险事故，你知道如何办理保险理赔吗？

2.13.1　机动车辆道路交通事故的处理程序

(1) 保险车辆发生交通事故或其他保险责任范围内的事故后，车主、被保险人或驾驶员应尽量保护事故现场，并以最快速度就近向公安交警部门报案，同时通知保险公司。

(2) 公安交警部门现场勘查，调查事故原因，认定事故责任；肇事车辆车主、被保险人、驾驶员应立即抢救伤者，处理善后工作。

(3) 保险公司现场查勘保险车辆受损情况，凡属保险责任而需要修理时，保险公司将对出险车辆的修复费用进行准确、合理的定损。保险公司将出具估损书，确定一个总的损失金额，明确该换的零配件价格、该修复的作业项目及工时定额。待修理厂修复后，由修理厂出具修车费用发票。

(4) 伤者治疗终结或定残，或交通事故致人死亡丧葬事宜办理完毕，且保险车辆受损损失金额确定后，公安交通管理部门将对交通事故的损害赔偿进行调解。经调解达成协议的，公安机关将制作调解书，由当事人和有关人员、调解人员签名，加盖公安机关印章后即行生效。

(5) 被保险人持有效资料向保险公司索赔。

2.13.2 机动车辆索赔及理赔程序

机动车辆在使用过程中发生事故，致使机动车辆本身或第三者人身伤亡、财产直接损毁，对车主来说，除了要承担机动车辆修理、置换费用外，还要对事故造成的第三者人身伤亡及财产的直接损毁承担赔偿责任。因车主参加了保险，故需向保险公司索赔。

(1) 被保险人向保险公司索赔，应首先弄清楚保险索赔的条件，事故车辆须同时具备以下4个条件：

① 属于投保车辆的损失；

② 属于保险责任范围内的损失；

③ 不属于除外责任；

④ 属于必要的合理费用。

(2) 在城市道路上发生交通事故并造成财产损失，如果双方对事故责任没有异议，可以只向保险公司报案，保险公司一般不出现场，双方可以到快速理赔中心处理。如果在城市道路上发生的交通事故有人员受到伤害，或者双方对事故责任存在争议，或在城区以外的公路上发生交通事故，应先向公安交警部门报案，待到达现场的交通警察做出责任认定后，属单方面责任的，由责任人向自己投保的保险公司报案；双方都有责任的，双方各自向投保的保险公司报案。

(3) 保险条款规定，保险车辆因发生保险责任范围内的事故而受损时，或致第三者财产损坏，应当坚持“修复为主原则”，但在修复前须经保险公司定损检验，确定修理项目、方式、费用。送修理厂修复后，保存好修理发票。

(4) 提供必要的材料向保险公司索赔。

① 若保险车辆发生保险事故，导致机动车辆损坏，经修复后，向保险公司索赔，

应提供以下单据、证明和材料：

a. 驾驶证正、副证复印件；

b. 行驶证正、副本复印件；

c. 出险通知书，由被保险人填写经过及损失情况(单位车加盖公章)；

d. 保险单复印件；

e. 交通管理部门出具的事故证明、事故责任认定书、事故原因鉴定书，消防机关出具的火灾事故责任认定书，非道路交通事故由公安机关或乡以上政府出具事故证明；

f. 修理厂和被保险人签字认可的估损定价清单；

g. 各种实际支付的包括修车发票在内的费用发票，并经事故处理机关盖章认可；

h. 赔款收据，私有车辆经被保险人或领款人签字盖章，单位车辆须加盖单位公章。

② 如上述索赔中附有第三者赔付，首先在交强险赔偿额范围内进行理赔，超过交强险的赔偿范围、投保了第三者责任保险的，则还须提供下列资料：

a. 如第三者车辆损失，须提供：

照片；

定损书；

经保险公司认可的修车发票和施救费用发票；

财产损失需要有损失清单、原始发票和有关单据，且事先通过保险公司认证。

b. 若第三者中有人员伤亡，须提供：

住院、转院证明；

残废评定证明或伤残鉴定书；

死亡证明文件；

伤者住院护理人员证明；

护理人员工资证明；

伤者的工资证明；

被抚养人证明；

县级以上医院出具的诊断书；

病历及医疗费发票；

事故处理部门证明的补偿费收据。

③ 机动车辆盗抢险索赔所需单证：

a. 报案后由刑侦部门出具的立案证明；

b. 在报纸上刊登寻车启事的报纸和刊登费用发票；

c. 保险车辆的权益转让书；

d. 购车发票、车辆附加费发票；

e. 被盗抢车辆钥匙2副；

f. 被盗抢车辆的行驶证；

g. 被盗抢车辆的附加费证；

h. 车辆使用税正本。

(5) 第三者责任事故赔偿后，保险公司不再承担对受害第三者的任何增加的赔偿费用。

保险车辆、第三者的财产遭受损失后的残余部分，应由保险人与被保险人协商一致，并作价归还被保险人，同时在赔款中扣减。

保险车辆按全部损失赔偿或部分损失一次赔款等于保险金额全数时，车辆损失险的保险责任即行终止。但保险车辆在保险期间，不论发生一次还是多次保险责任范围内的损失或费用支出，只要每次赔偿未达到保险金额，其保险责任依然有效。

被保险人自保险车辆修复或事故处理结案之日起，3个月内不向保险公司提出索赔申请，或自保险公司通知被保险人领取保险赔款之日起1年内不领取应得的赔款，即视为自动放弃权益。

2.13.3 理赔额计算举例

例1：某汽车车主为自己的车辆投保了交通事故责任强制保险、车辆损失险和20万元的第三者责任保险。该汽车车主在一次行驶中不慎撞倒一辆电动车，电动车车主受伤，发生医疗费用2万元；电动车损毁，评估价值500元；汽车车主自己的车辆受损，发生维修费1 000元。经交通警察认定，汽车车主负全部责任。

分析：在本次事故中，电动车车主受伤和电动车受损均属于第三者责任保险的范围，肇事车辆受损属于车辆损失险的保险范围。对于第三者责任，保险公司在理赔时，首先在交通事故责任强制保险的限额内进行赔付，没有责任免除；交强险限额赔付不足的部分，再在第三者责任险的保险金额内进行赔付，但应考虑责任免除；车辆损失在车辆损失险的保险金额内进行赔付，也要考虑责任免除。本例中，汽车车主负全部责任，免赔率为20%。

计算：对于人员受伤而发生的2万元的医疗费用，高于交强险对于医疗费用的赔付限额1万元，所以先赔付1万元；另外的1万元，需在第三者责任险保险金额范围内予以赔付，即

10 000×(1−20%)=8 000(元)

电动车损失的500元属于财产损失，低于交强险对于财产损失的赔付限额2 000元，故足额赔付。

汽车受损的维修费1 000元，在车辆损失险的保险责任内予以赔付，即

1 000×(1−20%)=800(元)

综上，保险公司赔付的总金额=10 000+8 000+500+800=19 300(元)。

例2：甲车投保了交通事故责任强制保险、20万元的第三者责任保险。在一次出行中，将一辆豪华汽车刮擦，维修费用为50万元。甲车在此事故中负全部责任。

分析：本次事故中的豪华汽车的损失属于第三者责任保险范围内的财产损失，赔付限额为2 000元，没有责任免除；交强险保险限额不足的部分，在第三者责任险的保险限额内赔付，应考虑责任免除。本例中，甲车负全部责任，免赔率为20%。

计算：由于损失远远高于交强险财产损失的赔付限额2 000元，所以先赔付2 000元。甲车车主投保的第三者责任保险的保险金额为20万元，保险公司应赔付

20万元×(1−20%)=16(万元)

综上，保险公司共赔付16.2万元，甲车车主自己承担33.8万元。

例3：甲在A保险公司为自己的车辆投保了交通事故责任强制保险、20万元的第三者责任保险及不计免赔特约险，乙在B保险公司为自己的车辆投保了交通事故责任强制保险、车辆损失险。甲乙在一次驾车行驶中发生碰撞，甲车损失5 000元，乙车损失10 000元。交警认定双方承担同等责任。

分析：甲没有投保车辆损失险，但作为乙的第三方，自己车辆的损失能得到乙在责任范围内的赔偿。A保险公司对于甲给乙车造成的损失，在交强险和第三者责任保险范围内进行赔付。由于甲投保了不计免赔特约险，保险公司没有责任免除，应在保险金额范围内足额赔偿。

乙没有投保第三者责任保险，对于给甲车造成的损失，只能在交强险的赔偿限额内进行赔偿。由于乙投保了车辆损失险，自己车辆的损失中属于自己应该承担责任的部分，可以在车辆损失险的保险责任内获得B保险公司的理赔，但有责任免除，由于是同等责任，免赔率为10%。

计算：乙车损失的10 000元中，甲承担50%，即5 000元；交强险责任范围内赔偿2 000元；其余的3 000元小于第三者责任保险限额20万元，且投保了不计免赔特约险，所以足额赔付。A保险公司共支付5 000元。

乙对自己车辆损失的10 000元也承担50%，即5 000元；B保险公司在车辆损失险的范围内进行赔付，但要扣除责任免除部分，即

5 000×(1−10%)=4 500(元)

乙要对甲车损失的5 000元承担50%的责任，即2 500元。由于乙只投保了交强险，没有第三者责任险，B保险公司只在交强险的赔偿范围内予以赔付，即2 000元。

综上，A保险公司共赔付5 000元，甲自己承担车损2 500元。B保险公司共赔付6 500元，乙自己承担自己车损的500元和甲车损失的500元，共1 000元。

知识问答与技能训练

1. 模拟一个交通事故现场，由一名同学扮演交通警察，一名同学扮演车主，互相练习处理交通事故的方法。

2. 扮演保险公司的理赔员，练习发生交通事故后的保险业务处理。

3. 甲乙两辆车的车主均投保了交通事故责任强制保险、车辆损失险和20万元的第三者责任保险。在一次行车过程中，甲乙两辆车发生碰撞，甲的车辆损失为5 000元，乙的车辆损失为10 000元。经交通警察认定，甲负80%责任，乙负20%责任。请计算甲乙各自获得的保险赔偿金额。

学习任务2.14 办理牌照

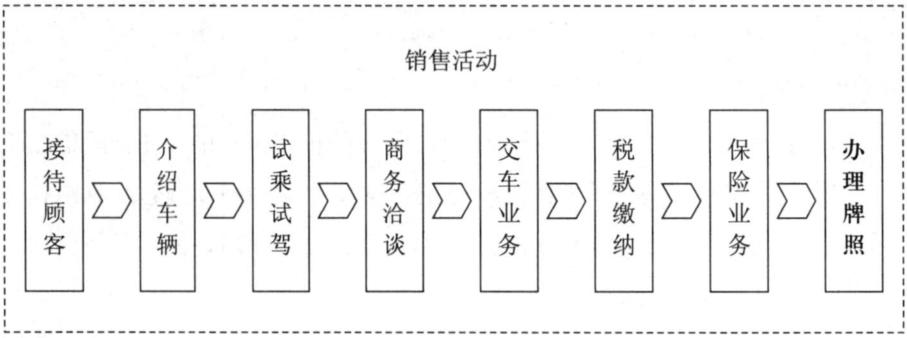

学习目标

1. 熟悉汽车牌证管理要求；

2. 掌握汽车牌证的办理程序。

学习内容

1. 机动车行驶证知识；

2. 汽车牌照知识。

学习方法

1. 情境式学习；

2. 模拟练习业务流程。

任务导入

你知道如何办理机动车牌照吗?

机动车行驶证与机动车牌照合称机动车牌证。它表明车辆的身份，是机动车合法性的重要标志。

2.14.1　机动车行驶证

车主在领取正式机动车牌照时，管理机关会同时发给一个与牌照号码相同的行驶证。它记载着机动车的基本状况，确认了车主对车辆的所有权，同时也是机动车获得上路行驶资格的书面凭证。

通过行驶证，可以了解车辆的归属和技术状况，有助于车管部门充分掌握车辆的分布状况，从而加强车辆管理、保障交通安全、减少交通事故。为此，驾驶员在出车时，必须随车携带行驶证，以便于公安车管部门的审查和管理。

根据《中华人民共和国机动车行驶证》(GA 37—2004)的规定，行驶证由证夹、主页(见图2-14)、副页(见图2-15)三部分组成。证夹外皮为蓝色人造革，正面烫金压字“中华人民共和国机动车行驶证”，主页为聚酯薄膜密封单页卡片，副页为单页卡片。行驶证中的文字、数字使用简化汉字及阿拉伯数字，字体为宋体、仿宋体或楷体。主副页的尺寸为长88毫米，宽60毫米(塑封后为长95毫米，宽66毫米)。

行驶证分正式行驶证和临时行驶证两种。

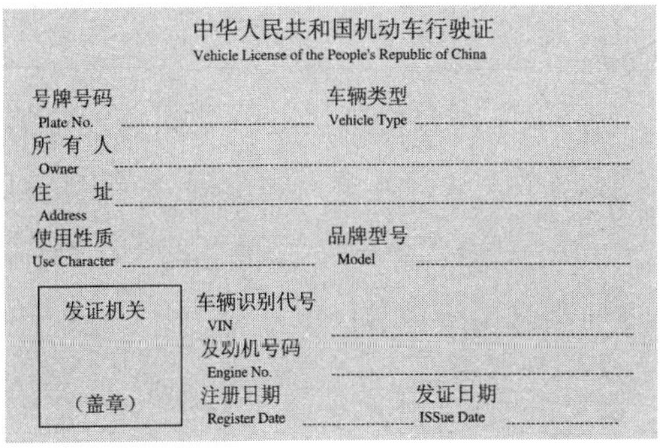

中华人民共和国机动车行驶证
Vehicle License of the People's Republic of China

号牌号码 Plate No.
车辆类型 Vehicle Type
所 有 人 Owner
住　址 Address
使用性质 Use Character
品牌型号 Model
发证机关 （盖章）
车辆识别代号 VIN
发动机号码 Engine No.
注册日期 Register Date
发证日期 ISSue Date

图2-14　机动车行驶证(主页)

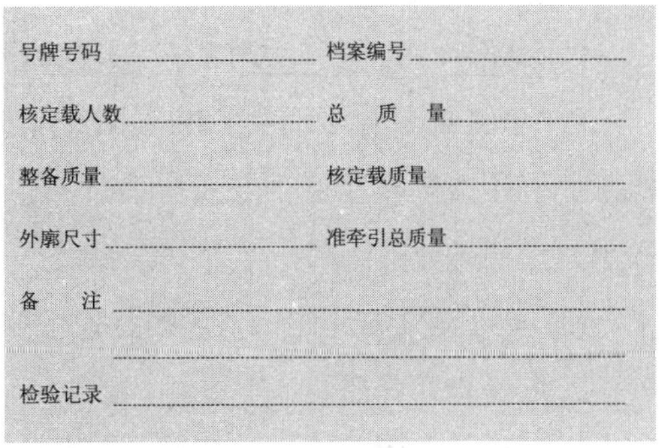

号牌号码
档案编号
核定载人数
总　质　量
整备质量
核定载质量
外廓尺寸
准牵引总质量
备　注
检验记录

图2-15　机动车行驶证(副页)

2.14.2 临时牌照和车辆移动证

1. 临时牌照办理

(1) 临时牌照适用范围，具体包括：

① 购买新车时，由甲地到乙地跨地(市)区行驶的；

② 在用车辆转籍时，由原籍驶往新籍的；

③ 其他需要临时上路行驶的。

(2) 临时牌照的办理程序。车主凭单位介绍信、车辆发票(调拨单)、合格证到车管部门业务领导岗审批后，再到机动车查验岗检验车辆；检验合格后到牌证管理岗等候收费通知，领取临时牌照，按规定时间、路线行驶。

2. 车辆移动证的办理

(1) 车辆移动证的适用范围。无牌证的车辆，需要在本地(市)辖区内移动时，发给移动证，如从车站、码头、生产厂家移到仓库，车主提取新车，以及新车到车辆管理机关申报牌照或报停车辆申请复驶需要检验时。

(2) 移动证的申领程序。申领移动证时，凭车主证明或个人身份证明、车辆来历证明，到所辖车管所(站)均可办理。

3. 新购汽车申办临时牌照、移动证的业务流程

新购汽车申办临时牌照、移动证的业务流程为：申请→业务领导岗审批→机动车查验岗验车→收费→牌证管理岗开具临时牌照、移动证。

持临时牌照和车辆移动证的车辆，不发给行驶证。

2.14.3 机动车牌照

1. 申领牌照时需提交的证件

(1) 身份证明。个人购车提交居民身份证或户口簿。

(2) 车辆来源合法证明。购置国产车的，应提供生产合格证，并且是国家规定的汽车和民用改装车生产企业及产品目录中的产品；个人从国外进口的车辆，应提交海关放行证明。

(3) 规定提交的证件。车辆购置税证明和交通强制保险单等。

2. 申领正式牌照

车主申领正式牌照时，需经过以下程序。

(1) 凭有关凭证到当地车管部门领取“机动车登记申请表”，填写有关内容，并加盖公章。

(2) 接受机动车安全技术检验(免检车型除外)，并将检验结果记入“机动车登记申请表”，作为核发牌照的重要依据之一。

(3) 经车管部门审核后，若手续完备，发给相应的牌照和行驶证。

2.14.4　补发机动车牌照

如果机动车牌照或行驶证损坏或丢失，车主应及时向所在地车管部门报告，并凭本人身份证、车辆、能够证明牌照或行驶证丢失的证明申请补发。车管部门在审查核实后，一般可予以补发。如果车辆在申请补发牌证期间需行驶，可申领临时牌照。

如果牌照或行驶证在外地丢失，而车辆又需驶回原地，应向丢失地车管部门申领临时牌照，待返回原地后，再向当地车管部门申请补发牌照或行驶证。

2.14.5　机动车异动登记

所谓机动车异动登记是指已领取正式牌照的车辆在转籍或注册登记时与初次检验记录内容相比有变更时，需要办理的手续。异动登记的内容包括变更登记、转籍登记、停驶登记、复驶登记、报废登记等。车主应知道车管部门对机动车异动登记的有关手续，以便在需要时更方便地办理异动登记。

1. 变更登记

在车管部门管辖区内的车辆，若需变更车主、地址或更换主要总成，须办理变更登记手续。

当车辆变更车主单位或地址时，凭双方单位介绍信或个人身份证，持行驶证，并填写“机动车变更审批申请表”，办理变更登记手续。

当车辆需改变车型、车身、驾驶室、车架、发动机或车身颜色时，须事先报请车管部门批准。若需改变车辆的原设计性能、用途、结构，须经车管部门审查批准后，在指定改装厂或修理厂进行。

办理变更登记时，一般不变更车辆的牌证，只将变更项目记录在行驶证和档案的“机动车变更申请表”相关栏目内，并加签章。

2. 转籍登记

机动车由甲地迁至乙地，必须同时更换牌照和行驶证，需分别在两地车管部门办理转籍手续。但是，年检不合格或未进行年检的车辆以及达到报废标准的车辆，车管部门不予办理转籍手续。

(1) 办理转出手续。车辆转出手续的办理需经过以下程序：

① 车主凭介绍信及有关证明(如调令、交易发票等)，填写“机动车登记申请表”。

② 车辆经安全检验合格后，车管部门收缴原牌照，并在行驶证和“机动车登记申请表”的相关栏目内作记录。

③ 车管部门填写“机动车转出通知单”，连同车辆档案密封后交车主本人，并发给临时牌照。

(2) 办理转入手续。车辆转入手续的办理需经过以下程序：

① 车主凭介绍信及密封的车辆档案，到新籍车管部门领填“机动车登记申请表”，申请车辆转入手续。

② 车管部门启封车辆档案，收缴临时牌照，并对车辆进行认定及检验，经审核无误后，核发新的牌照和行驶证。

3. 停驶与复驶登记

若车辆因某种原因不再行驶，或因不符合技术条件而被强令停驶，应办理停驶手续。停驶后恢复使用的，应办理复驶登记手续。

(1) 停驶申请。车主因某种原因提出停驶的，须持介绍信和申请书，说明停驶原因，并填写“机动车停驶审批申请表”。停驶的车辆保留车籍，但要收缴其牌证，与车辆档案一同保存，同时发给车主“停驶证”。

(2) 复驶申请。停驶车辆复驶时，车主需持介绍信、申请书、停驶证，到车管部门领填“机动车复驶审批申请表”，申办复驶手续。车管部门经车辆检验和认定合格后，收回停驶证，发还原牌证。

2.14.6 报废登记

车辆因自然磨损、交通事故或其他原因造成的损坏，已无修理价值的，或按规定应予淘汰的车型及出于某种原因不允许继续使用的车辆，应办理报废登记手续。

车主申请车辆报废时，须持介绍信到车管部门领填“机动车报废审批申请表”。经车管部门审查同意报废的，限期将车辆送汽车解体厂处理，收缴号牌和行驶证，销毁车辆档案。

2.14.7 新车牌照办理流程

1. 检车

检车时要根据户口所在区、县和所买的是国产车还是进口车选择交通队指定的检测场。

检车包括外观检查和检测线检查。外观检查是检车人员核对车型、颜色、发动机号和车架号同发票、车辆合格证等填写的是否相符，并拓印车辆的发动机号和车架号作为车辆管理的档案资料。

外检合格后，还要通过检测线检查，主要检测汽车的转向系统、制动系统、照明系统、尾气排放等是否达到规定要求，不达标准不允许办理牌照和行驶证，必须经过调整或修复后重新检验合格方可。

在新车免检目录中列示的新车无须上检测线检查。免检新车或通过检测合格的车辆，可以领到由驻检测场交警签发的验车表。

2. 办理机动车保险

从2006年7月1日起，我国开始实施《机动车交通事故责任强制保险条例》(以下简称《条例》)。《条例》规定："在中华人民共和国境内道路上行驶的机动车的所有人或者管理人，应当依照《中华人民共和国道路交通安全法》的规定投保机动车交通事故责任强制保险。"

在新车办理牌照之前，必须先投保机动车交通事故责任强制保险，否则公安机关不予办理汽车牌照、机动车登记证书和行驶证。

机动车交通事故责任强制保险的赔偿额不足以保障汽车使用中的各种风险，汽车销售顾问应该向顾客宣传机动车商业保险的意义，结合顾客用车、养车的实际情况，指导顾客再选择适当的商业保险险种，并向顾客推荐和介绍信誉好、理赔及时、经营规范的保险公司。推荐和介绍保险公司和保险险种时，汽车销售人员一定要注意：不要喧宾夺主，不要强迫顾客选择，一定要尊重顾客自己的选择，让顾客自己决定。

3. 缴纳保险费和车船使用税

从2008年起，车船使用税由承办机动车交通事故责任强制保险的保险公司代为缴纳，顾客可以在缴纳保险费时一并缴纳车船使用税。

根据保险费缴纳通知单到交费窗口交付保险费和车船使用税，获得机动车交通事故责任强制保险单(正本)、机动车辆保险单(正本)、保险业专用发票、保险凭证等文件和资料，还有一张机动车交通事故责任强制保险标志，需要贴在前风窗右上方。

4. 办理机动车登记证书

填写“机动车登记申请表”，根据办理要求，出具相应的文件和资料及相应的复印件。

5. 选汽车牌照号码

“机动车登记申请表”和相应的文件和资料经审核批准后，顾客可以自主选择或编排号码。选择号码时一般有两次拍号机会，可以在拍出的10个号码中确定自己的牌照号码。在选择号码的电脑上按“确定”，选出的号码就自动登记在车辆的管理档案中，同时在号码数据库中被删除，其他车辆无法重复使用。

2008年10月1日起，全国公安机关的车辆管理机关允许车主自行编排牌照号码，顾客可以根据本地区规定的车牌号码编排规则，编排个性化的牌照号码。2009年5月1日起，部分省市的车主可以通过车辆管理网站，按照一定的规则，自主设置牌照号码，只要在被确定的三天内购车并到车管所申请办理即可。

6. 交牌照费、照相费和快递费

选择牌照号码后，在交费窗口交纳牌照费、照相费和快递费，并在邮政快递单据上填写收件地址。

7. 安装牌照和照相

牌照制作完毕，车辆管理所的工作人员免费给予安装，并有工作人员给车辆拍摄彩色照片，用于制作行驶证和存档。机动车登记证书、行驶证和年检标志将通过邮政快递邮寄到顾客手中。在未收到行驶证期间，凭公安机关颁发的临时行驶证可以上路行驶。

至此，顾客关于车辆的所有手续都办理完毕，汽车销售顾问的销售业务才圆满地完成，顾客可以尽情享受汽车带来的乐趣。最后，销售人员向顾客赠送名片，并提醒顾客安全驾驶和保养等方面的注意事项，与顾客握手话别，目送顾客离去。

知识问答与技能训练

由一名同学扮演顾客，一名同学扮演业务员，模拟汽车牌照的办理过程。

销售

第3单元

汽车售后活动

学习任务3.1 二手车交易基础知识

学习目标

1. 熟悉二手车交易的基本知识；
2. 掌握二手车价格折算的基本方法。

学习内容

1. 不能交易车辆的有关规定；
2. 汽车价格的折算方法。

学习方法

1. 记忆二手车交易的基本知识；
2. 模拟练习二手车价格折算。

任务导入

你了解二手车交易的相关知识吗？

3.1.1 不能交易的车辆

1. 报废车

根据《机动车强制报废标准规定》，凡符合下列情况之一的车辆，均属报废车辆。

(1) 轻、微型载货车(含越野型)累计行驶40万公里，矿山作业专用车累计行驶30万公里，重、中型载货车(含越野型)累计行驶40万公里，特大、大、中、轻、微型客车(含越野型)、轿车累计行驶50万公里，其他车累计行驶45万公里。

(2) 轻、微型载货车(含越野型)、带拖挂的载货车、矿山作业专用车及各类出租车使用8年，其他车辆使用10年。

(3) 9座(含9座)以下非营运载客汽车(包括轿车，含越野型)使用15年。

(4) 各种原因造成车辆严重损坏或技术状况低劣，无法修复的。

(5) 车型已淘汰，无配件来源的。

(6) 经长期使用，油耗超过国家定型车出厂标准规定值15%的。

(7) 经修理和调整仍达不到国家对机动车运行安全技术要求的。

(8) 经修理和调整或采用排气污染控制技术后，排放污染仍超过国家规定的汽车排放标准的。

2. 走私车和赃车

这类车非但无法上牌，还要被没收。

3. 右置方向盘车

对于右置方向盘车，新车不予上牌，旧车不能转籍、不能过户。

4. 无发动机号和底盘号的汽车

5. 不是国家汽车管理部门颁布的《全国汽车民用汽车改装车摩托车生产企业及产品目录》上的企业生产的国产车及组装进口车

3.1.2　车价折算

交易中心业务人员根据汽车品牌、基价(指目前市场可购该款新车售价而非当年购价)、使用年限、行驶里程、车容车貌、主要零部件技术状况、距报废期的年限等项指标进行估价。

旧车价值肯定会下降，原因为：正常机械磨损；事故、超载等造成的技术价值下降；技术进步造成的贬值；维修水平、供求行情等造成的降价。

计算旧车价格的方法主要包括年限总和法、双倍余额递减法和寿命比率法。

1. 年限总和法

年限总和法是用某年后仍然可以折旧的年限除以折旧期内各年可以折旧的年限之和，得到该年的折旧率，据此计算折旧额和现值的方法。用这种方法计算折旧额，各年的折旧率逐年递减。用公式表示为

某年的折旧率=某年可以折旧的年限÷折旧期内各年可以折旧的年限之和

某年的折旧额=车辆原始价值×(1−残值率)×该年的折旧率

某年后的现值=原始价值−截止到该年后的累计折旧额

例如：一辆汽车原值20万元，残值率为15%，折旧年限为8年。这辆汽车第1年开始使用时，可以折旧的年限为8年；第2年初，可以折旧的年限为7年；第3年初，可以折旧的年限为6年；第4年初，可以折旧的年限为5年。依此类推，以后各年可以折旧的年限分别是4、3、2、1年，则折旧期内各年可以折旧的年限总和为8+7+6+5+4+3+2+1=36。

(1) 各年的折旧率和折旧额计算过程如下所述。

第1年：折旧率=8÷36=22.22%，折旧额=20×(1−15%)×22.222%=3.778(万元)；

第2年：折旧率=7÷36=19.444%，折旧额=20×(1−15%)×19.444%=3.306(万元)；

第3年：折旧率=6÷36=16.667%，折旧额=20×(1−15%)×16.667%=2.833(万元)；

第4年：折旧率=5÷36=13.889%，折旧额=20×(1−15%)×13.889%=2.361(万元)；

第5年：折旧率=4÷36=11.111%，折旧额=20×(1−15%)×11.111%=1.889(万元)；

第6年：折旧率=3÷36=8.333%，折旧额=20×(1−15%)×8.333%=1.417(万元)；

第7年：折旧率=2÷36=5.556%，折旧额=20×(1−15%)×5.556%=0.944(万元)；

第8年：折旧率=1÷36=2.778%，折旧额=20×(1−15%)×2.778%=0.472(万元)。

(2) 各年的累计折旧额和现值计算过程如下所述。

第1年：累计折旧额=3.778(万元)，现值=20−3.778=16.222(万元)；

第2年：累计折旧额=3.778+3.306=7.084(万元)，现值=20−7.084=12.916(万元)；

第3年：累计折旧额=7.084+2.833=9.917(万元)，现值=20−9.917=10.083(万元)；

第4年：累计折旧额=9.917+2.361=12.278(万元)，现值=20−12.278=7.722(万元)；

第5年：累计折旧额=12.278+1.889=14.167(万元)，现值=20−14.167=5.833(万元)；

第6年：累计折旧额=14.167+1.417=15.584(万元)，现值=20−15.584=4.416(万元)；

第7年：累计折旧额=15.584+0.944=16.528(万元)，现值=20−16.528=3.472(万元)；

第8年：累计折旧额=16.528+0.472=17(万元)，现值=20−17=3(万元)。

以上计算结果如表3-1所示。

表3-1　年限总和法计算折旧额

年份	当年折旧额/万元	该年后的累计折旧额/万元	该年后的现值
1	3.778	3.778	16.222
2	3.306	7.084	12.916
3	2.833	9.917	10.083
4	2.361	12.278	7.722
5	1.889	14.167	5.833
6	1.417	15.584	4.416
7	0.944	16.528	3.472
8	0.472	17	3

如该车已经使用4年，折合价值为

现值=20−前4年累计折旧=20−17×(8+7+6+5)÷36=7.722(万元)

2. 双倍余额递减法

双倍余额递减法是将年平均折旧率翻倍，再乘以各年的现值计算折旧额的方法。采用这种方法计算折旧额，各年的折旧率不变，但各年的现值(也称净值)逐渐递减，直至最后一年的现值等于残值为止。计算公式为

$$年平均折旧额=原值×(1-残值率)÷折旧年限$$

$$年平均折旧率=年平均折旧额÷原值$$

$$某年的折旧额=现值×年平均折旧率×2$$

仍以上例中的资料为例。

年平均折旧额=20×(1-15%)÷8=2.125(万元)；

年平均折旧率=2.125÷20=10.625%。

各年的折旧额和现值计算过程如下所述。

第1年：折旧额=20×10.625%×2=4.25(万元)，现值=20-4.25=15.75(万元)；

第2年：折旧额=15.75×10.625%×2=3.35(万元)，现值=15.75-3.35=12.40(万元)；

第3年：折旧额=12.40×10.625%×2=2.64(万元)，现值=12.40-2.64=9.76(万元)；

第4年：折旧额=9.76×10.625%×2=2.07(万元)，现值=9.76-2.07=7.69(万元)；

第5年：折旧额=7.69×10.625%×2=1.63(万元)，现值=7.69-1.63=6.06(万元)；

第6年：折旧额=6.06×10.625%×2=1.29(万元)，现值=6.06-1.29=4.77(万元)；

第7年：折旧额=4.77×10.625%×2=1.01(万元)，现值=4.77-1.01=3.76(万元)；

第8年：折旧额=3.76(万元)，现值=3(万元)。

上述计算过程如表3-2所示。

表3-2　双倍余额递减法计算折旧额

年份	当年折旧额/万元	该年后的现值/万元
1	20×21.25%=4.25	15.75
2	15.75×21.25%=3.35	12.40
3	12.40×21.25%=2.64	9.76
4	9.76×21.25%=2.07	7.69
5	7.69×21.25%=1.63	6.06
6	6.06×21.25%=1.29	4.77
7	4.77×21.25%=1.01	3.76
8	0.76	3

根据影响二手车价格的因素，对上述计算价格进行修正。影响因素有：车况、行驶里程和使用年限、技术含量和配置、保养状况和供求关系等。假如给每个因素的权数定为+5%(或-5%)，最后根据总的修正系数确定二手车的价格。

3. *寿命比率法*

寿命比率法是根据车辆已使用年限，计算车辆的成新率，再结合车辆的技术状况、维护保养情况、品牌知名度、使用环境、使用强度等因素进行调整，以确定二手车价值的方法。计算公式为

$$车辆价值=原始价值×成新率$$

$$成新率=(1-贬值率)×100\%$$

用符号表示为

$$r=(1-T_1÷T)×100\%$$

式中:

r表示成新率;

T_1表示已使用年限;

T表示规定使用年限。

成新率是综合考虑各项贬值后的结果，并以一个综合系数来表示，其原因是在实际操作中，营运性功能贬值和经济性贬值的确定有相当的难度，它们的弹性也大。在许多情况下，虽经努力但最终仍影响价格评估结果的准确性。所以，在实际的二手车价格估算工作中，只就营运性功能贬值和经济性贬值对车辆价值的影响大小酌情考虑，以一个系数调整来综合考虑，此系数即成新率。

但是在实际计算成新率时，采用不同的方法，其侧重点也不一样。有的方法侧重实体性贬值，有的方法则在侧重实体性贬值的基础上，再采用调整系数来适当修正。所以，在采用求取成新率的方法时，要注意理解其含义和实际意义。

在实际操作中，常取汽车从新车在公安交通管理机关注册登记之日起至评估基准日为止的年数。规定使用年限则按《机动车强制报废标准规定》来确定。被估价的汽车在可正常使用的情况下方可应用上式计算成新率。若非正常使用，则在此方法的基础上，还应考虑进行修正或调整，使其成新率降低，以符合实际使用情况。例如，经常超载的车辆，其成新率就应该比同样使用年限而无超载的车辆成新率要低。所以，在应用上式时，不能单纯地考虑日历年限，还要注意汽车的使用情况。

现举例来说明其计算方法。

例1：一辆家庭用轿车已使用5年，其规定使用年限为15年，要求计算成新率。

解：计算如下

$r=(1-T_1÷T)×100\%$

$=(1-5÷15)×100\%$

$=66.7\%$

有时已使用年限为几年零几个月，在计算时可把年化成月计算更为方便，就可避免出现小数。

在寿命比率法的基础上，再综合考虑影响二手车价值的多种因素，以综合调整系数β来进行调整或修正，从而确定车辆价值。综合调整系数β的值可按下列方法确定，

再根据权重计算出来，则有

$$r=(1-T_1\div T)\beta\times100\%$$

(1) 车辆技术状况系数是在对车辆进行技术状况鉴定的基础上，对车辆影响因素分级，然后取调整系数来对寿命比率法求出的成新率进行修正。技术状况系数取值范围为0.3～1.0，权重为30%。技术状况好的取上限，反之则取下限。对于还有1～2年就将报废的车辆，技术状况很差时，下限还可低些。但技术状况最好的车辆取值一般不应超过1.0。

(2) 维护保养因素反映车辆的使用者对车辆维护保养的水平。这个因素对于不同使用者来说，其差别可能较大，其系数的取值范围推荐为0.5～1.0，权重为25%。

(3) 车辆制造质量因素的系数的取值范围是根据我国目前汽车制造业的水平来划分等级并确定的。经正规手续进口的车辆被视为优于国产名牌车辆的顶级质量的车辆。当然这还要看从哪些国家进口的车，不同国家的汽车制造质量也有差异，不能一概而论。随着国内配件生产水平的提高，汽车零部件的国产化率不断提高，与国外的差距正在逐渐缩小。取系数时，要根据制造厂家的实际情况来选取。对于国产非名牌汽车也应用动态的眼光来看待其制造质量。国产自主品牌汽车，其制造水平和质量也已有很大提高，出口量也逐渐增加。所以制造质量系数的取值范围定为0.8～1.0，权重为20%。

(4) 车辆的工作性质不同，其繁忙程度也不一样，使用强度相差较大。家庭生活用车的工作强度一般较低，营运性的出租车的工作强度一般较高，两者差距很大。故把调整系数的取值范围定为0.4～1.0，权重为15%。

(5) 车辆的使用条件。由于我国地域辽阔，自然条件和道路条件差别较大，其对车辆的影响也不可忽视。一般大、中城市的道路条件较好，而乡村、山区、边远地区的道路条件较差。自然条件主要是指寒冷、沿海、高原、风沙等，在这样的地区使用车辆对其寿命和成新率也有相当大的影响。故把调整系数的取值范围定为0.6～1.0，权重为10%。

上述调整系数的确定，对车辆成新率有较大影响，最终将影响车辆的评估值。在实际操作时，应慎重选取。一般调整系数的取值不应超过1.0。

具体操作时，先选取一个调整系数，然后分别与相对应的权重百分比相乘，即可得到各影响因素的权分系数，最后将获得的5项权分系数相加，其和即为β的数值。

例2：某出租车公司有一辆捷达出租车，购置价值为7.5万元，初次登记日为2002年4月，2006年6月欲将此车对外转让。该车常年工作在市区或市郊，业务繁忙，工作条件较好，经外观检查日常维护保养较好，但车辆的技术状况一般。请确定该车的综合调整系数、成新率和折算价格。

解：(1) 该车已使用4年零2个月，共50个月，规定使用年限为8年，共96个月。

(2) 综合调整系数的计算。

该车技术状况一般，调整系数取0.7，权重30%；

维护保养较好，调整系数取0.8，权重25%；

制造质量方面，该车为国产名牌，调整系数取0.9，权重20%；

工作性质为出租，调整系数取0.6，权重15%；

工作条件好，调整系数取1.0，权重10%。

计算综合调整系数为

$\beta=0.7\times30\%+0.8\times25\%+0.9\times20\%+0.6\times15\%+1.0\times10\%=78\%$

(3) 计算成新率。

$r=(1-T_1\div T)\beta\times100\%$

$=(1-50\div96)\times78\%\times100\%$

$=37.4\%$

(4) 折算价格=7.5万元×37.4%=2.805(万元)

实践中，应根据实际情况选用某种方法来折算车辆的价格，但这并不是二手车交易的价格，只能作为二手车交易洽谈的理论依据。具体交易时，主要检查车辆的技术状况，还要根据新车价格、供求关系等实际情况灵活处理。

知识问答与技能训练

1. 写一篇文章，分析并阐述二手车交易的意义。

2. 某辆拟置换的二手车，原价10万元，已经使用3年，行驶了8万公里，该车辆的报废里程为40万公里。该车型标准配置的新车价格为8.5万元，但该二手车增加配置2万元，牌照等手续齐全，市场行情是供不应求。请采用双倍余额递减法和年限总和法分别估算现在的价值，并进行比较。

学习任务3.2 二手车交易流程

学习目标

1. 掌握二手车交易的法定要求；

2. 熟悉二手车技术状况检查的要领；

3. 熟悉事故车的判断技巧；

4. 掌握二手车交易的流程。

学习内容

1. 二手车交易的条件；

2. 车况静态检查方法；

3. 车况动态检查方法；

4. 事故车的判断方法；

5. 二手车交易的流程。

学习方法

1. 情境式学习；

2. 模拟练习业务流程。

任务导入

你知道如何进行二手车交易吗？

3.2.1　了解车源

根据国家法律，任何商品的交易都必须是合法的。在准备开展二手车业务时，一定要了解以下事项。

(1) 卖主身份(查验身份证或单位介绍信)。

(2) 证实其车来源的各种必备证件(原始购车发票、购置税凭证、旧车过户凭证、行驶证、汽车牌照等)。

(3) 年检凭证。

(4) 税、费缴纳凭证(车船使用税“税讫”标志、养路费缴纳凭证、营运证、保险单等)。这些证件应齐全，证件与车辆应相符。

(5) 出售原因。如果对该车合法性的某一方面有所怀疑，即使价格再便宜也绝对不能购买，否则，不仅有可能支持了犯罪分子的偷窃行为，而且极有可能使自己由一个守法公民变成收购赃物的犯罪嫌疑人。

3.2.2 技术状况检查

1. 静态检查

所谓静态检查是指根据检测人员的经验和技能，必要时辅以简单的量具，对汽车的技术状况进行检查鉴定，也就是人工经验鉴定法。

静态检查包括对汽车的识伪检查和外观检查。外观检查的方法有目测检查和使用简易量具检查等。

(1) 识伪检查。所谓识伪检查主要是指对通过走私或非官方正规渠道进口的汽车和配件，进行识别和判断。走私的车辆，有的是从国外直接非法进口的，有的是非法进口散件并在境内组装的，有的是用非法进口旧车在境内拆解后拼装的。

一般正品汽车的挡风玻璃上贴有黄色商检标志。按我国产品质量法，正品汽车都带有中文的使用手册或维修手册各一份，而走私车、拼装车一般没有。

目前，在我国汽车市场上使用假冒伪劣汽车配件的情况还比较严重，虽经多次集中打击，势头有所遏制，但问题远未得到解决。据调查统计，有70%的车辆故障是由汽车配件质量和装配技术问题引起的，只有30%由不良驾驶习惯造成。例如，汽车灯具产品若使用了假冒伪劣配件会造成亮度不足、聚焦不集中、射程太近、辐射面积小等问题。严重的伪劣灯具由于本身密封不严，雨水会进入灯具内，从而产生短路引发着火燃烧事故。

识伪检查可从以下几个方面来进行。

① 看外观。看汽车外观是否有重新喷过油漆的痕迹，其曲线部分的接合部线条是否流畅，大面是否有凹凸不平。拼装的非法车辆，车身覆盖件的小曲线接合部往往处理不好，会留下再加工痕迹，用手触摸，会有不平整的感觉。而且车门与发动机盖或与车身接合部缝隙会不均匀，间隙大小不一、不整齐。

② 看内饰。看内饰的装饰材料表面是否干净，是否平整。特别是内饰压条边沿部分是否有明显的手指印迹，或其他工具碾压过留下的痕迹，这些都是可疑的印迹。若发现这些问题，再与其他方面的检查情况结合判断，还是很有效果的。

③ 检查发动机。检查发动机舱，仔细察看线路、管路布置是井井有条，还是杂乱无章；发动机和其他零部件是否有重新拆卸、安装过的痕迹；启动发动机，听声音是否正常，有无杂音；空调是否制冷，有无暖风；有无漏油、漏水现象。若发现有可疑问题，则需做进一步的检查。最后做行驶检查，听整个车身有无异响等。

(2) 外观检查。外观检查一般通过目测来进行，目测检查通常只作定性分析。而定量分析，则要借助一般的通用仪器设备来进行。汽车在进行外观检查之前，通常应进行外部清洗，以确保检查的可靠性。

① 目测检查。一般情况下，二手车的厂牌、型号、年份、款式等信息都是比较容易看出来的，而汽车的使用情况、使用强度、可能出现过的事故等，就需要有一定的实践经验才能检查出来。当然车主也有责任和义务介绍这些情况。在外观检查中，有些检查需在底盘下进行，应选择设有地沟或汽车举升机械的场所，以便将车体升起，方便在底盘下查看。

车身检查的首要目的是看“伤”，即看车主的二手车有没有严重碰撞的痕迹，特别是轿车和客车车身。因其在整车中的价值分量较重，维修费用也较高，故应列为重点检查项目。主要观察部位是车的前部和后部，一般按以下方法进行检查。

检查车身是否发生碰撞受损，观察车身各覆盖件、钣金件，可绕车一周，看各钣金件是否平整、整齐，有无凹凸不平，有无烧焊的痕迹；车身各接缝是否大小不一，线条是否弯曲；装饰条是否脱落或新旧不一。如有异常情况，说明该车可能出过事故，可能碰撞过或修理过。

检查车身锈蚀的情况，主要检查底板、防护板、窗框、水槽等部位。特别是轿车车门下面的底板边框往往锈蚀较为严重。车身底板在行驶过程中，要经常与泥水接触，并与飞溅的砂粒、石子发生碰撞摩擦，漆面易受损脱落，被泥水浸蚀，极易发生锈蚀。若锈蚀严重，说明该车较旧，或使用地区雨水较多，或为沿海地区，极易引起底板锈蚀。

检查车身油漆脱落情况，首先，应检查风窗玻璃四周边缘的油漆是否平整，有无皱折，如不平整、有皱折，则说明该车已做过油漆或翻新过。其次，要注意车身和车门等表面局部补灰的情况。局部补灰的地方，其表面光洁度有差别，反光不一样，甚至出现凹凸不平，或有明显的橘皮状，这说明该处车身有过补灰做漆。

检查车门是否关闭严密、合缝，车门窗框是否变形、翘曲，门缝是否均匀整齐，密封胶条是否硬化、脱落，以防车门漏水、透气。检查开关车门是否有不正常的响声，门窗玻璃升降是否灵活，门锁是否开关灵活有效。若有上述问题存在，就应分析其缺陷原因。

发动机是汽车的“心脏”，对发动机进行检查非常重要。汽车的许多故障，均出自发动机及其附属设备，故需仔细检查。

打开发动机盖，若发动机表面堆满了油灰，说明车主平常不太护理车辆，车辆的维护保养可能欠佳。但是，若发动机周围特别清洁，也有可能是车主事先对车进行了一次清洗，以图卖个好价钱。

使用量油尺，查看机油油位是否标准。若机油油面高度超高，机油混浊或起水泡，则可能水箱的水混入到曲轴箱内，气缸垫有可能被烧坏。若机油油面过低，则说明机油短缺，需要查明原因。有可能机油窜入燃烧室被燃烧掉，这意味着气缸套与活塞环之间配合间隙过大，缸套磨损过甚，引起气缸上油。启动发动机，排气管有可能冒蓝烟。这表明这辆车恐怕要进行大修了。这项检查不是看机油缺不缺，而是通过机油油位高低，查看发动机有关机件是否有磨损。若只是正常缺机油，那加注机油到标准油位即可，对评估价值并不构成影响。

结合机油检查，进一步查看气缸盖外有无油迹漏出，若有大量油迹，则表示气缸垫损坏；若只有少量油迹则问题不大。在实际操作中，经常会碰到缸盖处有油迹的情况，这时应仔细察看，若油迹较明显，并有一定的量，那就说明气缸垫有可能损坏。若只有一点油迹，一般属正常现象。

检查蓄电池两端的接线柱，应没有白色粉状物(硫酸盐)黏附在上面。蓄电池外壳应干爽、清洁，没有裂痕。查看一下蓄电池购买日期，一般蓄电池寿命约为两年，过期则应更换。

打开水箱盖，看水箱水是否全是黄色锈水或水箱外是否有锈水漏出，水箱上下的密封胶喉有无裂痕。检查水箱盖关闭是否严密，胶垫是否松脱。仔细察看水箱有无撞过的迹象，散热片是否烧焊，若有烧焊，说明水箱被碰撞挤压过。水箱支架是否校正过、更换过或有烧焊的痕迹，若有也能说明汽车曾发生过碰撞事故。

车辆底部检查可借助地沟或举升机械进行。检查三漏情况，即检查是否有漏油、漏水、漏气现象。检查底盘地板的锈蚀情况，看是否有焊接痕迹。

检查车架是否有弯扭变形以及断裂、锈蚀等损伤；螺栓、铆钉是否有松动等。

检查前、后桥中的前、后车轴是否有变形、裂纹。非独立悬架中的钢板弹簧是否有裂纹、短片、断片的现象。中心螺栓和骑马螺栓是否松动，减震器是否漏油。独立悬架中的螺旋弹簧或扭杆弹簧有无断裂现象，摆臂有无变形、裂纹等。有些车若使用时间较长，减震器容易失效。一般可用手将车身往下按压，然后迅速放开，看车身的运动情况，从而可粗略地判断出减震器的减振性能是否良好。

检查转向传动机构中的转向节臂、横直拉杆及球头销有无裂纹和损伤，球头销是否松旷，连接是否牢固可靠。

检查传动轴、万向节是否有裂纹和松旷现象。中间支承中的轴承是否松旷，传动轴伸缩花键的防尘套是否破损。

检查仪表盘是否是原装件，其底部是否有更改过的痕迹。抄录下行驶里程数作为评估的参考参数。

察看内饰的新旧程度，座椅是否下凹，顶篷是否开裂，地板或板胶是否有残损，车厢内是否污秽发霉。揭开地板的板胶，看底板是否生锈或潮湿。若生锈则说明该车可能漏水。

打开行李箱盖，看盖的防水胶是否损坏、脱落，行李箱是否漏水。若发现有烧焊的痕迹，则说明发生过碰撞的事故。

检查一下离合器踏板和制动器踏板上的胶垫是否磨损过度，一般的胶板寿命是30 000km左右，若胶板已更换了新的，则此车可能已行驶30 000km以上。

检查附属装置，如刮水器、仪表、反光镜、灯具、空调设备、信号装置、加热器等是否破损、残缺，并进行通电、启动检查，看是否工作正常。

② 使用量具检查。在目测检查时，如发现有较严重的横向或纵向歪斜，可用高度尺、水平尺检查车体歪斜是否超过规定值。此时，还应考虑车架、车身是否变形，悬架高度是否下降，轮胎气压是否正常。若有异常，应及时排除。否则，车体歪斜会越来越严重，最终引起汽车行驶跑偏、重心转移、操纵失灵不稳、轮胎磨损加剧等种种不良后果。

《机动车运行安全技术条件》规定，车体应周正，左右对称部位高度差不得大于40mm。

轮胎是汽车部件中价值较高的易损件，特别是高级轿车和一些大型货车，其轮胎价值都较高。在汽车的使用过程中，轮胎的磨损、破裂和割伤等通过目测就可以发现，也可采用简单的深度尺或直尺进行定量的测量。

一般规定轿车轮胎胎冠上的花纹深度磨损后应不小于1.6mm，其他车型轮胎胎冠花纹深度不得小于3.2mm。而轮胎的胎面和胎壁上不得有长度超过25mm、深度足以暴露轮胎帘布层的破裂和割伤，这样会使帘布层暴露在外，行驶中，容易引起爆裂，发生车祸。特别是前轮轮胎爆裂，会使汽车失去操纵性，引起严重的事故。

将汽车前桥顶起，用百分表触点触及轮胎前端胎冠外侧，然后用手前后扳动轮胎，测量其横向摆动量。再将百分表移至轮胎的上方，使表的触点触及胎冠中部，然后用撬杠往上撬动轮胎，测量轮胎的径向摆动量。车轮横向和径向摆动量如超过规定值，在汽车行驶时，会引起转向盘抖动，导致行驶不稳定。

《机动车运行安全技术条件》规定，车轮横向和径向摆动量，小型汽车不大于5mm，其他车辆不大于8mm。

2. 动态检查

首先，启动汽车发动机，看汽车发动机、音响、灯光等各部分工作是否正常。其次，进行起步、加速、匀速、滑行、强制减速、紧急制动等操作。最后，从低速挡到高速挡，再从高速挡到低速挡行驶，且用倒挡行驶一段距离，检查离合器、变速器、转向和悬架系统的工作情况，并检查汽车的操纵性能、制动性能、加速性能、滑行情况、噪声和尾气排放等状况，以鉴定汽车在动态下的技术状况。

(1) 发动机无负荷工况检查，具体包括以下几方面。

① 检查发动机的启动性。启动发动机，看启动是否容易，启动机是否工作良好。一般启动不应超过3次，每次启动不超过10秒钟。

② 无负荷工况检查。启动发动机，并使其处于怠速运转状况，然后听听其运转的声音。若有杂音，说明机件磨损严重。并检查其是否运转平稳，怠速运转时车头越静、越稳则越好。

发动机启动运转一段时间，待水温、油温正常后，检查其加速的灵敏性。从怠速状态猛踩加速踏板，看发动机转速从低速到高速的反应灵敏性。然后从加速状态猛松加速踏板，看是否会出现怠速熄火。

接下来就要检查发动机窜油、窜气情况。方法是打开机油口盖，慢慢踩下加速踏板，加油，若窜气严重，用肉眼就能看到；若窜气不十分严重，可以用一张白纸，放在距机油口盖约50mm的地方，然后踩下加速踏板，若窜油、窜气，则白纸上会有油迹，严重时油迹较明显。

最后检查排气颜色。在正常状态下，汽油机工作时，排出的气体是无色的。柴油机在正常负荷下运转时，排气颜色为淡灰色，负荷大时，则为深灰色，但只允许短时间出现。排气颜色不正，一般指排气颜色为黑色、蓝色。若为黑色，说明气缸内混合气过浓，或点火时刻过迟，造成燃烧不完全，一部分未燃烧的碳元素混在废气中排出，出现黑烟现象；若排气颜色为蓝色，说明有机油窜入气缸燃烧室内，气缸内有机油燃烧，形成蓝色气体随废气排出。一般来说，常因活塞、活塞环、气缸套磨损过甚，配合间隙过大，导致机油窜入气缸而出现此现象。此外，若进气不畅，机油也可能被吸入燃烧室，也会出现冒蓝烟的情况。

(2) 路试检查。静态检查后，就可以说已完成路试前的准备工作，即检查了冷却水、机油、离合器踏板、制动器踏板、转向盘、轮胎气压等。路试工作准备就绪，就可进行路试。在路试现场，必须确保人员安全。机动车路试一般进行15～20分钟。

① 检查汽车的动力性。由原地起步后，作加速行驶。如果猛踩加速踏板后，提速快，则说明加速性能好。高速行驶时，看其能否达到额定的最高时速。此外，看汽车行驶时是否平稳，是否有异响。通过爬坡试验，体验汽车爬坡行驶是否有劲。若出现提速慢、最高时速与厂定额定最高时速差距较大、上坡无力的情况，则说明汽车的动力性能较差。

② 检查汽车的操纵稳定性。在宽敞的路段上，向左、向右转动转向盘，看转向是

否灵敏、轻便，有无自动回正力矩。高速行驶时，是否跑偏，有无摆动现象发生。

③ 检查制动性能。汽车起步后，加速到50km/h，迅速将制动踏板踩到底，看汽车是否立即减速、停车，有无制动跑偏、甩尾现象。制动距离应符合有关规定的标准值。

此外，加速到60km/h左右，感觉汽车有无抖动。若有，则可能是前悬架或车辆有问题，或传动轴弯曲所致。

④ 检查离合器。起步时看离合器是否平稳结合，分离是否彻底，工作时是否发抖、发响等。

⑤ 检查变速器和主减速器。从起步加速到高速挡，再从高速挡减速到低速挡，看变速器换挡是否灵活，是否有乱挡、跳挡，是否有异响。

在路试中，车速达40km/h时，突然猛松加速踏板，随后又猛然踩下加速踏板，看主减速器是否发出特别大的声响，若声响很大，说明主减速器磨损严重。

⑥ 滑行试验。在平坦的路面上，将汽车运行到50km/h时，踩下离合器踏板，将变速器摘入空挡，让汽车靠滑行行驶，根据滑行的距离，来评估汽车传动系传动效率的高低。滑行的距离长，说明传动系传动效率较高；否则，较低。

⑦ 检查各部件的温度。路试后应检查一下油、水温度。正常的机油温度为95℃，正常的水温度为80℃～90℃，齿轮油的温度不应高于85℃。齿轮油温主要是变速器和主减速器的温度。最好检查一下轮毂的温度，如果温度过高，说明轮毂轴承安装过紧，应调整好轮毂轴承的间隙。

此外，还应用手或测温器检查其他有关运动件的过热情况，制动鼓、传动轴、中间支承的轴承等，都不应有过热现象。

⑧ 检查“四漏”情况。检查汽车的漏气、漏电、漏水、漏油情况。在发动机运行及停车以后，水箱、水泵、缸体、缸盖、暖风装置及所有的连接部位，均不得有明显的渗、漏水现象。检查漏油的情况，应在汽车连续行驶距离不少于10km后，停车5分钟观察，不得有明显的渗透漏油情况。

对于制动的汽车，如果漏气会在制动时有所反应，需要仔细检查管路系统和气罐、气泵、阀等。漏电一般会导致行车中出现明显故障，如电路出现故障，也需要仔细查找原因。

3. 事故车的含义

发生过事故的车辆的使用性能可能会受到损害，并且存在很大的安全隐患，其价值也应贬值更多。对事故车的判断和鉴别在二手车交易中也是一个重要环节。

事故车是指在使用中，曾经发生严重碰撞或撞击，或长时间泡水，或较严重着过火，虽经修复并在使用，但仍存在安全隐患的车辆总称。

(1) 严重碰撞或撞击的车辆。符合以下任何一种损伤情形的车辆，就应认为是事故车：

① 碰撞或撞击后，车架大梁弯曲变形、断裂后修复；

② 水箱及水箱支架被撞损伤后被修复或更换过；

③ 车身后叶子板碰撞后被切割或更换过；

④ 车门及其下边框、B柱碰撞变形弯曲后被修复或更换过；

⑤ 整个汽车在事故中翻滚，整个车身产生变形凹陷、断裂后被修复或做过车身。

(2) 泡水车。泡水车辆与涉水行驶过的车辆不能混为一谈，有许多车辆在遇大雨、暴雨或特大暴雨的恶劣天气时，曾在水中短时间行驶过，这不能算泡水车。因为涉水行驶，不是潜渡，车辆在行驶中发动机及其附件仍在工作。涉水深度有可能略超过车轮半径，发动机油底壳可能与水接触，或浸入水中。此时发动机最好不要熄火，否则对小轿车来说，排气管就有可能进水。

泡水车一般是指全泡车，也叫灭顶车。全泡车是指泡水时，水线超过发动机盖，水线达到前挡风玻璃的下沿。这样整个发动机舱都浸泡在水中，绝大部分电气设备、仪表都被水浸泡，会造成严重后果。至于浸泡时间长短，一般认为，只要水线达到上述水平，无须考虑泡水时间的长短，即为泡水车。因为水虽然在极短的时间内难以浸入密封的机件内，但水会对密封产生腐蚀、侵蚀作用。此外，泡水对电气设备危害最大，而且难以清洁。气门和空气滤清器等处都会进水，进而危害发动机气缸内部，造成锈蚀，不可小视。

(3) 过火车辆。汽车无论是自燃还是外燃，只要在发动机舱或乘员舱发生严重火烧，燃烧面积较大，机件损坏较严重，就应列为事故车。火烧是种极严重的事故，经火烧后，机件很难修复。但对于局部着火，过火的只是个别的非主要零部件，并在极短的时间内熄灭，主要机件未受到影响的，经修复换件后，不能算过火车辆。

4. 事故车的检查与判断

凡是发生严重碰撞、泡水、过火的事故车，到二手车市场进行评估交易之前，都要经过修理厂的恢复和修理，非专业人士一般检查不出这是事故车。车主有时也不会主动告知，只有训练有素的专业人士经过仔细、认真的检查和分析判断，才能做出正确的结论。常见的检查方法有以下几种。

(1) 碰撞事故车的检查。此类车在检查时，首先，查看汽车底盘，看脏污的程度是否大致相同，若发现有部分地方特别干净，则该处有可能被修理和擦拭过。底盘处大梁应平直，并无敲打的痕迹。若发现有敲打或烧焊的痕迹，那就可以肯定大梁发生过弯曲变形，甚至断裂或有裂纹。

其次，查看水箱支架和水箱，看是否有碰撞变形后被修复或更换的痕迹。若有，水箱一定被修理或更换过。水箱支架损坏后，碰撞有可能殃及发动机或车架，要注意有关零部件的检查。

再次，若车后部被严重碰撞，车身的叶子板肯定会损坏，应查看叶子板是否被切割更换过。叶子板与车厢及车体的连接处应平整，焊点应略呈圆形及微凹陷，若焊点是凹凸状，则为重新烧焊的痕迹。也可打开行李箱盖，查看其内板是否有烧焊的痕迹。

然后，可查看车身侧面，有无碰撞痕迹。先看车门是否与车身密合，有无翘曲，门缝是否均匀一致，若修理或换过就一定会出现某些缺陷。检查前、后车门中间的B柱是否有烧焊的痕迹，可以从车内侧扒开装饰物查看，或查看油漆是否平整，有无涂抹腻子。还应检查底板、横梁有无敲击过和烧焊痕迹。

最后，检查零件的工艺孔是否变形，可通过查看工艺孔是否一致来判断。例如，有的汽车发动机盖前方左右两内侧有对称的椭圆形工艺孔，若两工艺孔形状不对称、不一致，则可能发生过碰撞后变形，因而有异。总之，检查时，要仔细查看，一旦发现蛛丝马迹，就要认真检查下去，以确保不漏查事故车。

(2) 泡水车的检查。对泡水车的检查，首先打开发动机盖，查看水箱、散热器片、水箱前板(从下往上看)是否留有污泥。其次检查发动机旁的发电机、启动电动机、电线插座等小零件，左右轮罩的接缝处。再次翻倒检查前、后排座椅，查看弹簧及内套绒布是否有残留污泥，有没有发霉的气味。然后还要查看行李箱内的备胎座内有无污泥，若是泡水车，后轮罩隐秘的接缝死角内会留有污泥。另外，还要仔细检查一下前、后车门中间的B柱，把塑料饰板轻轻撬开，就可看出浸泡水线的高度。如果塑料饰板没有更换，不需要撬开，就可发现泡水高度处的水线印迹。撬开塑料饰板后，可查看到B柱内死角接缝不易清洗处的污泥和水线印迹。最后检查前后挡风玻璃橡胶条，由车内将其拉开，内有污泥，则肯定是泡水车。

有时河塘的水非常清澈干净，橡胶条内无污泥。碰到这种情况，也可按上述方法检查，也能看出浸泡水线的痕迹。泡过水与未浸水的界面，一定会留下痕迹，仔细查看，即可发现存在异样。

(3) 过火车的检查。汽车过火的地方比较容易辨认，过火并烧蚀严重的金属会出现排气管一样的颜色。凡是燃烧面积较大、燃烧时间较长、过火严重的车修复起来都很困难，应做报废处理，不能进行二手车交易。

3.2.3 二手车置换程序

1. 收购车辆

(1) 证件检查和车况查验。按照前文介绍的检查要求和静态、动态检查方法以及事故车判断方法等，对二手车来源的合法性和技术状况进行检查。

(2) 确定价格。根据车价折算方法和技术状况检查的结果，与对方协商，确定二手车的折算价格，作为置换时的扣抵价格或交易价格。

(3) 签订转让协议。在旧车交易时，交易双方一定要订立书面协议。协议内容包括：车型、车号、车牌等基本情况，旧车交易价格及车款交付时间，旧车过户责任，违约责任。如有必要，可以协议形式保证在一定时间内不出现非人为因素故障。

书面协议既是旧车交易的凭证，也是解决交易纠纷的重要依据，它对保证交易双方尤其是买方的权益具有十分重要的作用。

(4) 保养维修。一般说来，购置的旧车都会存在这样或那样的问题，出售方出于利己的考虑，在交易中不一定说明。购买旧车后，一定要进行全面、彻底的检修，排除故障隐患。对于转向、制动、离合、灯光、信号、雨刷等涉及安全方面的装置，更要保证其万无一失。对于一些故障，应及时修复，保证车辆的安全使用，也能提升车辆的价值。

2. 销售车辆

(1) 介绍车辆。和销售新车一样，销售二手车也需要经过向顾客展示和介绍车辆、试乘试驾等环节。其中，试乘试驾对于二手车交易的促成起关键作用。

(2) 确定价格。在收购价格的基础上，考虑维修等附加费用，与顾客洽谈，确定交易价格。

(3) 签订合同。以销售方的名义，与顾客签订二手车交易合同，明确经济和法律关系，以保证双方的经济和法律权益。

(4) 办理过户。尽管汽车也属于消费品，但它在使用资格上与其他消费品相比有明显不同。就大多数消费品而言，只要消费者支付了足额购置费，就自然获得该商品的使用权。但汽车消费者在支付了购买旧车的款项后，还需履行过户手续，使车辆所有权发生转移，才能获得合法使用及上路行驶的权利。否则，一旦发生产权纠纷，法律不会承认新车主。对卖方而言，只有办理了过户手续，该车才与原车主脱离关系。否则，一旦发生交通事故，原车主将负连带责任。

(5) 更改保单。二手车交易成功，只是买方取得了该车的产权，与保险公司无关。新车主在使用过程中一旦发生保险事故，保险公司会以车主(或司机)与保单不符为由而拒绝赔偿。因此，销售业务人员在与二手车买主成交后，一定要帮助买主及时申请更改保单，绝不能嫌麻烦。否则，就等于自动放弃了索赔权。

(6) 售后服务。二手车销售同新车销售一样，一个健全和完善的售后服务体系，不仅可以成为汽车贸易企业主要的利润源泉，也是企业树立形象、扩大影响的重要途径。

知识问答与技能训练

1. 分析遵守二手车交易法定要求的重要性。

2. 利用实际车辆，练习二手车的技术检查工作过程。

3. 由一名同学扮演二手车卖主，一名同学扮演二手车经纪人，模拟二手车交易的工作过程。

4. 练习签订一份二手车转让合同。

学习任务3.3 售后服务概述

学习目标

1. 明确汽车售后服务的意义；
2. 掌握汽车售后服务的工作内容；
3. 掌握汽车售后服务的基本要领；
4. 掌握顾客投诉的处理方法。

学习内容

1. 汽车售后服务的意义；
2. 汽车售后服务的工作内容；
3. 顾客投诉的处理方法。

学习方法

1. 情境式学习；
2. 模拟练习业务流程；

3. 讨论汽车售后服务的意义。

任务导入

汽车售后服务有什么意义？你了解汽车售后服务的业务内容吗？

3.3.1 售后服务的意义

售后服务是成交签约后销售人员继续与顾客交往，并完成与成交相关的一系列售后跟踪服务，从而更好地实现销售目标的行为过程。

现代企业的竞争已经由产品的竞争转为对市场的竞争，而市场竞争的关键是对顾客的争夺。如今，汽车技术迅速进步，车型的更新换代越来越快，汽车产品本身的技术优势越来越不突出，今天的商业价值将以经销商与顾客的关系来衡量。如果企业能比竞争对手更胜一筹地与顾客建立良好的双向互动关系，使顾客获得高度的满足，他们就能放心地从企业这里购买商品而不会被任何竞争对手“挖走”，从而使企业在竞争中获胜。销售人员需要发展与顾客的关系，售后服务就成为整个销售过程中一项重要的工作，具有重大的意义，具体表现在以下几方面。

1. 提升企业销售利润

在汽车销售行业，售后服务工作的重要性已经得到越来越多企业的重视，整个汽车工业的发展情况也验证了这一点。目前，汽车销售利润在不断下降，在市场竞争日益激烈的情况下，企业应努力提高顾客对企业的忠诚度，使顾客在车辆使用期间重复惠顾，接受保养、维修、保险、精品加装、美容等后续服务，增加购买次数与购买金额，从而创造更高的利润和业绩。做好顾客的售后服务工作，就能使顾客在车辆的使用期内持续地接受企业提供的服务和产品，从而给企业带来源源不断的业务和利润。

2. 增强企业的核心竞争力

良好的顾客关系可以为企业赢得良好的口碑，增强企业的核心竞争力。与新顾客相比，一位老顾客可为企业多带来20%以上的利润。业绩优异的汽车经销店，40%以上的新顾客是通过老顾客推荐赢得的。与初次登门相比，多次光顾的顾客，可为企业多带来20%～35%的利润。固定顾客数目每增长5%，企业的利润则增加25%。而企业减少5%的顾客流失率，所带来的利润增长将超过25%。

一家汽车销售店的销售业绩是其他经销店的2倍，取得这样的业绩主要得益于他们将顾客的流失率始终控制在5%以下，而同行业流失率的平均水平是30%。因此，售后服务已成为企业的竞争优势之一，可以帮助企业在竞争中脱颖而出，立于不败之地。企业与顾客之间的关系越牢固，企业的地位也就越稳固。

3. 降低营销成本

一般来说，开发一个新顾客的费用是保持现有顾客所需费用的6倍。新顾客不仅开发费用高，而且成交机会少。平均而言，将产品或服务向一位曾经成交的老顾客推销，成交机会有50%。因此，企业必须采取措施尽最大努力服务顾客，防止顾客流失。若流失一名最好的顾客，企业要多花7～10倍的力气去寻找一名替代顾客，或找更多的普通顾客来弥补业绩及利润的损失。

例如：某公司最好的顾客月平均消费为3 500元，而普通顾客的月平均消费为275元。该公司每次只要损失1名最好的顾客，就要找到13名普通顾客才能弥补3 500元的业绩。

4. 售后服务是企业获取市场信息的重要途径

经营顾客关系的前提就是了解顾客，时刻关注顾客的需求变化，获取顾客对产品数量、质量、花色品种、价格等方面的需求信息。企业对市场信息反馈得越迅速、及时，就越能有效地解决顾客的问题及抱怨等，从而更好地服务顾客、留住顾客，还能挖掘顾客潜在的需求，开发出顾客乐于接受的新产品或新的服务项目。

“你忘记顾客，顾客也会忘记你”，这是成功销售员的格言。在成交之后，持续不断地关心顾客，了解他们对产品的满意程度，虚心听取他们的意见；对车辆使用过程中存在的问题，采取积极的弥补措施，可有效防止顾客的流失。只要销售人员与顾客保持密切的关系，就可以在竞争中取胜。

3.3.2　售后服务的工作内容

1. 建立顾客档案

顾客的信息是动态的，销售人员在与顾客初次接触之后，就要开始收集顾客的信息，每一次接触都会有新的信息补充进来。在顾客交车后，还要将顾客的车辆信息收录其中，形成完整的顾客档案，并在今后的售后服务中不断丰富和修改档案中的信息。

顾客档案一般包含的信息有：顾客的姓名、性别、年龄、生日、工作单位、地址、E-mail、兴趣爱好、家庭成员情况、联系电话、身份证号码、购买的车型、颜色、规格、车架号、发动机号、保险项目、精品加装项目、交车时间、维修保养记录、事故记录、理赔记录、投诉记录、投诉处理结果等。售后顾问应将销售人员在汽车销售过程中获得的信息进行整理、检查、挑选，建立顾客档案，并经常与顾客保持联系，一有变动，及时修改和更新。

2. 采取多种方式提供服务

汽车销售人员需要给予顾客持续的关怀并及时跟进车辆使用情况。很多经销商辛辛苦苦建立起来的顾客群，由于长时间不去关怀和跟进，导致顾客的忠诚度开始下降，这都是没有建立持续的售后服务体系的结果。其实，对顾客的售后服务并不需要花很多的时间，关键是要让顾客感觉到你没有忘记他们。有的时候，一张小小的卡片，一个祝福的电话，一封联络的邮件，都可帮助企业维系顾客关系，使顾客成为永续的资源。

(1) 以电话方式与顾客联系。销售人员在向客户交车的24小时内，应代表个人致电或发送短信对顾客能够信任自己并提高了自己的销售业绩表示感谢，并提醒如果有操作或使用方面的问题，可以随时联系自己或售后顾问。

在交车后的24小时内，汽车销售公司或专营店的销售经理也应该给顾客打一个电话或发送一条短信，代表公司感谢顾客选择了本公司和所经营的汽车品牌，同时询问顾客对新车的使用感受，有无不明白、不会用的地方，并调查顾客对专营店和销售人员的服务感受，了解销售人员和公司其他员工的工作情况等。应对顾客提出的建议表示感谢，并及时处理顾客的不满和投诉。

在交车后的一周内由销售人员负责打出第二个电话。内容包括：询问顾客对新车的使用感受、新车首次保养的注意事项、新车牌照号码、参保的保险公司情况等。

以后要定期地通过电话或短信联系顾客(如每周)，询问车辆使用状况，提醒磨合期结束前的“拉高速”、首次保养时间、安全驾驶等问题。每一次电话沟通后，都要将谈话情况或顾客来电情况进行整理，记录到“顾客联系登记表”中。

(2) 走访客户。可以找一个合适的时机，如顾客生日、购车周年、工作顺道等去看望顾客，了解车辆的使用情况，介绍公司最新的活动以及其他相关的信息。最后将走访结果记录到调查表里。

(3) 组织会员活动。每一个顾客都应成为公司所经营品牌车辆的“车友会”成员，公司可以选择节假日或其他时机，组织客户互动和参与活动，如举办汽车文化讲座、组织一些有共同兴趣的顾客进行自驾游、举行健身或体育项目比赛、举办客户联谊会等。通过组织这些活动，既可以增进顾客同公司的感情，也为顾客之间提供了交流的机会。

(4) 经常给予关怀。遇到天气冷热等突发事件时向顾客致电或发送一条短信，可体现对顾客的关怀。档案资料里如果记录了顾客的生日或顾客家人的生日，应及时发出祝贺；顾客的购车周年纪念日也不要忘记适时地给予祝贺。

3. 技术培训

售后服务本身属于技术服务的范畴。由于汽车产品的高度技术密集、知识密集，汽车产品的售后服务工作必然包含对用户的技术指导、技术咨询、技术示范，也包含对厂商售后服务网络的技术培训、技术示范、技术指导和技术咨询。通常的做法是，汽车厂商的售后服务部门对售后服务网络实施上述工作，售后服务网络再对广大用户实施上述工作。

4. 质量保修

质量保修，又称质量保证、质量担保、质量赔偿等，我国俗称“三包”，其基本含义是指处理用户的质量索赔要求，进行质量鉴定、决定是否赔偿和实施赔偿行为，并向厂商反馈用户质量信息。

在我国的汽车行业内，质量保修工作过程通常为：第一线的售后服务网络受理用户的质量索赔要求，决定是否赔偿。厂商售后服务总部对服务站的赔偿进行赔偿鉴定，复核赔偿准确性，并进行质量动态的综合分析，向生产和采购部门反馈产品的质量信息。

质量保修具有极强的政策性和技术性。政策性强，是指保护消费者权益的法律法规越来越多，保护力度越来越大，厂商的生产经营活动必须遵守有关政策和法律的规定，切实履行自己的义务。技术性强，是指汽车产品有其特殊性，汽车产品结构复杂，零部件数量极多，生产配套厂家多，用户的使用条件千差万别，汽车故障千奇百怪。

质量保修工作的要点有：一是准确，即准确地做出质量故障鉴定，既要维护企业的利益，又要维护用户的利益。二是快速，即对用户的求救要迅速处理，快速服务。三是厚待，即售后服务人员要善待用户，对用户的愤慨、怨恨、不满，应始终保持一种平和的心态，认真解决产品的质量问题。

5. 备件(配件)供应

备件(配件)供应在售后服务中具有决定性作用，没有良好的备件(配件)供应就没有优质的售后服务。试想一下，备件(配件)经常缺货，或者备件(配件)不能保证其质量，汽车售后服务工作怎能令用户满意？怎能解除顾客的后顾之忧？所以有人说，备件(配件)供应是售后服务工作的“脊梁”，体现的就是备件(配件)供应的重要性。备件(配件)供应还是售后服务工作的重要利润来源。

6. 组织和管理售后服务网络

汽车是典型的大量生产的产品，而且其用户分布很广，很难设想单纯依靠生产厂家自身的力量，能够圆满完成售后服务的全部工作。通常的做法是，汽车厂商在全社会组织一个庞大的服务网络，并由这个网络代表汽车厂商完成各种售后服务工作。无论何种网络建设方式，汽车厂商都要广泛利用社会资源，在合适的地点选择合适的经销商和服务商，以此构建自己的营销及服务网络。

7. 企业形象建设

售后服务除了以上工作内容外，还肩负着企业形象建设的重任。影响消费者对企业形象形成的主要因素有：产品使用性能及厂商的服务质量、企业窗口部门的工作质量及其外观形象、企业的实力及企业的社会口碑等。显然，汽车厂商售后服务网络是用户经常“打交道”的窗口，对汽车厂商的企业形象建设负有重要责任。

就售后服务网络而言，企业形象建设的手段主要有：售后服务企业外观的形象建设、公共关系、提高以质量保修为核心的全部售后服务内容的工作质量等。目前，国内汽车服务企业的外观形象建设已从仅仅悬挂汽车生产企业的厂旗、厂标、厂徽，发展到厂容、厂貌、色彩、员工着装的标准化和统一化，厂房、厂区建设的规范化以及设备配置的标准化等。

3.3.3 投诉的处理

无论多么努力，销售人员都无法避免遇到不满意的顾客。每一位销售人员都必须意识到，顾客投诉是必然会存在的，这对销售人员来说是一件好事，对顾客的投诉要抱着接纳和欢迎的态度。如果销售人员没有一个正确的认识，在处理顾客投诉时就容易与顾客对立。所以，成熟的销售人员能够正确对待和处理顾客的投诉和抱怨。

1. 正确对待投诉

(1) 妥善处理顾客投诉和不满，是实现“顾客感动”的关键要素之一。当顾客遇到问题时，销售人员做出及时并令顾客满意的处理，可以使顾客真正体会到高水平的服务。顾客在车辆使用过程中遇到困难和问题时，难免会习惯性地抱怨，甚至投诉，实际上对销售人员来说，这是一个体现销售人员或售后服务人员服务水平的大好时机。如果能够让顾客满意而回，将会大大提高顾客对该汽车品牌的忠诚度，并且让顾客由满意到感动。

(2) 处理顾客投诉的过程是改善销售工作的过程。顾客投诉和不满一般不是为了贬低或厌恶他所购买的车辆，而是公司提供的服务水平没有达到他们预期的水平。有顾客投诉，就说明公司经营管理制度和销售人员的工作还存在不足，顾客的投诉指明了公司和销售人员应该努力的方向。

(3) 处理顾客投诉是建立友好关系的最佳时机。当顾客投诉时，销售人员内心会感到不满、怀疑以及不安。在这种情况下，如果找出恰如其分的解决方法，令顾客转忧为喜，往往能增加顾客的信赖感，这个时候也是建立友好关系的最佳时机。

(4) 妥善处理顾客投诉，能大大提高顾客满意度。如果存在对服务不满意的顾客，但是其中只有20%的顾客愿意提出投诉，说明对服务不满意但不愿意提出投诉的顾客，他们中的很多人可能已经不打算再光顾汽车销售店了。由此可见，顾客投诉是一件好事，而不是坏事。

有投诉但得到非常好的处理的顾客，会再次购买的比例高达34%，而没有不满的顾客会再次购买的比例仅为24%，从这一点我们可以看出，顾客投诉如果处理得当，不但不会影响顾客的满意度，反而会大大提高顾客的满意度。

2. 处理顾客投诉的流程

(1) 倾听顾客的抱怨和投诉。顾客因对服务或产品不满意而产生激动的情绪是可以理解的，顾客当时最大的愿望就是把心中的不满情绪发泄出来。作为销售人员，这时候不可以和顾客争论，因为争论不仅对处在激动状态的顾客没有任何意义，反而会增强顾客的反感。销售人员要以诚心诚意的态度来倾听顾客的抱怨，当然，不只是用耳朵听，为了收集信息，在听的时候别忘了一定要将重要的内容记录下来。倾听能使抱怨者得到充分的发泄，痛痛快快地将他们的怨气吐出来，恢复冷静，也不会使抱怨扩大；同时，也能让顾客感受到销售人员对他的尊重，以及销售人员处理投诉的积极态度。因此，倾听在处理投诉的过程中非常重要，销售人员一定要让顾客发泄完之后再发表看法，千万不能打断顾客说话。

(2) 换位思考，对顾客表示理解。当了解了顾客投诉或抱怨的原因后，销售人员不要急于辩解，而要站在顾客的角度，去理解顾客的感受。任何产品都不可能100%不出问题，否则汽车厂也不可能设置保修期。任何产品都会存在缺陷率，无论这个比率多么小，发生在顾客身上，产品的缺陷率就是100%。因此，换位思考会让我们真正理解顾客的感受，设身处地地为顾客着想，这样我们才会发自内心地对顾客表示理解。能得到销售人员的理解，对顾客来说是非常重要的，这是对他心灵的一种安慰。任何人都不希望自己在别人眼中是一个不讲道理的人。如果顾客的投诉不能得到销售人员的理解，那么顾客就会认为销售人员将他看成不讲道理的人，那么在接下来的事件处理过程中，顾客就会真的不讲道理了。只有让顾客感受到销售人员的理解，顾客才会保持理智。

(3) 向顾客致歉。不管顾客投诉的问题是谁的责任，只要顾客有投诉或抱怨，销售人员就要向顾客表示歉意。很多销售人员在没有分清事情的责任之前不愿意或不想向顾客道歉，他们认为道歉就是认错，就会在事件的处理中处于被动，这是错误的观念。向顾客致歉不等于承认自己承担全部的责任，向顾客致歉仅仅是对顾客使用我们提供的产品或服务而带来的不便或麻烦表示歉意，与事件的责任没有关系。销售人员要牢记“顾客永远是对的”这句话，不论顾客的抱怨和投诉是否合理，先道歉，然后寻求解决方案。有时顾客投诉的问题很容易就能够解决，他所看重的也就是销售人员一句道歉的话，有时照顾顾客的面子比解决具体问题更重要。

(4) 向顾客表明处理问题的态度。有些顾客投诉的问题可能非常重大，特别是涉及安全、法律等可能影响企业和顾客重大利益的问题，必须经过详尽的调查和核实之后，才能提出解决方案。因此，在有些投诉的处理上需要一定的时间，无法及时给顾客一个满意的答复。此时，销售人员必须向顾客说明原因，表明公司非常重视，一定会站在顾客的立场来公正地处理，决不会推脱责任；同时也要向顾客承诺多长时间给予答复。这样就容易获得顾客的理解，为处理赢得宝贵时间，使顾客安心地等待处理决定。

(5) 了解顾客的真实想法和要求。在倾听顾客对投诉内容的陈述后，销售人员一定要了解顾客的真实想法和具体要求。了解顾客的真实想法和要求，有助于投诉的快速解决。如果顾客的要求不高，涉及金额不多，销售人员在请示领导后就可以立即满足顾客的要求，争取马上解决，从而赢得顾客对企业的信心。

(6) 把握事实真相。顾客在投诉的过程中出于各种各样的目的，对具体问题的陈述往往会进行加工甚至夸大，以此来引起公司的重视，期望获得最快的处理和最大限度的赔偿。因此，销售人员在了解顾客投诉内容时，不能仅凭顾客的陈述就贸然做出处理决定，一定要进行细致的调查和分析，通过调查和分析找出原因和责任。同时，销售人员还要确认车辆的状况、用户的信息等内容，只有弄清了事实真相才能保证提出一个合理的解决方案。

(7) 区分投诉的性质。销售人员在接到顾客投诉后，要对投诉的内容有一个基本的判断。投诉可以分为一般性投诉和重大投诉。重大投诉一定要向公司领导汇报，由公司领导出面来进行处理。索赔金额大的投诉，与安全方面相关的投诉，涉及媒体、律师、消协、政府机关等的投诉都属于重大投诉，对于这些投诉必须及时向公司领导汇报，销售人员不能擅自处理，如果处理不当会给公司带来更大的麻烦。

(8) 提出处理意见并获得领导的支持。销售人员在了解了顾客投诉的具体情况以及顾客的要求后，要及时向公司领导汇报，详细介绍顾客的情况以及投诉的内容，提出自己的处理意见。在处理顾客投诉时，往往会涉及赔偿问题，在提出方案之前，必须经过公司领导的同意和认可。另外，公司领导可以利用自己的经验给销售人员必要的指导。有时领导出面协助销售人员处理投诉会起到事半功倍的效果。

(9) 告知顾客，并征询顾客的意见。当处理方案确定后，要立即告知顾客，并征询顾客的意见。销售人员要向顾客详细介绍处理方案的具体内容，表明公司认真负责的态度，并对顾客的配合和支持表示感谢。要想获得顾客的认可，销售人员还要向顾客表明双赢的思想，由于顾客购车后要与销售店长期交往，如果双方都能彼此谅解，对双方今后都会有好处的。

(10) 迅速处理问题。顾客认可了销售店的处理方案，销售人员就应该立即执行，以最快的速度帮助顾客解决问题。同时，为了使顾客能够转忧为喜，一般情况下，经销店都会为顾客准备一份小礼品，以表达歉意，同时也让顾客感到受重视、被尊重。通过这种超出顾客期望的服务，可使顾客从满意转化为感动。

投诉处理完毕，要及时了解顾客对处理结果的满意程度，以便销售人员及时跟进。销售人员还需要对顾客的投诉进行细致的分析和总结，找出工作中存在的问题，及时调整工作流程和工作标准，防止此类事件的再次发生。

对于每一次顾客投诉，都要详细记录处理的过程和结果，以此作为日常工作的经验积累。销售人员要在事件处理后，认真填写用户投诉处理报告，并将报告存档。

知识问答与技能训练

1. 分析汽车售后服务在汽车销售活动中的地位和作用。

2. 由一名同学扮演顾客，一名同学扮演售后服务人员，模拟汽车售后服务工作过程。

3. 由一名同学扮演顾客，一名同学扮演售后服务人员，模拟处理顾客投诉的工作过程。

学习任务3.4　质量保修的程序

学习目标

掌握售后接待和汽车质量保修的服务标准。

学习内容

汽车质量保修的服务程序。

学习方法

1. 情境式学习；

2. 模拟练习业务流程。

任务导入

你了解汽车质量保修的业务流程吗？

1. 接待客户

发现顾客到来时，应迅速出迎问候顾客(例如“您好”等)，引导顾客停车，引导顾客前往接待前台。

问候顾客是很重要的，具体可以从以下几个方面理解。

(1) 不要让顾客等待。每个人都不喜欢被忽视，也不喜欢等候更多的时间，所以顾客到来后应立即与其打招呼。提高接待响应速度的最佳办法就是在高峰接待时间设置一名专门的“迎接人员”(使用兼职人员、一般办公室人员、销售部或零件部员工都可)。“迎接人员”可以向顾客致以问候，为顾客端上一杯饮料，还可以向顾客了解一些大致的维修信息。

(2) 友善地微笑。接待人员的一个微笑有助于迅速建立起与顾客的友善关系，表达友善能够为接待工作带来一个更好的开始。

(3) 表现出你的关注。一般来说，顾客所购车辆遇到问题时，他才会选择驱车前往4S店。如果对顾客的问题，你表现出真诚的关心，那么顾客就能很快地冷静下来，并对你和你的部门留下更深刻的印象。

2. 记录用户陈述

明确用户需要：定期保养、一般修理、钣金/喷漆及其他。确认来意并记录用户要求的方法：陪同用户前往停车场，当着用户面安装CS件(座椅套、方向盘套、地板纸)，检查车辆外观(损伤痕迹、凸陷等)，一定要在用户陪同下进行，并加以确认。检查车内有无贵重物品，如有贵重物品应交由顾客保管。启动发动机检查有无异响，并做好问诊、询问故障现象、故障再现确认、推测故障原因等工作。

3. 费用估计

根据顾客要求和检查结果确定作业项目，列出作业需用的零部件、油料类，估算工时，确认所需零部件的库存状况，计算估价金额。

4. 预计完工时间

确认车间作业情况，预计作业需求时间，了解顾客取车要求，必要时调整作业计划。

5. 用户确认

仔细检查接车修理单是否填写完整，向顾客说明作业内容，估算费用、交车时间。针对报价和交车时间，征求顾客意见，请顾客在估价单签字后，将接车修理单的估价联和取车联交给顾客。递上你的名片，方便顾客取车时先来见你。与此同时，感谢顾客为你的部门带来生意。

6. 说明交车程序

说明取车时支付费用的方法(支票、现金或其他)，明确顾客是等候还是离店。向等候的顾客说明休息室的位置或引导顾客到休息室内，向要离店的顾客介绍店周围的道路及交通情况。

对于新顾客，应制作顾客档案，应在交车前制作完成，以免有遗漏。目的就是依照对顾客承诺的时间安排分配维修工作，包括记录与跟踪每一张维修工单，这有利于你把握每一位顾客的生意。

7. 派工

(1) 确认服务项目后，将车辆开至待修区。查看委托书，了解具体的服务项目及每项工作所需要的时间，了解需要领料的情况。

(2) 判断是否属于优先工作。对优先工作优先派工，对一般工作按照与顾客商定的时间安排工作。

(3) 确定维修类别。维修大类：一般维修、保养、返修、其他。维修小类：定期保养、机电维修、油漆、钣金。

8. 质量检查与内部交车

保修工作完成后，通过自检、互检或班组长检查等方式，进行质量检验，质检员和服务顾问在相应的单据上签字，进行内部交车。技术部门要随时控制保修工作质量，可以通过路试等方式检查和测试车辆，在用户接车前纠正那些可能出现的问题。

9. 结账清单的制作

接待人员根据接车修理单制作结账单交财务人员审核，并确认交车时的结算付款方式。

10. 交车

向用户说明作业内容，并说明驾驶注意事项(必要时)以及下次保养时间里程。通过检查或试车，请顾客确认维修或保养的结果。

向顾客说明零件费、工时费等费用情况并将顾客引导到收银台，对顾客接受服务致谢。

道别并欢迎顾客再度光临，目送顾客离去。

知识问答与技能训练

由一名同学扮演顾客，一名同学扮演售后服务人员，模拟汽车售后接待与安排维修的工作过程。

学习任务3.5 汽车备件进货管理

学习目标

1. 掌握汽车备件的进货程序；
2. 掌握汽车备件采购计划的制订方法。

学习内容

1. 汽车备件进货凭证知识；
2. 汽车备件采购计划的制订方法。

学习方法

1. 情境式学习；
2. 模拟练习业务流程。

任务导入

你知道如何组织汽车备件进货吗？

3.5.1 汽车备件采购计划的制订

在库存条件和采购资金一定的条件下，制订汽车备件采购计划的目的是：既要满足维修和保养车间的生产性需求，又要符合经济性的要求，使库存和保管的费用降至最低。

备件采购计划一般包括三个方面的内容：一是采购哪些备件，二是进货量应该为多少，三是什么时候进货。在汽车备件管理的实际工作中，一般采用ABC法确定进货品种，采用经济批量法确定进货数量，采用进货点法确定进货时间。

1. ABC法确定进货品种

汽车是由几万个备件组成的，但在使用过程中，由于损坏而被更新的概率是不一样的，也是不均衡的。有的备件在汽车的使用寿命期可能不需要更新，而有的备件由于磨损或受到外力的冲击，经常要更新。在汽车的保养、维修和装饰等生产过程中，生产车间对备件的生产性需求有这样一个规律，即价值较低的易损件，由于发生肇事而受到损伤的机会多，所以需要量大，如保险杠、油漆等；还有诸如机油、制动液、清洗液、螺栓、垫片等属于容易磨损和消耗的易耗件，每使用一段时间就要定期更换，价值也不高。在备件的采购和供应工作中，这些备件所占的采购和库存资金为20%左右，但进货的单件数量却占整个进货量的80%左右，所以在物资管理工作中，习惯上把这部分备件称为A类备件，或称为主要备件、关键备件，因为满足了A类备件的生产需要，就满足了车间对大部分备件的需要。所以在制订采购计划时，在采购和库存资金一定的情况下，要优先采购A类备件。

轮胎、轴承等备件，价值稍高，但更换的需要量一般，所占资金在30%左右，单件的需求量占10%左右。这部分备件被称为B类备件，也称为次要备件，在安排采购资金时，其重要性比A类备件要差一些。而发动机等总成件的价值很高，资金占用一般在50%以上，但进行整体更新的机会很少，实际的生产需求量也很小，只占不到10%。这类备件属于C类备件，或称为一般件，在正常安排采购资金时，可以少安排或不安排，如果偶然有需求，可以利用机动性资金来解决。

在备件管理工作中，通过列表计算和绘图等步骤确定A类备件、B类备件和C类备件的方法，称为ABC法。

ABC法的具体实施步骤如下所述。

(1) 对一定时期内各种汽车备件的需求量(即出库量)进行统计，并按需求量由大到小的顺序依次排列在计算表中。

(2) 分别计算各种备件的比重和累计比重。

(3) 以备件的品种分类为横轴，分别以需求量和累计比重为纵轴，建立坐标系。根据计算表中的数据绘制直方图；根据计算表中的累计比重数值描点并将描点用光滑曲线连接，形成累计比重曲线图。

(4) 过累计比重80%的点作横轴的平行线，再过平行线与累计比重曲线的交点作横轴的垂线，与横轴有个交点，这个交点与左侧纵轴之间所包含的备件品种就是A类备件。过累计比重90%的点作横轴的平行线，再过平行线与累计比重曲线的交点作横轴的垂线，与横轴也有个交点。上述做法中两个交点之间所包含的备件种类就是B类备件。A、B类备件之外的备件为C类备件。

例如，某备件管理部门对某个时期各种备件的消耗情况进行了整理和计算，如表3-3和图3-1所示。为了方便说明，在计算表中，备件名称以序号代替。

表3-3 备件消耗量计算表

备件名称	消耗量	比重	累计比重	备件类别
1	900	45%	45%	A
2	700	35%	80%	
3	120	6%	86%	B
4	80	4%	90%	
5	70	3.5%	93.5%	C
6	60	3%	96.5%	
7	40	2%	98.5%	
8	30	1.5%	100%	
合计	2 000	100%		

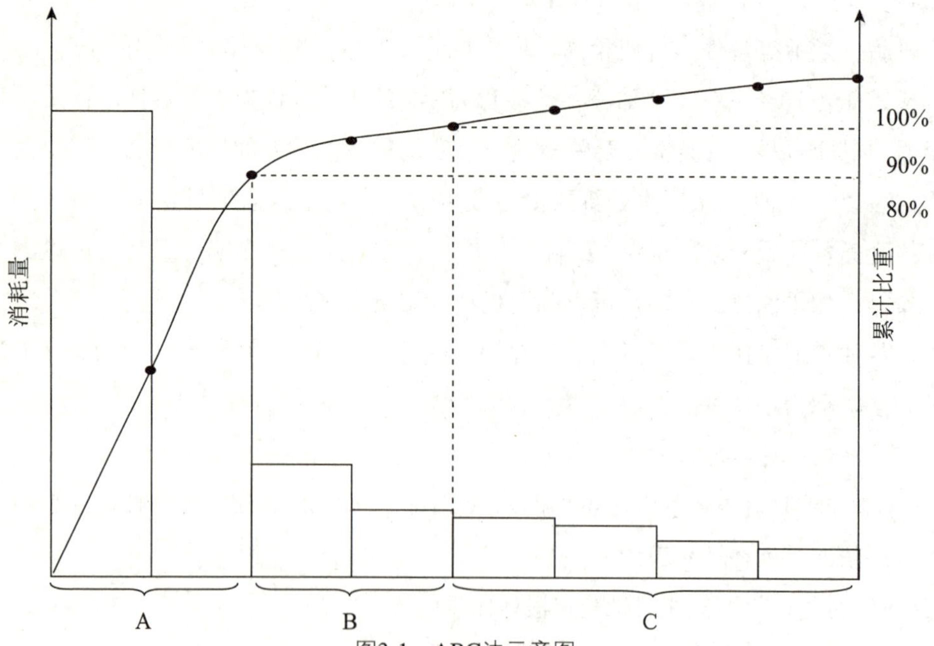

图3-1 ABC法示意图

2. 经济批量法确定进货数量

存储汽车备件的目的主要是满足生产车间保养、维修、装饰等生产活动对备件、油液料、装饰用品的需要。从库存管理的供应和保障的作用方面来说，备件存储数量越多，对生产需求的保证性越好，但发生的存储费用也越多，即经济性越差。反过来，如果备件的存储数量少了，存储费用节约了，即经济性好了，则会出现备件缺货影响维修生产的风险。所以，考虑生产对备件的需要、库存条件、采购资金和保管费用的多少等因素，制定合理的进货量是非常重要的。

存储总费用不仅仅是保管费用，也包括进货费用。保管费用是存储备件所发生的费用，包括人工费用、保养费用、安全管理费用等。保管费用随着库存量的增加而增加。进货费用包括采购人员差旅费、商务费用等，随着进货次数的增加而增加，在一定的需求前提下，随着每次进货量的增加而减少。

经济批量是指考虑保管费用和进货费用两种因素而综合确定的某种汽车备件的进货量，即按经济批量进货时，存储总费用最低。

存储总费用与进货量的关系如图3-2所示。可以看出，当进货费用等于存储费用时，存储总费用最低，此时的进货量就是经济批量。

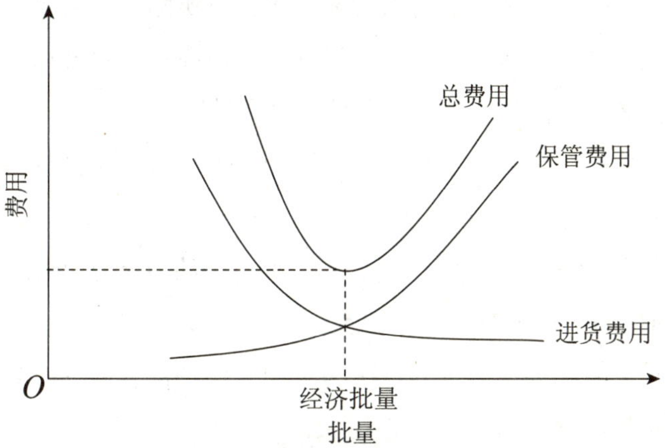

图3-2　经济批量法示意图

假设R为某备件全年的需求量，并且对该种备件的生产性需求是均衡的；假设进货费用也是均衡的，K为每次的进货费用；设Q为每次的进货量，$Q/2$为平均库存量；H为单位汽车备件年平均存储费用，则有

$$K(R/Q)=H(Q/2)$$

整理得

$$Q^2=2RK/H$$

$$Q^* = \sqrt{\frac{2RK}{H}}$$

据此可以计算经济批量Q^*。

例如：某汽车备件的全年需要量为1 000件，每次的进货费用为500元，每件年平均保管费用为4元，计算该备件的经济批量和存储总费用。

$$Q^* = \sqrt{\frac{2RK}{H}}$$
$$= \sqrt{\frac{2\times1\,000\times500}{4}}$$
$$= 500(件)$$

根据计算结果可知，500件是最佳进货量，该种备件全年需要进货2次，每次进货500件，进货费用为：500×2=1 000(元)。

平均库存量为500/2=250(件)，保管费用为：250×4=1 000(元)。

存储总费用=进货费用+保管费用=1 000+1 000=2 000(元)。

3. 进货点法确定进货时间

在某种汽车备件的出库量均衡的条件下，进货点实际上是某种汽车备件的库存量的临界点，即当该类备件的库存量下降到进货点时，库存管理部门就应该开始组织进货活动了，否则会影响维修车间对汽车备件的生产性需求。

进货点的确定受三个因素的影响：一是计划期平均每天对某种备件的需求量，二是进货时间，三是安全存量。

平均每天对某种备件的需求量，是结合上期平均每天对某种备件的消耗量(即出库量)和生产车间的生产计划等因素综合确定的预测值。

进货时间是指采购业务活动需要经历的时间，包括商务洽谈时间、装卸时间、运输在途时间和验收整理时间等。

安全存量是指为了防止出现偶然的供应变化或受季节性因素影响使得供应中断等而增加的额外储备量。一般情况下，安全存量是不动用的，当正常的库存量满足不了生产需要时才允许使用，要求在接收新的进货后要立即补足安全存量。进货点的计算公式为

进货点=日平均出库量×进货期时间+安全存量

例如：某汽车销售公司的售后维修车间平均每天对某种汽车备件的需求量为100只，采购部门采购该种备件的商务洽谈时间为0.5天，装卸时间为0.5天，运输时间为1天，验收整理时间为0.5天。不考虑安全存量，请确定进货点。

进货点=100×(0.5+0.5+1+0.5)=250(只)

即当该种备件的库存量为250只时，开始组织进货，由于进货时间为2.5天，库存的250只可以满足这个时期车间的维修生产需求，当库存量降为0时，新购入的备件立刻补充了库存，不至于影响生产需要。

进货点、库存量和进货时间的关系如图3-3所示。

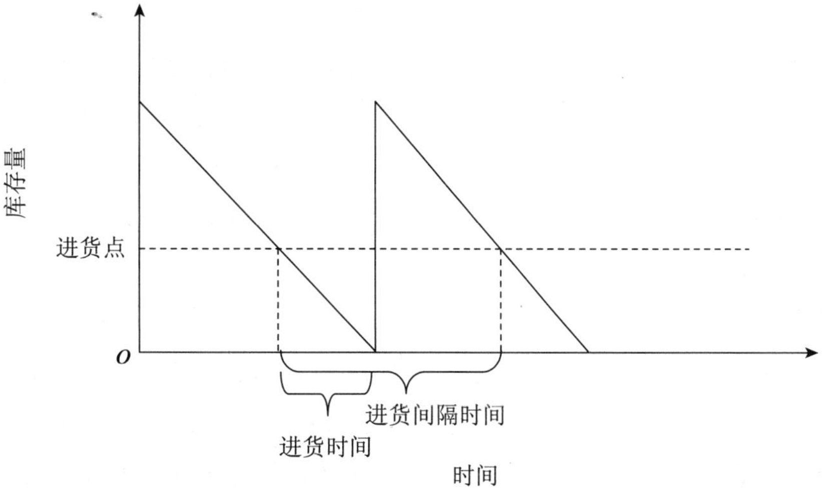

图3-3　进货点示意图

3.5.2　汽车备件进货验收

汽车备件质量验收与数量验收的依据是发票，另外还有进货合同、运货单、装箱单等。

1. 验收方法

(1) 点验数量。采用先大后小的数量点验方法，对进货数量的符合性进行验收。

(2) 品种验收。根据进货单，对进货品种的符合性进行验收。

(3) 质量验收。采用仪器和感官验收方法，检查合格证、保修证、标签、使用说明书，确定有无变质、水湿、污染、机械损伤等，以及是否假冒等。

2. 验收后的工作

及时填制、传递验收单，登记汽车备件账，填报进货日报表，组织入库。如发现问题应及时解决，填写运输损益单或销售查询单，问题严重应要求对方派人来察看处理。

3.5.3　填写与使用进货凭证

进货分为从生产企业进货和从批发企业进货两种，凭证也分两类。

1. 采购汽车备件收货单

采购汽车备件收货单是从汽车备件生产企业采购备件时，由采购人员按汽车备件生产企业开出的销货发票填制的凭证，一式八联。

传递程序(八联单的用途)：第一联采购员存查；第二、三、八联交送货人员随货送到指定仓库，保管员验收盖章后留下第二联作为仓库入账凭证，送货员凭第三联和第八联向财会部门收取货款，财会部门留第三联作为记账凭证；第四联作为付款后的结算清单(发票附件)；第五联转业务供应部门存查；第六联由生产厂供销部门存查；第七联由生产厂收款后交财会部门记账；第八联为生产厂结算清单。

2. 购进汽车备件收货单

购进汽车备件收货单是从汽车备件批发企业或经营单位购进配件时填写的自制执行凭证，根据供货单位随货同行单或银行转来的托收货款的销货发票填制。

货到单未到的购进汽车备件收货单的传递程序：储运部门办妥手续接运入库后，保管员凭随货同行单点验备件进仓，填制购进汽车备件收货单一式三联。如无随货同行单由保管员根据实际验收数报业务部门，待收到发票后填写托收承付会签单送业务部门会签，留下第三联备查，第一联仓库入账，第二联作为财会记账依据。

单到货未到的购进汽车备件收货单的传递程序：财务部门收到发票后，填写会签单，业务部门填制购进汽车备件进货单，待货到后凭单点验后盖章，留下第一联入账，第三联财会记账用，第二联业务部门备查。

知识问答与技能训练

1. 练习填写与使用进货凭证。

2. 练习制订一份汽车备件采购计划。

3. 组织备件进货应该注意哪些问题？

4. 某备件平均每日的消耗量为25只，如果采购商务时间为0.5天，运输时间为1天，验收整理时间为0.5天，请确定进货点。如果进货间隔时间为20天，那么该备件一次应进货多少？根据上述情况，画出订货点和库存变化示意图。

5. 某汽车备件销售公司采用经济批量法确定进货量。已知某种备件全年需要进货8 000件，每次进货费用500元，单位备件库存费用为0.5元/件。计算最佳进货量、最佳进货次数和最低年总费用，并绘制经济进货量示意图。

学习任务3.6 汽车备件保管和出库管理

学习目标

1. 掌握汽车备件入库工作要领；
2. 掌握汽车备件的库存管理方法；
3. 掌握汽车备件的出库管理方法。

学习内容

1. 汽车备件入库知识；
2. 汽车备件库存管理知识；
3. 汽车备件出库管理知识。

学习方法

1. 情境式学习；
2. 模拟或扮演角色，练习有关业务流程。

任务导入

汽车备件如何保管？出库业务流程是怎样的？

3.6.1 汽车备件入库

1. 汽车备件入库前的准备

做好汽车备件入库前的准备工作是保证准确入库的重要条件，也是及时入库的有效措施。要求保管员经常了解进货情况，掌握到达时间、地点、品种、数量等，合理安排入库；根据性能合理存放；做好接收、搬运、验收、堆码人员的工作安排；准备好收货用的装卸搬运机具、苫垫用品、检验工具、劳动保护用品等器具。

2. 汽车备件入库工作步骤

(1) 核对凭证。

(2) 大数点收。一种是逐件点数计总，另一种是堆码点数。

(3) 检查包装。

(4) 办理交接手续。

(5) 汽车备件验收。入库后开箱、拆包点验。

(6) 办理入库手续。验收无误后，验收人员或保管员在入库凭证上盖章签收，仓库留保管联，并注明存放的库房、货位，以便统计、记账。其余入库单各联退送业务部门，作为正式收货的凭证。

入库手续办理完毕后，保管员根据入库单将有关项目登保管账。保管账必须正确反映汽车备件进、出数和结存数，在库备件的货位编号应在账上注明，以便核对账货和发货时查考。

3. 入库中发生问题及处理

(1) 第一种情况是单货不符或单证不全，又分五种情况。

串库：送往其他仓库的汽车备件混送本库而形成的单货不符，对此应如实签收，将送错的备件清出退回。如在签收后堆码，验收中发现串库，应及时通知送货人办理退货手续，同时更正单据。

有货无单：货物到库而随货同行凭证未到。安排场所暂时存放，及时联系，待单证到齐再点验入库。

有单无货：先将入库单存放，如过段时间仍未到货，及时查明原因，将单退回。

货未到齐：分单签收。

细数、规格不符：应及时联系和提出查询处理。

(2) 第二种情况是质量问题，包括异状、残损、变质等。接货时发现的质量问题，应会同运输部门清查点验，并由运方编制商务记录或出具证明书，以便索赔。如责任不在运输部门，应作普通记录，以便作为供货单位联系处理的依据。

(3) 第三种情况是包装问题，在清点时发现有水渍、污迹、损坏、变形等情况，应会同送货人开包检查内部细数和质量，由送货人出具入库异状记录，或在送货单上注明，同时通知保管员另行堆放，以便处理。

(4) 第四种情况是数量不符，有件数不符及细数不符两种情况。件数不符，收货人在送货单各联上注明后按实签收，将短少的品名、规格、数量，通知运输人员和供货单位；细数不符，是指开包后发现的溢余短少或规格不符，应如实签收，注明情况，通知发货方和业务单位。发生这种情况，不能做溢余处理，也不能以长补短，互相抵补。应填写溢短残损错误查询表，进行处理，并转发货方。

3.6.2 汽车备件分区分类及货位编写

1. 分区分类

分区分类遵循“安全、方便、节约”的原则，在备件性质、养护措施、消防措施基本一致的前提下统一规划。

(1) 分区分类的方法。汽车备件分区，大体上可分为两种情况：一是按品种系列顺序，分库集中存放。如储存发动机备件的仓库叫发动机库，储存通用备件的仓库叫通用库。二是按车型系列分库存放。如解放牌汽车备件仓库、桑塔纳汽车备件仓库、捷达轿车备件仓库等。

(2) 分区分类注意事项，具体包括以下几项。

① 一个车型的备件，只要性质相近和有耗费连带关系的，要尽量安排在一起储存。

② 按备件性质和仓库设备条件安排储存。

③ 互有影响、不宜混存的一定要隔离存放。

④ 按作业安全、方便分区分类。如出入频繁的配件要安排在靠近库门处，笨重、长、大的配件不宜放在深处，易碎品应避免与笨重备件存放在一起，以免碰碎。

⑤ 消防灭火方法不同的配件不得放在一起。

2. 货位编号方法

(1) 整个仓库的编号。根据仓库建筑、结构和布局，按库房、货棚、货场的顺序编号，在数码后面分别加库、棚、场字样。如1库、5棚、3场等。

(2) 货场编号。按进入仓库正门前进方向左单右双的顺序排列，或按前进方向按货场远近自左向右的顺序排列，或按东西南北方向编号，或按汽车牌号编号。

(3) 库房(货棚)编号。按进入仓库正门方向自左向右的顺序编号，或按储存备件类别分别编号。

(4) 库、棚、场内的编号。根据库房面积大小、数量和种类划分为若干货位。一般以中心通道为轴线，按左单右双或自左向右的顺序排列，编上号码，用油漆写在地面、柱子、房梁或天花板上。

(5) 货架编号方法。一是与货位大小相等的2层或3层货架，编号从属于段位编号，只要在段位号末加“上、中、下”字样即可。如5号库6货位2段中层货架，可写为“5-6-2-中”，有需要时可按号找货。二是拆件分类放在货架的格眼里，以排为单位，如5号库第9排第4号格眼，可写成“5-4/9”。

3.6.3 货物堆码

1. 堆码要求

汽车备件堆码是指仓储时堆存的形式和方法，又称堆垛。堆码必须根据备件的性能、数量、包装质量、形状及仓库条件，按季节变化的要求，采用适当的方法、方式，使备件堆放稳固、整齐。堆码必须做到安全、方便、节约。第一要保证人身、备件与仓库的安全，并适应检查、养护、操作和消防安全的需要；第二要方便出入库操作。

2. 堆码方法

(1) 重叠法。重叠法是指上下层完全重叠的堆码方法，适用于备件或包装箱规整、尺寸相同的情况，可以节约存储空间，同时便于叉车的搬运作业。但采用这种方法堆码的货物稳定性稍差，层数不能太多。

(2) 压缝法。这种方法与砌砖墙相似，上下层的货物不重叠，上层货物恰好压在下层的两个货物的缝隙上，可以提高货物垛的稳定性。

(3) 牵制法。牵制法是指在备件或包装箱尺寸不同时，为了使堆码稳定，在尺寸偏小的备件或包装箱周边，使用木块等物品充当垫件的堆码方法。

(4) 通风法。通风法是指对于需要防潮的备件，堆码时留有一定的空隙用于通风的堆码方法。使用这种方法堆码，货物垛较松散，比较占用存储空间，而且更加不稳定，适用于质量轻、不易碎的备件，如针织品等。

(5) 轮胎货架。由于轮胎是橡胶制品，受到挤压容易变形，不采用堆码的方法存放，而是用专门的轮胎货架存放。存放时，多个轮胎并排纵立在货架上，轮胎底部悬空，不与地面接触。如长期不用，还要定期转动一下，使各个方向的受力均匀。

3.6.4 汽车备件存储的安全管理

汽车备件管理人员还应掌握汽车备件的防盗知识。首先，应加强汽车备件的防盗意识。其次，应制定并遵守本岗位的汽车备件防盗制度，定期对库存汽车备件进行盘点。最后，要配备安装必要的防盗设施，如防盗门、防盗网、保险柜、红外线报警器等。

在汽车备件中，一些橡胶制品、纸制品、油料、漆料等均具有爆炸、易燃、毒害、腐蚀、放射性等性质，必须加强对这类物品的安全防范。消防设施必须符合消防部门的要求，保证防火器具的完善和消防通道的畅通。库房管理人员要定期接受防火、防毒等知识和业务的培训。

此外，对于汽车备件，应注意做好防腐、防锈工作。在存储之前，应对汽车备件进行防锈处理。防锈处理通常是指加工表面的涂敷处理。按习惯可采取集中处理(国际型企业通常采取在仓储中心设防锈工段集中处理的方式)和分散处理(中国各企业采取由专业生产厂或车间按技术标准分别做防锈处理，再交出)的方式进行。在仓储过程中，应根据各类汽车备件的自然磨损特点，有针对性地定期进行仓储保养作业，如加注和更换润滑油和润滑脂等，避免各种备件锈蚀、腐蚀、受潮等。

3.6.5　库存汽车备件数量管理

对库存汽车备件进行记载统计，准确计算和按期清点，核实数量等一系列的工作，称为库存汽车备件数量管理。

1. 库存汽车备件实物标量

堆放汽车备件时要层次清楚、分批堆垛。货垛标量的方法包括以下几种。

(1) 分层标量法。对于垛型规则、层次清楚、各层件数相等的货垛，在完成堆码后，即可分层标量。采用这种标量法，方便目测货物的数量，分层出库后便于核对结存数，盘点对账也非常方便。

(2) 分批标量法。在分层标量的基础上，为了使货垛标量适应出、拆垛的需要，可采取大垛分小批的排码方法，分别以小批为单位进行标量，即分批标量法。

(3) 托盘堆码标量法。托盘堆码实行定额装载，标量时以托盘为单位，从下到上，由里向外逐盘累加标量，边堆码边标量。

2. 汽车备件保管卡

汽车备件保管卡是根据各仓库的业务需要而制定的。常见的有多栏式保管卡和货垛卡片两种形式，其中，多栏式保管卡适用于同一种汽车备件分别存放在几个地方的情况。

卡片的管理有集中管理和分散管理两种。前者的优点是保管员能随时掌握备件的全部情况，做到心中有数，便于记账，节省时间，可避免卡片丢失、漏记、错记；缺点是货架上缺乏标志，容易发生收发货差错。后者的优点是发货时单、卡、货核对方便，便于动碰复核和盘点，缺点是容易丢失，记卡不便，容易漏记、错记。

3. 汽车备件保管账

汽车备件保管账的内容包括品名、编号、规格、等级、出入库日期、数量、结存数、计量单位等。由专人负责保管账的记账工作，严格以凭证为依据，按顺序记录进出存情况，日账日清，注销提单，按日分户装订，分清账页，定期或按月分户排列，装订成册，注意保密，销毁各类单证需经批准。为保证账货相符，一个仓库内的并垛数量不宜过大，分垛不宜太多，分垛不宜跨仓跨场。移仓应及时记录，账务员办好转账手续后，应抽移账页。

3.6.6　汽车备件的条形码管理

如果货物上都标注条形码标签，可避免人员反复抄写。进货、发货时只需利用阅读光笔读入条形码信息，通过条形码命令数据卡输入相应数值和进货或发货命令，计算机就可打印出相应的单据，还可自动结算货款、自动盘货。

一个完整的条形码信息由多个条形代码组成，要利用电子技术来识别。在汽车备件条形码管理中，一般采用便携式阅读器阅读信息。

3.6.7 汽车备件出库与复核

1. 出库前的准备

对于原包装出库的汽车备件，如发现包装有破损或不良情况时，应随时修理、缝补、加固；需要拆件零付的，在入库前即可拆开部分大包装，把零星备件放在货架上，以免临时拆件开箱，延缓付货时间；有些备件需要挑选等级，也可事前拆开大包装放在货架上；堆码、整理、合并货垛时，注意留出适当的墙距、过道与间隔，便于工作人员下垛和库内搬运。

2. 出库工作步骤

(1) 审核出库凭证。

(2) 据号找位，据单配货。

(3) 凭证和备件核对。

(4) 交接备件。

(5) 凭单记账。

(6) 核销存货。

3.6.8 汽车备件盘存

1. 盘点内容

(1) 盘点数量。

(2) 盘点重量。

(3) 账与货核对。

(4) 账与账核对。

2. 盘点方法

盘点方法包括日常核对、定期盘点、临时盘点三种。

发现问题要及时追查原因，未查明前对溢余、短缺、差错等按规定报业务部门处理，不能随便以溢余冲抵短缺，防止事后无从查对。如发现备件有霉烂、变质、残损等情况，应积极采取措施，尽可能减少损失。

实际库存数量的计算公式为

实际库存数量=期初数+入库数-出库数+盘盈(或减去盘亏)

知识问答与技能训练

1. 请说明库房的建筑结构、建筑材料、朝向等对库房温度和湿度的影响。

2. 如何清洗不同材质的汽车备件？

3. 如何保证库存商品的安全？

4. 如何盘存？如何计算消耗量和库存量？

5. 如何对出现质量问题的备件进行处理？

6. 模拟一个备件库房，设计汽车备件存放方案。

7. 由一名同学扮演顾客或维修人员，一名同学扮演备件管理人员，模拟汽车备件出库或领用的业务过程。

销售

附录A

汽车销售管理办法

第一章 总则

第一条 为促进汽车市场健康发展，维护公平公正的市场秩序，保护消费者合法权益，根据国家有关法律、行政法规，制定本办法。

第二条 在中华人民共和国境内从事汽车销售及其相关服务活动，适用本办法。

从事汽车销售及其相关服务活动应当遵循合法、自愿、公平、诚信的原则。

第三条 本办法所称汽车，是指《汽车和挂车类型的术语和定义》(GB/T 3730.1)定义的汽车，且在境内未办理注册登记的新车。

第四条 国家鼓励发展共享型、节约型、社会化的汽车销售和售后服务网络，加快城乡一体的汽车销售和售后服务网络建设，加强新能源汽车销售和售后服务网络建设，推动汽车流通模式创新。

第五条 在境内销售汽车的供应商、经销商，应当建立完善汽车销售和售后服务体系，保证相应的配件供应，提供及时、有效的售后服务，严格遵守家用汽车产品“三包”、召回等规定，确保消费者合法权益。

第六条 本办法所称供应商，是指为经销商提供汽车资源的境内生产企业或接受境内生产企业转让销售环节权益并进行分销的经营者以及从境外进口汽车的经营者。

本办法所称经销商，是指获得汽车资源并进行销售的经营者。

本办法所称售后服务商，是指汽车销售后提供汽车维护、修理等服务活动的经营者。

第七条 国务院商务主管部门负责制定全国汽车销售及其相关服务活动的政策规章，对地方商务主管部门的监督管理工作进行指导、协调和监督。

县级以上地方商务主管部门依据本办法对本行政区域内汽车销售及其相关服务活动进行监督管理。

第八条 汽车行业协会、商会应当制定行业规范，提供信息咨询、宣传培训等服务，开展行业监测和预警分析，加强行业自律。

第二章 销售行为规范

第九条 供应商、经销商销售汽车、配件及其他相关产品应当符合国家有关规定和标准，不得销售国家法律、法规禁止交易的产品。

第十条 经销商应当在经营场所以适当形式明示销售汽车、配件及其他相关产品的价格和各项服务收费标准，不得在标价之外加价销售或收取额外费用。

第十一条 经销商应当在经营场所明示所出售的汽车产品质量保证、保修服务及消费者需知悉的其他售后服务政策，出售家用汽车产品的经销商还应当在经营场所明示家用汽车产品的“三包”信息。

第十二条　经销商出售未经供应商授权销售的汽车，或者未经境外汽车生产企业授权销售的进口汽车，应当以书面形式向消费者作出提醒和说明，并书面告知向消费者承担相关责任的主体。

未经供应商授权或者授权终止的，经销商不得以供应商授权销售汽车的名义从事经营活动。

第十三条　售后服务商应当向消费者明示售后服务的技术、质量和服务规范。

第十四条　供应商、经销商不得限定消费者户籍所在地，不得对消费者限定汽车配件、用品、金融、保险、救援等产品的提供商和售后服务商，但家用汽车产品“三包”服务、召回等由供应商承担费用时使用的配件和服务除外。

经销商销售汽车时不得强制消费者购买保险或者强制为其提供代办车辆注册登记等服务。

第十五条　经销商向消费者销售汽车时，应当核实登记消费者的有效身份证明，签订销售合同，并如实开具销售发票。

第十六条　供应商、经销商应当在交付汽车的同时交付以下随车凭证和文件，并保证车辆配置表述与实物配置相一致：

(一) 国产汽车的机动车整车出厂合格证；

(二) 使用国产底盘改装汽车的机动车底盘出厂合格证；

(三) 进口汽车的货物进口证明和进口机动车检验证明等材料；

(四) 车辆一致性证书，或者进口汽车产品特殊认证模式检验报告；

(五) 产品中文使用说明书；

(六) 产品保修、维修保养手册；

(七) 家用汽车产品“三包”凭证。

第十七条　经销商、售后服务商销售或者提供配件应当如实标明原厂配件、质量相当配件、再制造件、回用件等，明示生产商(进口产品为进口商)、生产日期、适配车型等信息，向消费者销售或者提供原厂配件以外的其他配件时，应当予以提醒和说明。

列入国家强制性产品认证目录的配件，应当取得国家强制性产品认证并加施认证标志后方可销售或者在售后服务经营活动中使用，依据国家有关规定允许办理免于国家强制性产品认证的除外。

本办法所称原厂配件，是指汽车生产商提供或认可的，使用汽车生产商品牌或其认可品牌，按照车辆组装零部件规格和产品标准制造的零部件。

本办法所称质量相当配件，是指未经汽车生产商认可的，由配件生产商生产的，且性能和质量达到原厂配件相关技术标准要求的零部件。

本办法所称再制造件，是指旧汽车零部件经过再制造技术、工艺生产后，性能和质量达到原型新品要求的零部件。

本办法所称回用件，是指从报废汽车上拆解或维修车辆上替换的能够继续使用的零部件。

第十八条　供应商、经销商应当建立健全消费者投诉制度，明确受理消费者投诉的具体部门和人员，并向消费者明示投诉渠道。投诉的受理、转交以及处理情况应当自收到投诉之日起7个工作日内通知投诉的消费者。

第三章　销售市场秩序

第十九条　供应商采取向经销商授权方式销售汽车的，授权期限(不含店铺建设期)一般每次不低于3年，首次授权期限一般不低于5年。双方协商一致的，可以提前解除授权合同。

第二十条　供应商应当向经销商提供相应的营销、宣传、售后服务、技术服务等业务培训及技术支持。

供应商、经销商应当在本企业网站或经营场所公示与其合作的售后服务商名单。

第二十一条　供应商不得限制配件生产商(进口产品为进口商)的销售对象，不得限制经销商、售后服务商转售配件，有关法律法规规章及其配套的规范性文件另有规定的除外。

供应商应当及时向社会公布停产或者停止销售的车型，并保证其后至少10年的配件供应以及相应的售后服务。

第二十二条　未违反合同约定被供应商解除授权的，经销商有权要求供应商按不低于双方认可的第三方评估机构的评估价格收购其销售、检测和维修等设施设备，并回购相关库存车辆和配件。

第二十三条　供应商发生变更时，应当妥善处理相关事宜，确保经销商和消费者的合法权益。

经销商不再经营供应商产品的，应当将客户、车辆资料和维修历史记录在授权合同终止后30日内移交给供应商，不得实施有损于供应商品牌形象的行为；家用汽车产品经销商不再经营供应商产品时，应当及时通知消费者，在供应商的配合下变更承担“三包”责任的经销商。供应商、承担“三包”责任的经销商应当保证为消费者继续提供相应的售后服务。

第二十四条　供应商可以要求经销商为本企业品牌汽车设立单独展区，满足经营需要和维护品牌形象的基本功能，但不得对经销商实施下列行为：

(一) 要求同时具备销售、售后服务等功能；

(二) 规定整车、配件库存品种或数量，或者规定汽车销售数量，但双方在签署授权合同或合同延期时就上述内容书面达成一致的除外；

(三) 限制经营其他供应商商品；

(四) 限制为其他供应商的汽车提供配件及其他售后服务；

(五) 要求承担以汽车供应商名义实施的广告、车展等宣传推广费用，或者限定广告宣传方式和媒体；

(六) 限定不合理的经营场地面积、建筑物结构以及有偿设计单位、建筑单位、建筑材料、通用设备以及办公设施的品牌或者供应商；

(七) 搭售未订购的汽车、配件及其他商品；

(八) 干涉经销商人力资源和财务管理以及其他属于经销商自主经营范围内的活动；

(九) 限制本企业汽车产品经销商之间相互转售。

第二十五条　供应商制定或实施营销奖励等商务政策应当遵循公平、公正、透明的原则。

供应商应当向经销商明确商务政策的主要内容，对于临时性商务政策，应当提前以双方约定的方式告知；对于被解除授权的经销商，应当维护经销商在授权期间应有的权益，不得拒绝或延迟支付销售返利。

第二十六条　除双方合同另有约定外，供应商在经销商获得授权销售区域内不得向消费者直接销售汽车。

第四章 监督管理

第二十七条　供应商、经销商应当自取得营业执照之日起90日内通过国务院商务主管部门全国汽车流通信息管理系统备案基本信息。供应商、经销商备案的基本信息发生变更的，应当自信息变更之日起30日内完成信息更新。

本办法实施以前已设立的供应商、经销商应当自本办法实施之日起90日内按前款规定备案基本信息。

供应商、经销商应当按照国务院商务主管部门的要求，及时通过全国汽车流通信息管理系统报送汽车销售数量、种类等信息。

第二十八条　经销商应当建立销售汽车、用户等信息档案，准确、及时地反映本区域销售动态、用户要求和其他相关信息。汽车销售、用户等信息档案保存期不得少于10年。

第二十九条　县级以上地方商务主管部门应当依据职责，采取“双随机”办法对汽车销售及其相关服务活动实施日常监督检查。

监督检查可以采取下列措施：

(一) 进入供应商、经销商从事经营活动的场所进行现场检查；

(二) 询问与监督检查事项有关的单位和个人，要求其说明情况；

(三) 查阅、复制有关文件、资料，检查相关数据信息系统及复制相关信息数据；

(四) 依据国家有关规定采取的其他措施。

第三十条　县级以上地方商务主管部门应当会同有关部门建立企业信用记录，纳入全国统一的信用信息共享交换平台。对供应商、经销商有关违法违规行为依法作出处理决定的，应当录入信用档案，并及时向社会公布。

第三十一条　供应商、经销商应当配合政府有关部门开展走私、盗抢、非法拼装等嫌疑车辆调查，提供车辆相关信息。

第五章 法律责任

第三十二条　违反本办法第十条、第十二条、第十四条、第十七条第一款、第二十一条、第二十三条第二款、第二十四条、第二十五条、第二十六条有关规定的，由县级以上地方商务主管部门责令改正，并可给予警告或3万元以下罚款。

第三十三条　违反本办法第十一条、第十五条、第十八条、第二十条第二款、第二十七条、第二十八条有关规定的，由县级以上地方商务主管部门责令改正，并可给予警告或1万元以下罚款。

第三十四条　县级以上商务主管部门的工作人员在汽车销售及其相关服务活动监督管理工作中滥用职权、玩忽职守、徇私舞弊的，依法给予处分；构成犯罪的，依法追究刑事责任。

第六章 附则

第三十五条　省级商务主管部门可结合本地区实际情况制定本办法的实施细则，并报国务院商务主管部门备案。

第三十六条　供应商通过平行进口方式进口汽车按照平行进口相关规定办理。

第三十七条　本办法自2017年7月1日起施行。

销售

附录B 机动车交通事故责任强制保险条例

第一章　总则

第一条　为了保障机动车道路交通事故受害人依法得到赔偿，促进道路交通安全，根据《中华人民共和国道路交通安全法》《中华人民共和国保险法》，制定本条例。

第二条　在中华人民共和国境内道路上行驶的机动车的所有人或者管理人，应当依照《中华人民共和国道路交通安全法》的规定投保机动车交通事故责任强制保险。

机动车交通事故责任强制保险的投保、赔偿和监督管理，适用本条例。

第三条　本条例所称机动车交通事故责任强制保险，是指由保险公司对被保险机动车发生道路交通事故造成本车人员、被保险人以外的受害人的人身伤亡、财产损失，在责任限额内予以赔偿的强制性责任保险。

第四条　国务院保险监督管理机构(以下称保监会)依法对保险公司的机动车交通事故责任强制保险业务实施监督管理。

公安机关交通管理部门、农业(农业机械)主管部门(以下统称机动车管理部门)应当依法对机动车参加机动车交通事故责任强制保险的情况实施监督检查。对未参加机动车交通事故责任强制保险的机动车，机动车管理部门不得予以登记，机动车安全技术检验机构不得予以检验。

公安机关交通管理部门及其交通警察在调查处理道路交通安全违法行为和道路交通事故时，应当依法检查机动车交通事故责任强制保险的保险标志。

第二章　投保

第五条　中资保险公司(以下称保险公司)经保监会批准，可以从事机动车交通事故责任强制保险业务。

为了保证机动车交通事故责任强制保险制度的实行，保监会有权要求保险公司从事机动车交通事故责任强制保险业务。

未经保监会批准，任何单位或者个人不得从事机动车交通事故责任强制保险业务。

第六条　机动车交通事故责任强制保险实行统一的保险条款和基础保险费率。保监会按照机动车交通事故责任强制保险业务总体上不盈利不亏损的原则审批保险费率。

保监会在审批保险费率时，可以聘请有关专业机构进行评估，可以举行听证会听取公众意见。

第七条　保险公司的机动车交通事故责任强制保险业务，应当与其他保险业务分开管理，单独核算。

保监会应当每年对保险公司的机动车交通事故责任强制保险业务情况进行核查，

并向社会公布；根据保险公司机动车交通事故责任强制保险业务的总体盈利或者亏损情况，可以要求或者允许保险公司相应调整保险费率。

调整保险费率的幅度较大的，保监会应当进行听证。

第八条　被保险机动车没有发生道路交通安全违法行为和道路交通事故的，保险公司应当在下一年度降低其保险费率。在此后的年度内，被保险机动车仍然没有发生道路交通安全违法行为和道路交通事故的，保险公司应当继续降低其保险费率，直至最低标准。被保险机动车发生道路交通安全违法行为或者道路交通事故的，保险公司应当在下一年度提高其保险费率。多次发生道路交通安全违法行为、道路交通事故，或者发生重大道路交通事故的，保险公司应当加大提高其保险费率的幅度。在道路交通事故中被保险人没有过错的，不提高其保险费率。降低或者提高保险费率的标准，由保监会会同国务院公安部门制定。

第九条　保监会、国务院公安部门、国务院农业主管部门以及其他有关部门应当逐步建立有关机动车交通事故责任强制保险、道路交通安全违法行为和道路交通事故的信息共享机制。

第十条　投保人在投保时应当选择具备从事机动车交通事故责任强制保险业务资格的保险公司，被选择的保险公司不得拒绝或者拖延承保。

保监会应当将具备从事机动车交通事故责任强制保险业务资格的保险公司向社会公示。

第十一条　投保人投保时，应当向保险公司如实告知重要事项。

重要事项包括机动车的种类、厂牌型号、识别代码、牌照号码、使用性质和机动车所有人或者管理人的姓名(名称)、性别、年龄、住所、身份证或者驾驶证号码(组织机构代码)、续保前该机动车发生事故的情况以及保监会规定的其他事项。

第十二条　签订机动车交通事故责任强制保险合同时，投保人应当一次支付全部保险费；保险公司应当向投保人签发保险单、保险标志。保险单、保险标志应当注明保险单号码、车牌号码、保险期限、保险公司的名称、地址和理赔电话号码。

被保险人应当在被保险机动车上放置保险标志。

保险标志式样全国统一。保险单、保险标志由保监会监制。任何单位或者个人不得伪造、变造或者使用伪造、变造的保险单、保险标志。

第十三条　签订机动车交通事故责任强制保险合同时，投保人不得在保险条款和保险费率之外，向保险公司提出附加其他条件的要求。

签订机动车交通事故责任强制保险合同时，保险公司不得强制投保人订立商业保险合同以及提出附加其他条件的要求。

第十四条　保险公司不得解除机动车交通事故责任强制保险合同；但是，投保人对重要事项未履行如实告知义务的除外。

投保人对重要事项未履行如实告知义务，保险公司解除合同前，应当书面通知投保人，投保人应当自收到通知之日起5日内履行如实告知义务；投保人在上述期限内履行如实告知义务的，保险公司不得解除合同。

第十五条　保险公司解除机动车交通事故责任强制保险合同的，应当收回保险单和保险标志，并书面通知机动车管理部门。

第十六条　投保人不得解除机动车交通事故责任强制保险合同，但有下列情形之一的除外：

(一) 被保险机动车被依法注销登记的；

(二) 被保险机动车办理停驶的；

(三) 被保险机动车经公安机关证实丢失的。

第十七条　机动车交通事故责任强制保险合同解除前，保险公司应当按照合同承担保险责任。

合同解除时，保险公司可以收取自保险责任开始之日起至合同解除之日止的保险费，剩余部分的保险费退还投保人。

第十八条　被保险机动车所有权转移的，应当办理机动车交通事故责任强制保险合同变更手续。

第十九条　机动车交通事故责任强制保险合同期满，投保人应当及时续保，并提供上一年度的保险单。

第二十条　机动车交通事故责任强制保险的保险期间为1年，但有下列情形之一的，投保人可以投保短期机动车交通事故责任强制保险：

(一) 境外机动车临时入境的；

(二) 机动车临时上道路行驶的；

(三) 机动车距规定的报废期限不足1年的；

(四) 保监会规定的其他情形。

第三章　赔偿

第二十一条　被保险机动车发生道路交通事故造成本车人员、被保险人以外的受害人人身伤亡、财产损失的，由保险公司依法在机动车交通事故责任强制保险责任限额范围内予以赔偿。

道路交通事故的损失是由受害人故意造成的，保险公司不予赔偿。

第二十二条　有下列情形之一的，保险公司在机动车交通事故责任强制保险责任限额范围内垫付抢救费用，并有权向致害人追偿：

(一) 驾驶人未取得驾驶资格或者醉酒的；

(二) 被保险机动车被盗抢期间肇事的；

(三) 被保险人故意制造道路交通事故的。

有前款所列情形之一，发生道路交通事故的，造成受害人的财产损失，保险公司不承担赔偿责任。

第二十三条　机动车交通事故责任强制保险在全国范围内实行统一的责任限额。责任限额分为死亡伤残赔偿限额、医疗费用赔偿限额、财产损失赔偿限额以及被保险人在道路交通事故中无责任的赔偿限额。

机动车交通事故责任强制保险责任限额由保监会会同国务院公安部门、国务院卫生主管部门、国务院农业主管部门规定。

第二十四条　国家设立道路交通事故社会救助基金(以下简称救助基金)。有下列情形之一时，道路交通事故中受害人人身伤亡的丧葬费用、部分或者全部抢救费用，由救助基金先行垫付，救助基金管理机构有权向道路交通事故责任人追偿：

(一) 抢救费用超过机动车交通事故责任强制保险责任限额的；

(二) 肇事机动车未参加机动车交通事故责任强制保险的；

(三) 机动车肇事后逃逸的。

第二十五条　救助基金的来源包括：

(一) 按照机动车交通事故责任强制保险的保险费的一定比例提取的资金；

(二) 对未按照规定投保机动车交通事故责任强制保险的机动车的所有人、管理人的罚款；

(三) 救助基金管理机构依法向道路交通事故责任人追偿的资金；

(四) 救助基金孳息；

(五) 其他资金。

第二十六条　救助基金的具体管理办法，由国务院财政部门会同保监会、国务院公安部门、国务院卫生主管部门、国务院农业主管部门制定试行。

第二十七条　被保险机动车发生道路交通事故，被保险人或者受害人通知保险公司的，保险公司应当立即给予答复，告知被保险人或者受害人具体的赔偿程序等有关事项。

第二十八条　被保险机动车发生道路交通事故的，由被保险人向保险公司申请赔偿保险金。保险公司应当自收到赔偿申请之日起1日内，书面告知被保险人需要向保险公司提供的与赔偿有关的证明和资料。

第二十九条　保险公司应当自收到被保险人提供的证明和资料之日起5日内，对是否属于保险责任作出核定，并将结果通知被保险人；对不属于保险责任的，应当书面说明理由；对属于保险责任的，在与被保险人达成赔偿保险金的协议后10日内，赔偿保险金。

第三十条　被保险人与保险公司对赔偿有争议的，可以依法申请仲裁或者向人民法院提起诉讼。

第三十一条　保险公司可以向被保险人赔偿保险金，也可以直接向受害人赔偿保险金。但是，因抢救受伤人员需要保险公司支付或者垫付抢救费用的，保险公司在接到公安机关交通管理部门通知后，经核对应当及时向医疗机构支付或者垫付抢救费用。

因抢救受伤人员需要救助基金管理机构垫付抢救费用的，救助基金管理机构在接到公安机关交通管理部门通知后，经核对应当及时向医疗机构垫付抢救费用。

第三十二条　医疗机构应当参照国务院卫生主管部门组织制定的有关临床诊疗指南，抢救、治疗道路交通事故中的受伤人员。

第三十三条　保险公司赔偿保险金或者垫付抢救费用，救助基金管理机构垫付抢救费用，需要向有关部门、医疗机构核实有关情况的，有关部门、医疗机构应当予以配合。

第三十四条　保险公司、救助基金管理机构的工作人员对当事人的个人隐私应当保密。

第三十五条　道路交通事故损害赔偿项目和标准依照有关法律的规定执行。

第四章　罚则

第三十六条　未经保监会批准，非法从事机动车交通事故责任强制保险业务的，由保监会予以取缔；构成犯罪的，依法追究刑事责任；尚不构成犯罪的，由保监会没收违法所得，违法所得20万元以上的，并处违法所得1倍以上5倍以下罚款；没有违法所得或者违法所得不足20万元的，处20万元以上100万元以下罚款。

第三十七条　保险公司未经保监会批准从事机动车交通事故责任强制保险业务的，由保监会责令改正，责令退还收取的保险费，没收违法所得，违法所得10万元以上的，并处违法所得1倍以上5倍以下罚款；没有违法所得或者违法所得不足10万元的，处10万元以上50万元以下罚款；逾期不改正或者造成严重后果的，责令停业整顿或者吊销经营保险业务许可证。

第三十八条　保险公司违反本条例规定，有下列行为之一的，由保监会责令改正，处5万元以上30万元以下罚款；情节严重的，可以限制业务范围、责令停止接受新业务或者吊销经营保险业务许可证：

(一) 拒绝或者拖延承保机动车交通事故责任强制保险的；

(二) 未按照统一的保险条款和基础保险费率从事机动车交通事故责任强制保险业务的；

(三) 未将机动车交通事故责任强制保险业务和其他保险业务分开管理，单独核算的；

(四) 强制投保人订立商业保险合同的；

(五) 违反规定解除机动车交通事故责任强制保险合同的；

(六) 拒不履行约定的赔偿保险金义务的；

(七) 未按照规定及时支付或者垫付抢救费用的。

第三十九条　机动车所有人、管理人未按照规定投保机动车交通事故责任强制保险的，由公安机关交通管理部门扣留机动车，通知机动车所有人、管理人依照规定投保，处依照规定投保最低责任限额应缴纳的保险费的2倍罚款。

机动车所有人、管理人依照规定补办机动车交通事故责任强制保险的，应当及时退还机动车。

第四十条　上道路行驶的机动车未放置保险标志的，公安机关交通管理部门应当扣留机动车，通知当事人提供保险标志或者补办相应手续，可以处警告或者20元以上200元以下罚款。

当事人提供保险标志或者补办相应手续的，应当及时退还机动车。

第四十一条　伪造、变造或者使用伪造、变造的保险标志，或者使用其他机动车的保险标志，由公安机关交通管理部门予以收缴，扣留该机动车，处200元以上2000元以下罚款；构成犯罪的，依法追究刑事责任。

当事人提供相应的合法证明或者补办相应手续的，应当及时退还机动车。

第五章　附则

第四十二条　本条例下列用语的含义：

(一) 投保人，是指与保险公司订立机动车交通事故责任强制保险合同，并按照合同负有支付保险费义务的机动车的所有人、管理人。

(二) 被保险人，是指投保人及其允许的合法驾驶人。

(三) 抢救费用，是指机动车发生道路交通事故导致人员受伤时，医疗机构参照国务院卫生主管部门组织制定的有关临床诊疗指南，对生命体征不平稳和虽然生命体征平稳但如果不采取处理措施会产生生命危险，或者导致残疾、器官功能障碍，或者导致病程明显延长的受伤人员，采取必要的处理措施所发生的医疗费用。

第四十三条　机动车在道路以外的地方通行时发生事故，造成人身伤亡、财产损失的赔偿，比照适用本条例。

第四十四条　中国人民解放军和中国人民武装警察部队在编机动车参加机动车交通事故责任强制保险的办法，由中国人民解放军和中国人民武装警察部队另行规定。

第四十五条　机动车所有人、管理人自本条例施行之日起3个月内投保机动车交通事故责任强制保险；本条例施行前已经投保商业性机动车第三者责任保险的，保险期满，应当投保机动车交通事故责任强制保险。

第四十六条　本条例自2006年7月1日起施行。

参考文献

[1] 熊银解. 营销管理[M]. 北京：高等教育出版社，2001.

[2] 刘同福，陈东升. 汽车4S店管理全攻略[M]. 北京：机械工业出版社，2006.

[3] 宋润生. 汽车营销基础与实务[M]. 广州：华南理工大学出版社，2006.

[4] 高玉民. 汽车特约销售服务站营销策略[M]. 北京：机械工业出版社，2005.

[5] 吴霖生. 汽车营销实务[M]. 上海：上海交通大学出版社，2002.

[6] 倪杰. 管理学原理[M]. 北京：清华大学出版社，2006.

[7] 李萍，戴凤林. 市场营销[M]. 北京：冶金工业出版社，2008.

[8] 雷明森. 汽车销售[M]. 北京：中国劳动社会保障出版社，2008.

[9] 罗静，单晓峰. 汽车销售技法[M]. 广州：华南理工大学出版社，2006.

[10] 韩宏伟. 汽车销售实务[M]. 北京：北京大学出版社，2006.